全著作

森繁久彌コレクション 2

芸談

解説　松岡正剛

人

藤原書店

昭和25（1950）年頃、NHKのラジオ番組に出演した頃

熱海にある大叔父・成島柳北の
碑の前で
（碑は富士屋旅館の前に建てられたが、
現在は海浜公園に移転している）

昭和24年頃、新宿ムーラン・ルージュ時代、
楽屋にて夫人と

学生時代、兄弟で。左から著者、
長兄・馬詰弘、次兄・菅沼俊哉

昭和25年、NHKラジオ「愉快
な仲間」で藤山一郎氏（右）
と共演。その話術が評判に

全著作〈森繁久彌コレクション〉2　人――芸談

目次

I　舞台の上

光るものなべて…… 127

芸と人と　259

II　交友録

一

二

三

カバー画 山藤章二
装 丁 作間順子

全著作〈森繁久彌コレクション〉2

人

芸談

『全著作〈森繁久彌コレクション〉』発刊にあたって

森繁久彌は俳優としてすばらしい業績を残したばかりでなく、自ら筆をとって多くの文章を残し、二十三冊もの著作をあらわした。名文であり、ユーモア、ウィットにあふれ、奥深い。しかし、著書の多くは今は品切れになっている。このままでは、〝文人・森繁久彌〟は埋もれてしまうと危機感を抱き、ぜひ残しておかなければ、との思いから、三年ほどかかってしまったが、ようやく発刊にこぎつけることができた。

本コレクションは、著者のこれまでの単行本から、あらためてテーマ別に構成し直し、著者の執筆活動の全体像とその展開を示すものである。

「全著作」と銘打ったが、厳密な意味で全作品を集めたというわけではないけれども、森繁さんの全体像が見渡せるようにと配慮した。

また、著者は故人であり、特に『自伝』の巻は、その全生涯を網羅的に出すことには至っていない。作品と作品の間に記述の空白がある部分もある。読者のご寛恕をいただければ幸いである。

『全著作〈森繁久彌コレクション〉』編集委員会

凡例

一、原則として、最新版の単行本を底本とする。単行本に未収録の作品については、それぞれ初出紙誌を底本とする。

一、原則として用字の統一は行わず、底本を尊重する。

一、ただし、明らかな誤植は訂正する。また明らかに不自然な表記は訂正する。

一、原則として、現代かなづかい、新漢字に統一する。（ただし、旧かなづかいの引用文等を除く）

一、現代では差別的とされる表現があるが、著者が故人であり、また差別の意図はないことから、そのまま残した。

Ⅰ　舞台の上

楽屋から

酒と役者

飲んだ、というより実によく飲みつづけてきたものだと思う。一日も欠かさず二十五年。大酔、乱酔、艶酔、さまざまの酔境のなかで、数えきれぬほどの夜を明かしてきた次第。満州、蒙古、シナ、朝鮮……。このごろ変ったといえば、ただ泥酔をしなくなったことぐらいだ。ドロのようになって、道ばたにぶったおれて眠る、あの無頼の心地よさを忘れてしまった。――が、私から酒の青春が過ぎ去ってしまったからではない。〝仕事〟のいそがしい意識が〝明日〟へ、ついブレーキをかけるようになったからであろう。

役者はシンまで泥酔しちまってはいけない、といつもいわれてきた。つまり、べろんべろんになると良い参考資料を見逃がすというのである。いくら飲んでも、どこかピンと欲深い役者の神経だけは立たせておかなくてはいけないというのである。そういえば、飲み屋にすわって、ジッと観察していると、まったくいろいろと好材料が一杯なのである。

たとえば――ときおり私は、好きで、場末の屋台なんかへふいっと飲みに出かけていく。安酒、モツ焼のあの匂い、酔った労働者諸君やサラリーマン諸君のいいごきげんの中に、一緒に首を突っこんで、一献さして、また返されて、お互いどこのだれともわからない、無性に気軽くたのしい雰囲気を味わいたいために、つい浪花節の一くさりもうなると、

「おっさん、うめえぞッ」

なんて声が、ショウチュウと一緒にかえってくる。それがニコヨンかなんかのいいおっさんで、やたらにたのしく酔ってくるのだ……が、そんなときでさえも、悲しい哉、さっきの役者根性がギラギラ目をさましていて、材料だ材料だと、役者の〝こじき袋〟に何かを拾って詰めこもうとする。他日、私の配役が、ニコヨンを――サラリーマンを――、酒につぶれていった華族のなれのはてをやることになったときに、この〝袋〟の口さえひらけば一応のかたちが組み立てられるように、と。ところが、ドロのように酔ってしまって、眼がさめたらそこは東京都ではない終着駅で、鼻水をすすりながらねむりこけている時もあるのであるが――。いや、こういう職業意識や仕事から解放されて、一度でもいい、心ゆくまで昔のように酔い呆けてみたいのが、昨今の私の切なる願いであるのだが――。

○

しかし、どうして、こう酒が飲みたいのだろう。

考えれば、人間なんてまったく杜撰《ずさん》なもので、自分はいったい何年くらい生きていられるのだろう、ということを、毎日の生活のなかで考えてみたことなどあまりあるまい。考えたからどうなるという

ものでもないから当然であるのだが、どうかした拍子《はずみ》に、そんな考えがふっと浮んできて、俺は毎日何のために何をしているのだろうなどと思いはじめると、さすがにギョッとさせられる。怖い。はかないこの空虚ほどやりきれないものはない。故にここに〝酒〟が登場する。原始時代から今日まで、人間の苦悩がはじまるにしたがって、苦悩を緩和するために酒というものが必要になってきたのだろう。神はこれを知りたもうて、人間にこれを与えたもうたので、神酒《みき》とたたえられるにいたった、と考えるのはチト虫がよすぎるかな。

ところが、突如として酒の切れる時代があるとする。たとえば終戦の直後――虚脱、苦悩、焦燥、なにか自分を意識的にもごまかさなければいられない時代。そんな時にカンジンの酒が配給となって不足すると、さあ大変。人生は落莫とし、マヒするものを求めて放浪《さまよ》い、ついに酒の代りにヒロポンをうつにいたった、と解釈するのはヒガ目かな。いや、そういう意味で酒は人生にとって不可欠のものである、と私は都合よく断じたいのである。だから私は飲まずにはいられないのである。

種類にしても、ずいぶん飲んだ。数十種に及ぶだろう。

良酒は唄をうたわせるが、悪酒は暴力となるようで、バクダン、カストリも飲みまわったけれども、胃をやられ腸をただれさす故か、あまり陽気になった記憶はなく、己れの内臓破壊に、神経は反抗的となり、飲むほどにからんだり、けんかがしたくなったようである。いかにも戦後のすさんだ時代の産物であるが、やはり懐かしく思い出す。

杯をすててからおもむろに、しかも強烈に酔いがおそってきて、たちまち前後不覚にのびてしまう朝鮮のマッカリ、熱河でカメから飲んだパイカル酒、北京の万寿山頂の老酒、またハルビンで、感覚がマヒするような寒さのなかで、コッテリとしたロシア料理の数々をサカナに飲んだウォツカの味。

満州といえば放送局に勤めていたころで、斗酒なお辞せず、宴会でも、酔うことより飲みながら酒席の雰囲気をワッと盛り上げてゆく、幇間的な芸が先に出る。みんながそれで楽しんでくれるのが実にうれしくて、宴会の名物男になってしまい、そのために月給も人が十円上がるときは十五円……。酒も下手に飲めば人生のマイナスになるが、上手に飲めば大きなプラスになるものと知ったのはそれ以来である。

○

そのころの懐かしい思い出の一つに、興安嶺のふもと、アルグン河のほとり三河地方と呼ばれたコザック村で、セミョノフ将軍の祭で、コザックの宴に招ばれたことがある。居ならぶ日本側の高官をさしおいて、

「ガスパージン・モリシゲ!」

と、どういうわけか、今夕の主賓は森繁だというコザックの指名である。一段高い座に立たされ、ブドウ酒で割ったウォツカをなみなみと注いだ大きなグラスが、うやうやしく私に捧げられた。コザックの一隊がぐるりと私を半円にかこんで、

「ペーダンナ・ペーダンナ(杯の底まで飲め)……」

豪壮な合唱がはじまった。飲めるも飲めないもない。最後の一滴を飲みほすまで「ペーダンナ」の豪快な合唱がアンダンテからアレグロに変りながら続く……実にみごとな酒のすすめ方だった。

老酒はシナの古酒ともいえるもので、本物にめぐりあうことは、まあめずらしいというほどで、本物は高価である。舌にのせるだけで四千年の歴史がとけるようである。またシナのカルバドースでもあるハスの匂いのする白乾児《パイカル》酒、安物はホーコーズという鍋のアルコールの代用になり、兵士の消毒薬品にもなる、用途のひろいものだが、六十五度という舌のしびれる奴で、メラメラ口唇が燃えたのは嘘でない。

蒙古では馬乳酒。くさい酒だが飲みなれてくると、いかにも蒙古のあの大草原にぴったりした感じで、羊のくさい肉になれるほどに、これも毎晩飲むようになった。

人間の順応性というのか、都に帰ってうまい酒でも飲みたいとは思うのだが、ここも住めば都で、これはこれでまたよかもんじゃと、シャシリークをかじりながら結構たのしむ。私という人間が元来どこにでも種をはやす、さよう、雑草的であるからかもしれない。

しかし、ぜいたくをいえば、灘にそだったせいか、私の愛してやまぬ酒というと、あの絢爛豪華にしてしかも庶民的な生一本につきる。やはり日本酒にはじまり、日本酒に終るのかもしれない。してまた、招ばれる酒もまずくはないが、醍醐味は身銭を切って飲む酒にあると思う。自分のペースで気がねなく、自由に、誇らしく、何のレジスタンスもなく飲みたいものである。〝一杯飲ましていただきます〟より、少し高いところから見下ろして〝おい、一杯どうだ〟などといいばって酔いたいものである。

毛唐にいわせると、日本人ほどぜいたくな酒の飲み方をするものはまずないそうである。日本人は、ちょっとといっても、おでん、焼き鳥、鍋、小鉢物、しかもえんえんと飲んでいる。なんたるぜいたく、時間の浪費。考えようでは、そういう点ではまことに金持ちで豊かな国民であるかもしれない、という批評も聞いたのだが……。四方《よも》海なれば、魚介あたらしく黄金《こがね》なす瑞穂も酒にかわりなく、人口とみに稠密なれば、酒席また人情をとものうて、たすけつ、たすけられつ、蜒々酒《ささ》くみかわすも宜《むべ》なるべし。

さて酒を飲んで一番おもしろいのは、しるしが現われることである。つまり顔が赤くなるということである。〃お酒を飲みました〃という信号がすぐ現われる。こんな正直なニュアンスに富んだ、たのしい仕掛けはない。

昼酒もいいものだ。まだ明るく陽の照る街を酔歩まんさん、おお、世間のヤカラは働いチョルかなど……実に不思議な快感をともなうあの昼酒。正月ともなればこれが大っぴらにやれるんで正月は良いのである。やるべし昼酒、ついでに昼寝。ついでに昼……。正月こそ日本の安息日であろう。

○

しかし、やはり酒というものは、本質的に暗くなってから飲む夜のものであろう。夕暮れどきになると、何だか妙に悲しくなってくる。幼いころを思い出してみても、夕暮れ、街や家々に灯の入りはじめるころの、あのなんだかわからないもの悲しい気持。そういういやアな気持から逃げだすために、なんとなく酒が恋しくなる――酒を飲む本質的なスタートが、ここにあるのではないかと思うのである。そして、飲めばハシゴ。杯をかえ、軒をかえ、川を渡り、野を越え、駅を忘れ、汽車を乗り越し、やがて目覚めれば砂をかむ宿酔の苦い朝が太陽とともに訪れる。

ああ……しかも、また夜が訪れてさえくれれば、知らず、杯を手に……私は飲み、明日も明後日も限りなく飲みつづけてゆくであろう。

「あんた、このごろ少しふとりましたネ」

「ハイ、そういえば前より腹が出てきました」

と答える恰好になってきたが、どうやらかせぎの大半はこの液体となって、口から入り地上に吸収される。クラこそ立たないが、せめて身体に脂肪でもできなければ、財貨の功、胃をそこなうだけでは働いたかいもなく、やりきれん次第である。

アッパさんの直訴

××映画株式会社社長さま

こんな不本意なお手紙を直接あなたに差し上げることを、どんなにか躊躇しました。しかし、もはや、どこをどう通じてお話申し上げてよいのか、私は、まったくさまよえる小羊です。この小羊は幾夜も幾夜も苦しみました末、ついに、神の御許しを得て直訴をする決心をいたしました。どうぞ、お心ひろく、メエメエと小さな声で泣く小羊の声に、お耳をおかし下さい。

私は――、かれこれ足かけ十年、あなたの撮影所で働いて参りました。

勤勉に――、実直に――、

駄馬の如く――。

そして、私の出演しました映画は、不思議と大当りを取りました。いえ、決して、私の力だけなどと口はばったいことは申しません。監督さんや、プロデューサーや、シナリオライターや、小道具の小父さんや、照明の兄さん達や、皆さんのお力があったことは申すまでもありません。――しかし、私が主演していたことは事実です。そして、恐らくこれら百本に近い映画があげた収益は何十億といえましょう。社長さま、あなたは恐らくこんなことは考えても御覧にならなかったでしょうね。

あなたは、ついこの間まで、デパートの社長さんでしたから、実業やゴルフや宴会で――多分お忙がしく、私の映画などはごらんになったことは無かったと思いますが――。今更私があなたにこんなことをお教えするのは、少々どうかと思うのですが、ごく最近の映画会社の現場の連中のこれはいつわらざる陰の声なので、また重役会議とは別の趣きもあろうかと思って、敢えて汗顔を押してお話をさせて頂きます。アッパ風にお怒りにならないで聞いて下さいませ。

芸術家が一番大事にしているものは何か、ご存じでしょうか？

名声――いいえ、

至高の芸術性、いいえ、

より高い金――いいえ、これらは無いとは申しません――が、実は、彼等が一ばん望むもの、それは「未知への冒険」でございます。

これは大きな冒険を大望するのではありません、ほんの小さな冒険を望んでいるんです。

ところが最近の映画界には、もはや何の冒険もあたえられなくなりました。決まったショウケースの中で、きれいな箱に入れて頂いて、しかも絹のしとねの上に、昨日も今日も明日も、しずかに同じ姿で飾られているコットウ品のようにされました。デパートで一番客の少い六階の隅の角です。

社長さま、こんなことをご存じでしょうか？　俳優を自社にしばりつけておくのは、甲乙両方がタイプで印刷した契約書に印を押したアレが、一番物を言うとお考えでは――、あるいは契約金（これは実は前渡金ですが――つまり昔のお女郎さんの前借と大差のないものです）だとお考えではないでしょうか――或は商人との取引きに明け暮れておいでになっていたので、フト左様に思っていられるとすれば、これはいささか違っているということでございます。お教えしましょう。俳優をあなたの足下に、尊敬と信愛を失わしめず、しばりつけておく方法はいとも簡単で、昨日より今日にかけて、ほんの少しで結構です、彼等の望む冒険をさせてやることでございます。――これはひいては、あなたが彼を愛しているという一番いい証拠となります。これには私共は一コロでございます。よい仕事はただでもやらせて下さいと、飛んでゆく赤子のごとき純真な馬鹿でございます。

「フッフッフッ、子供みたいなことを言うとる」

とお笑いになるかも知れませんが、事実職場で不満のある所、不幸のある所、仕事がのびない所、くすぶっている所、ここらあたりをちょっと丁寧にご覧になり、また耳をそばだてられれば、すぐに分る多くの良い例がころがっております。希望を失った人材が実に沢山、くだらん酒を、くだらん奴と飲んでダラダラと身をもてあましています。あれは決して景気をつけているのではありません。

プロデューサーも、監督も、俳優も――もっと詳しく申し上げるなら、小道具の小父さんまでが、何の難題もぶっつけられずに、工夫も創意も必要としない、十年一日の、剣ゲキの刀の銀ガミの張り替えにはあきております。古ものの修繕、焼き直しだけで事足りているのであります。大量生産は確かにコンベアに乗りましたが、今日、各社の作品の粗製濫造はどうでしょう。おっつけ大衆はあきてくること必定でございます。

いっそこんな時に、こんなことなかれの、小乗的なやり方をお捨てになって、ウチの会社だけしか出来ぬという――、映画史を飾る様なすぐれた作品の乱打を御計画になりませんか？　もうけることも楽しいでしょうが五十億ほど意のままにおつかいになるのも――、どんなにか楽しいですよ。それでクビになっても惜しくはございません。映画界の神様になれるんですもの。

未知への冒険！　いいでしょう。

優秀な探検家が腕を撫して撮影所で待っています。あなたのお部屋の回りには決して見当らない様な楽しい奴らが――。ただただ映画を投機と心得る銭もうけ一点ばりの計算屋の旦那に追いまくられて、製作部門の人材は意気銷沈しています。

なれないお仕事を引き受けられて、しかもこう映画館の入りが悪くては、日夜頭の痛いことだと私も他人ごととは思えません。

しかも私の様な扱いにくいのがいては、いよいよやりにくいことと拝察致しますが、この誠実ある声も貴方を思い会社を思う正しい声なのであります。

俳優は会社に利潤をもたらす商品には違いありませんが、前にとり扱っておられた商品と少し違って、小さいながらも頭と、ショウウィンドウから歩いて出られる足を持っております。しかも昨日よりは向上したいと熱願する意志も持っております。そこのところを、どうぞ了解して下さい。

お友だちの六社の社長の中には、アリのように小さな私たちの仲間を、劣性な感情問題だけで、なんなく踏みにじった方もいらっしゃいますが、あんなことは許せません。一寸の虫にも五分の魂です。

最後に一つお聞きしたいのですが、あなただけはまさかあの無責任な月給取りではないでしょうネ？　自己の位置における責任すらない、無用の「長」を名刺に刷っているアノ、部長、課長、係長という月給取りではないでしょうネ。

たった一人の、一切に向って断を下せる偉大なる社長だと私たちは深く信じております。とりとめもない直訴を致しましたが、要は一刻も早く、研究、反省していただきたいのです。それでないと、今日の映画は、かつての幻燈写真のようなムクロをさらすことにもなりかねません。

アッパより

昭和三十四年秋

いろはがるた

あけましてお芽出とうございます。

昨年中の御声援に厚くお礼申し上げます。今年は「ねずみ」の年だそうでございます。妙な年があるものでございます。元来、ねずみは家をこわし、食物をかすめ食らい、あやしげな家ダニなどまき散らし仕様のないものでございます。こんな鼠群に今年、余り繁昌されては困ります。

それは兎も角、新しい年が明けました。どうか今年も良い年であります様、御祈り申し上げます。

元旦　　　　　　　　　　森繁久彌

皆々様

住所も電話も元のまま、家族にも異変ございません、為念。


今年は思い切って賀状をやめましたので、この誌上で御挨拶させて戴きました。別に虚礼廃止などという、けなげな気持からやめたのではないのですが、この年賀状なるものが、私どもにとっては大変な重荷で、何千枚も書かされる家族は暮れの忙がしい時にとボヤキますし、どうかするとストやらで、肝心の元旦に届かなかったり――、ええめんどくさいから、いっそやめちゃえ、というのが本当のところでございます。

幸いこの誌上で、こうして御挨拶出来ましたし、正月の放送やテレビでも、声や姿も現わしましてお祝い申し上げられましたので、賀状を戴いた方に知らん顔してるわけではないと、済まながっている自分に言いわけもしております。

さて、暮れ近くのアッパさんはいくらか荒々しくもなりました様で、内心、忸怩《じくじ》たるものもあり、初春は何かお笑いごとでも申し上げてみたいと、あれこれ考えてみたのですが、さしての名案も浮びませんので、一つおあそびをさせて戴こうと考えました。「いろはがるた」でございます。見立ては映画界を種にしましたので、あまり一般的とは申せませんが、その辺はハハーンと御明察願って御寛容下さいませ。実はささやかながらコンタンもあってのことで――、と申すのは最近良家の子女が、多量にこのスターなるものにあこがれまして、私どもの方へ参ります手紙の大半も「私を女優にして下さい」の売りこみ一点張りに、往生しているのでございます。で、いろは四十八文字の中には、それらの方々への含蓄《がんちく》ある警告を現わすものも沢山出て参ります故、熟読玩味《がんみ》の上、親が読めば子が取り、子が読めば親がこれを取り上げていただきたいと、作者は僭越《せんえつ》にも願っている次第であります。

では――。

映画いろはがるた

アッパ作

(い) 色眼鏡　与太者《グレンタイ》かスター

(ろ) ロケで　くどかる

(は) ハッタリ八分は　昔のこと

(に) 二本立　日本映画は肉体もん

(ほ) ほれたらアカン　相手役

(へ) 下手なゴルフで　役がつき

(と)友だちでも　役はゆずれぬ
(ち)知恵より　身体《からだ》
(り)離婚　覚悟で身体をはる
(ぬ)抜きさしならぬ　泥沼《どろぬま》
(る)ルーズな奴でも　主役さん
(を)OKまで　泣いてふるえて　ニューフェイス
(わ)わすれられてゆく　スター
(か)顔良し　芸無し
(よ)酔って立小便　オチオチ出来ない人気者
(た)ただでも出たいと　巨匠もの
(れ)劣等映画がもうける
(そ)そねまれて泣かされる　初役
(つ)つまらぬ本も　役者次第　カントク次第
(ね)ねっちり一年　上映七日でしまい（撮影日数一年間）
(な)なってよし　ならねば一生「御用」
(ら)乱費した程のことなし　超大作
(む)娘役　まだやりたがる老女優
(う)腕一分　運九分

（ゐ）一、押し　二、おせいじ　三、酒で殺す
（の）乗せられた口車　乗られた身体
（お）御曹子は三分以上の　トク
（く）苦しまぎれの　焼きなおし物（再上映）
（や）役トクは　監トクだけ
（ま）マンネリとペーソスしか知らぬ　批評家
（け）結婚して　人気落ち
（ふ）夫婦役　出来たらしいとあやしまれ
（こ）婚期は過ぎる　役はつかず
（え）エゴイストは　役者の常
（て）徹夜で働く　税金のため
（あ）あきらめて　嫁に行き
（さ）サインだけ上手い字
（き）キッスシーン　ＮＧで喜ぶ
（ゆ）夢見てるうちが　花
（め）面だけ自信の　めんどりども
（み）見られぬ様にしてても見られてる
（し）真相は　お付の人だけ知っている

（ゑ）　映画王国テレビでゆれる
（ひ）　ひっこい奴の方が得
（も）　問題作　思わぬ不入り
（せ）　せめて夢よもう一度
（す）　スキャンダル　書かれてるうちが華
（ん）　運をたよりに幾星霜

良家の子女が映画界に入って来ると、それこそびっくりすることばかりで、半年くらいはただボー然と撮影所をさまよっている。幾千の人の中からえらばれて「私こそ」と意気揚々撮影所の門をくぐったのだが、その中から何人がスクリーンに抜擢《ばってき》されるか、ここまでパスしてまだまだ前途に光明のコウすら見えないのがスターの道です。それがだんだんわかって来るとはじめて、この世界のきびしさが身に沁みて来るのだが、やがて、最良の年が、ぬか喜びであったみじめさを年と共に知らされてゆく、これが、えらばれた光栄ある若人の大半です。次の年にはまた新人があとを追って入り、次の年にもまた新人が入り、何時の間にか役もつかずに年をとり、早や数年を「通行人のA」や「群衆の中の一人」におくって、ああ損をしたと気がつく頃はヤケも半分頭をもたげるのも当然と言わねばならない。ここで、いさぎよくやめて嫁さんにでも行ってしまえば利口なのだが、これがなかなか足のぬけぬ泥沼で、そのうちに婚期は過ぎ年増の部に入れられ、スタジオのすみで毛糸の編物をするだけが日課となってしまうのです。

パーソナリティーも特異なものであり容姿もすぐれ、或いはなかなか変っており、感覚も良く、しかもその才に加えて「運」をもってせねば日本全国を沸かす大スターには、なかなかなれない。ところが、どうやら僥倖《ぎょうこう》でその座を得ても、どっと押し寄せるマスコミに精一杯踊らされて絢爛《けんらん》の座は僅か一年を俟《ま》たずしてハイ、サヨナラの三日天下になることを知らない。ほんとに、いたいけな少女にはあまりに苛酷すぎて気の毒を通りこしたあわれをさえ私は感じるのです。所詮、坊ちゃん、嬢ちゃんだ。人生を紆余《うよ》曲折して茨の道を踏んで来たわけではなし、ましてや芸を身につけて来たのでもない——極端に言えば何もない者をパーッと祭りあげ、有頂天にして置いてドスンと落すのである。

ところが、一躍名声、一躍成金に目がくらんでいるのが、少女当人よりむしろ親だったりすると、これ程やり切れん思いをすることはないのである。

親が血まなこになって娘について来ている撮影所の風景を、世人は御存じないだろうが……。

さてそんな意味で、もう一回この「いろはがるた」を親子で仲良く取っていただきましょうか。

アッパの仕事場

日曜日の撮影所。

ガランとして、どことなく人の気配の少い所内の通り。

そのセットとセットの合間に一坪ほどのバラック建ての不釣合な小屋がある。

そしてそこに日がな一日、小母さんが毛布をかけて火鉢にあたっている。

これが撮影所の中にあるたった一ツの売店である。売っている品物は、これは皆さん方の会社の廊下のツキ当りや、夜の銀座の並木通りに出る屋台化粧品屋と同じようなもので、アチャラの香水や有名化粧品から、アメ屋横丁にあるジャケツやシャツ、靴下、それにハイカラな女の下着類からチョコレートの類にいたるまで、雑貨コマゴマでおおむねおしゃれの俳優諸君の御用を達するものばかりである。いわばこれらは、この小屋には似つかわしくない高級品で、これらを銀座の一流店より安く売るところに、この屋の老婦人の存在の価値があり、彼女の生活の糧があるのである。

「小母さん」

とニューフェースが顔をのぞかせて、

「いまやってる〝学生たちの道〟ってフランソワーズ・アルヌールの映画見た？」

「さあ、まだ見ないけど」

「あンなかで彼女が着てるシュミーズみたいのない？」

「明日でも行って見て来ましょ」

「このチョコレート頂戴、三ツ貰うわよ、つけといて……」

「ハイ、ハイ」

「それからね、きょう彼、来てる？」

「まだ顔見ないがね」

「そう、私、これから都内ロケに出るんだけど、来たら六時にいつもの所で待ってるように言っといて」

「ハイ、ハイ」

時には、ここを告知板にするこんな用件も、お得意のために聞かねばならない――つまり便利屋さんでもあるのだが、きょうのお話は、そんな色気のある方のお話ではなくて――。

或る日のこと――。

これはまた、何と似つかわしくない物が、この香水の香り高い小屋の軒下にブラさがっていたのである。

それは、和製のそんじょそこらにある一個のランドセルである。

これは誠に奇異なことで、こんなものを求める顧客はこの店に来る筈がないし、第一、撮影所の中で、なにもランドセルを売らねばならぬ必要も別にないのだから、私ですらふりかえって見なおしたほどである。

私は午前中の撮影を済ませて昼めしを食い、小屋の前の事務所でボンヤリ煙草を吸いながら見るともなしにこのランドセルを見ていたが、大寒の木枯しが底冷えのするようにスタジオの間を吹きぬけ、不思議と誰も通らない静かな時間が軒下のランドセルのあたりに流れていた。

ところが、フト眼をやると、いつの間にかその前に大道具のおじさんらしいのが一人、ショソボリとつっ立って背中を向けている。つぎだらけのカーキ色のズボンの腰に金槌と釘袋が下り、ほおかむりした寒そうなその顔は、どうやら年配の大工さんらしい。

この風景は、ケンランたる撮影所の全く裏側の図と言いたいくらいのものである。

私はしばらく見とれていたが、このおじさんも、同じように、ランドセルに長い間見とれているのである。春まだ浅い今日この頃とはいえ、やがて学校にあがる末の子への父のあたたかい思いやりとも見え、買おうか買うまいか、決心のつきかねたそのうしろ姿が――、やがて鳴る午後の仕事のサイレンに心を残しながら去って行くのを私はじっと見とれていた。

　私は事務所の机の引出しから、撮影所の社員録を引っぱり出して、千人以上もいる所内の人たちの仕事の分類をあらためて調べてみたのである。

　普通一般に知られているのは、監督と俳優とカメラマン、照明と録音の技師たちであるが、それらの技師の下には数人、十数人の助手があり、美術部という所には、大道具さんが大勢いる。その大道具さんでも、骨組を作る人、紙を張ってボテを作る――つまり一日中新聞や和紙に糊ばかりをぬっている人から背景描き、また不要になったセットをバラすこわし屋さん、釘をぬいて日がな一日これを金槌でのばしている人、庭を作る造園師から植木屋さん、ブリキ屋、左官、置物の石膏屋さん、製材所、木工所、それにゴジラや宇宙戦争のミニチュアを作る特殊美術には、電気機関車や模型飛行機や潜航艇のおもちゃをずらりと並べていじくっている技術屋、また嵐を写す特殊撮影係から、動物の係、これは象からヘビ、ノミにいたるまで。また特器といって、移動撮影やクレーンを使う人から、風や雨の係。ここで面白いことは、積っている雪（綿や塩など）は大道具さんの方で、降って来る雪（麩）は小道具さんと、その区別もなかなかうるさい。

　演技課という俳優の世話をする所では、食堂から弁当の世話から、楽屋番、風呂番もいる。そして、俳優は、衣裳の係に着付けをしてもらい、男は技髪、女は結髪に行き、かつらをかむり、メイクアップの係に顔を作ってもらい、進行係の指図に従って撮影を進行させて行くのである。

そのほかに、百五十キロ以上の自家発電から、変電所の強電関係。機材を作る工作場があり、トラックやその他俳優をのせるバスの運ちゃんまで入れて自動車の輸送部がある。

つづいて俳優や映画を宣伝する宣伝課。病気や歯痛のためにお医者さんや歯医者さんまで――まだこのほかに、フィルムの編集や、現像から、映写技師と、数えあげれば切りのない実に多種多様の職人がこの撮影所にきりきり舞いしているのである。

ところが、これらの千人以上もの人々は、決して映画のタイトルに名前が出るわけでもなければ、画面の中にゆめ姿など一ペンも現わさないのである。ましてや、拍手一つもらったことのないまるっきり縁の下の力もちなのである。

どうだろう！　その大勢の中で、世に言う、ケンランたる映画のハナガタスターさんは、その約一パーセントほどしかいないのである。撮影所と聞けば確かにハデな豪華な所のように聞えるが、千人もいる人たちの僅か一パーセントの十人がスターであり、門を入ればデンと居並ぶ自動車は、その人たちだけのもので、九百九十人の自家用車はおおむね自転車であるのである。

考えれば役者とは冥加《みようが》につきるもの――。僅かに十数名の人たちの成功と栄誉のために、九十九パーセントの人たちが、日夜工夫と苦心と力を致しているのだ、と考えられないこともない。赤い英国製の高価なシャツを購えるものはほんの数えるほどで、ランドセルを買ってやらねばならぬため、じっと見惚れるおじさんが、大半なのである。

あれから半月程たつが、あのおじさんは、ランドセルを買っただろうか。その後、姿を見ていない。

ああ、役者とは

「自由劇団」の東京公演も無事に幕があいた。

井伏鱒二さんの『珍品堂主人』も豊田監督にいじめぬかれて、私としては久しぶりの大出来とうぬぼれてどうやら大半を撮り終えた。

久松監督の『路傍の石』も美人原節子さんを終始いじめる役で終了した。

そして、きびしい冬が終るころ、私は桃の花の都をあとにして北海道は、網走《あばしり》の涯《はて》、知床《しれとこ》半島に少数のスタッフと一緒に、つぎなる大作『オホーツク老人』の流氷の場を撮りにゆく。そして、冬の場だけの撮影を一まず終えて、この映画は夏までまた準備に入り、シナリオライターの八住利雄さんの初のプロデューサーの作品『人間の皮』に出るのである。これがまたなかなかの骨仕事。

もともと好きで歩いたこの道であり、好きでなったこの仕事だから、だれに文句の言いようもないが、

朝は早よから撮影所通い
夕べの鐘を楽屋《がくや》に聞いて
幕はあがって舞台におどり
はててうれしやさあ一杯

どっこい待ったと車に乗せられ
放送局から放送局へ
うしみつどきのビルの谷間
凍てた夜風にクシャミも出るし
腹も空いたが　ねむ気も消えた
銀座の屋根に陽があがる
再び私は撮影所

こうした毎日が情容赦《なさけようしゃ》もなく繰り返されるのです。今やたった一つの望みは、何とか暇を見つけてコンコンと眠りたい。それだけになってしまうのである。これが何年もつづき、また年あけて今年もつづくのである。ああ、ありがたすぎて涙がこぼれるのである。

「しばらく、休んで身体をやすめたいと思いますが、ひと日休めば忘れられる、きょうこのごろの人気です」

と金語楼師がもらしたと聞いたが、何かしら、後から大きな波のようなものが押してきて、おおいかぶさるような気がしている。応と否とにかかわらず私は行かねばならない。とは申せ、これは贅沢《ぜいたく》な愚痴で、今ほど油の乗った時はないと手前味噌にも言ってなぐさめもする。

あの芝居はしょせん森繁ぶしだとか、得意のペーソス、またもやマンネリズムとか、ああ例の捨科白かなどと、ほめ言葉か、けなし言葉かわけの分らぬサン辞をうけて来た私でもあるが、まるで私には、この四つの引き出し（持ち芸）しかないように言われるのが残念だ。

とまれ、
役者とは、大工と覚えたり。
最初は鋸《のこぎり》一本、先のすぐぬける金槌《かなづち》一本とをもって建築の場にあらわれたのだが――なるほど、芸の幅もたたき大工に似たものであったに違いない。鋸すら使わしてもらえず、指を打ち打ち壁下のサンでも打っていたのだが、どうやら鋸も真直ぐ引けるようになり、のみも一本しこみ、やがて、チョーナもカンナもかけられ、$\sqrt{3}$とやらの屋根の勾配《こうばい》の角度も切れるようになる。そして日がたつにつれ図面も見えるころになれば、道具も砥石《といし》にかけて、鋭利にみがけるようにもなるのである。

さきほどもいったように、よく役者の芸を「引き出し」にたとえる人がいる。「森繁の芸の引き出しもあれだけだ」というふうに。しかしこれは全くへんなたとえで、役者の世界を何も知らぬ人が外から見ての話である。こんどの芸は、この引き出しとあの引き出しにしまってある芸でやりましょう――は歌舞伎の世界には言えることかも知れぬが、私たちの世界にはまるであてはまらない。

芸とは大工道具である。

新しい図面を前に指物《さしもの》師のような仕事もするし、数寄屋《すきや》造りも、山小屋風も、御殿造りも、時にはたたき大工も、何でもできる大工になりたいと、またその道具をつかえるようになりたいと願う気持が精進《しょうじん》であろう。いかような配役が与えられても、それをデッサンして創造する腕、つかいこなせる道具をもつことが私たちの道をあるく力であろう。

終戦とともに、アメリカニズムは日本全土の日本人の皮膚にペンキのような文化を塗りつけたが、いや沁みこませたのかも知れぬが、なかなかのしつこさで浸透し、それがどうやらこのごろに至ってその一番悪い結果をボッボツ生み始めてきたようだ。

＝unity《ユニティ》＝字引には単一性とか、一致、一様という字が見える。つまりこのユニティこそアメリカの特産で、カサブタみたいに日本人の皮膚病となったかの感である。

一つあたればアメリカでは、百万長者になれたり、一生食うに困らぬようになれるごとく、たとえば何とかいう飲料水《ミカンスイ》にしろ、ハンバガーという食い物の味にしろ、赤や黒の色ストッキングにしろ、靴から帽子からベストセラーの書籍……まで、すべて、一つあたればこれ以外の何ものであってもいかんというように、それらはユニティに全米をおおうのである。ゆらい、こんなことは日本には、まるでなかったと記憶する。個々の趣味にしても欲求にしても、もっと個性的であったし、こんなデタラメな右へならえなど探してもなかったはずである。つまりジーパンツを隣りの坊主がはいたからって、何も真似る必要はなかったのだ、が——。

ちょうど、日本の有名な調味料の、あの白い粉が、味を一色に統一したように、日本も味気ないユニティ・システムの国に切りかえられて行くかの感である。

恐しいことに芸にもそれがきたようだ。試みにテレビを見たまえ、ラジオを聞きたまえ、そこに現われるものは芸のユニティではないだろうか。どれを見ても不思議に安易な一色の右へならえを発見する。うそだと思われるならカチャカチャとダイヤルを回してごらん。出て来るものはさほどに変りばえもせぬ同一種類の俗芸と見える。鋸一本、金槌と釘と、ノミ二つにカンナ一丁、中学生の大工道具セットでまにあう芸のハンランと言うてはおしかりを受けるだろうか。——ところが不思議なことにそれを見る客の方もどうしたことか、いかりもせず厭いもせず、これまた不思議に良しとしているにいたっては、客の嗜好もまたユニティとなったのだろうか。

さてかようにうそぶく森繁君だが、

「あんたの設計して建てたものが、まだどうやら売れますので——」

という買手の言葉に、安心して、やたらつぎつぎと森繁建築をたてているマンネリズムは私も認めるが、これまたいつかは森繁ユニティにならざるを得ないだろう。実は私とて、大工道具にあきたりなく、鉄工の道具まで買いこもうという意欲にはみちているのだが——。

今年に入って出来上った私の作品に、もしも敗残のユニティを発見されたら、私もそろそろ、役者をやめるか、ユニティの国アメリカへでも移住せねばならんことになる。

スター十戒

星（スター）への招待

月を廻ったロケットに一驚きも二驚きもしたのが、もう去年のことになったが、いよいよ月から星と、高天に輝く奇しき光の主に近づく日も、ほど遠くない時代がきたのである。

さて、そこで、一席宇宙の神秘を語ろうと思ったところ「実は、星は星でもそっちの星じゃなくて、あなたがご関係のある方のスターの話ですが……」ということであった。これは目下の小生にはいささかニガ手な話で——どうせ底の知れた雑文であるが、天来の毒舌が頭をもたげ、悪くは書けても良くは書けそうもない予感がして、先輩同輩、後輩のヒンシュクを心配したが、新聞屋というものは皮肉なもので、そこがねらいだとおっしゃる。

それじゃこっちも一つ腰をあげて、スターの実態やスターへの道や、スターの誕生、スターの消滅の話を真面目に書かせていただくことに腹をきめたのである。

前おきはそのくらいにして——はたしてスターとは何だろう。だれがつけたのか、妙な表現である。輝く星で、遠い手のとどかぬところにある——の意といえば、そうかとも思わぬこともないが、日本流にいえば眼に星が出来たとか、星(犯人)がつかめたとか、ひどい黒星だとか、あまり良い意味は見当らない。どうして、太陽とか月とかに表現されなかったのだろう。「あの俳優が我が社のサンです」チットも悪くない。=サン・モリシゲ=いい響きだ。もっとも逆にいえば、モリシゲさんになるから、これはまあ当り前のことだ。いや、その当り前のように実はスターなるものも他人が特異な存在と見ているだけで、当人はその辺にザラにいるサラリーマンや喫茶店のウェイトレスとさして変りはない当り前の奴である。

スターと素質

スターと素質、素質というのは俳優としての素地があるかないかということだろうが、スターと素質はおよそ関係や関連があったためしがないほど、はなればなれなものであると見てよいだろう。が、スターの座に立ったがために——わずかな人間だれでも持っているいわゆる芝居根性——程度の素質が、素質のあったごとく見られたり、またあるいはそれがいくらか芽ばえたりすることもあり得るのだ。これと逆な例で天来役者としての素質のあるものがスターになるケースは、前者に比べてその何分の一かであるという不思議な事実も実態調査すれば言い切れるのである。

これをもう少しくだいていうなら、早い話ニューフェースを受けにくる大半の彼、彼女の中に役者たり得る資格のある者がいないのを見てもわかるだろう。あれは顔と、腹の細さと、腰のデカさと、おっぱいのふくれ上がりに自信があっての応募で、人間の心理や感情をどうハンスウし、どう表現するかなど、ツメのアカほども研さんしてきた連中ではない。

しかし、それでもスターになれるのである。いやあるいは、それだからこそスターになれるのかも知れない。というとちょっと奇異な感じがされるかも知れないが、顔や姿で一回目をパスし、いざ、第二回目の審査で、なにかセリフでも言わせたら、職場劇団の国定忠治バリが出てきたり、変なクセのあるダイヤローグを聞かされれば、審査員各位は顔を見あわせて、「次の方」と言うことは間違いない。だからムクの素人はスターになれる有資格者といえる。

道行く人にふりかえられ、ステージのご挨拶に万雷の拍手と叫声をあびせられる彼が、その職場では「ダイコン！」と監督にきめつけられ、十回も二十回もやりなおしをさせられているミジメな男とはまるで見えないように——スターと素質は近くて遠い親戚のようなものである。

とまれ、スターはそれでよかったのだ。うまいからスターになったのではないのだから。スターに必要なものはうまさではなくて、今日の時代の感情であり、生活であり、今日の人生なのである。それが、そこはかと客席に流れると、それで彼の存在は確固とした地位を与えられるのである。スターとはそんなものをいうのである。うまいが古ぼけていてはスターたり得ない、例えば私のように……。

流行歌手という歌い手も映画の主役をやった。プロレスラーも、関取も、文士も主役で映画に出た。かくのごとく演技者としての素質のあるなしにかかわらず、一ペンや二ヘンぐらいは映画スターになれるくらいのものんである。——こう言えばこの話がはっきり判ってもらえるだろう。

スターと知能

スターの素質について、素質はなくてもスターになれるといったが、知能はちょっと問題である。知能なき者がスターになり得るはずがない。またそれがスターになったとしたら、これはいささか困り者である。狂人に刃物とまではいかなくても、グレン隊をおまわりにしたくらいの迷惑はあるだろう。

ただ、ここで言わずもがなを、ちょっと念のために申しそえておくが、知能と知識を混同してもらっては困るのである。大学を出たら知能があるようにみるのはヒガ目で、小学校を出ただけでもはるかに彼らより優秀な知能をもちあわせている人はたんとある。私はそれらの人をインテリといいたい。

ノータリンが月謝と寄付と有力者の顔で大学を出ても、そいつがインテリであるはずはミジンもない。それでは知能とはどんなことをいうのか——。

たとえば——一つのお話をしてみよう。

君が税込み三万二千円也のサラリーマンだったとしよう。今、君はおおぜいの志望者の中から突如としてプロデューサーや監督のお目にかなって抜テキされるのである。「一本の出演料をまず三十万円と決めましょう」と言うプロデューサーの声は耳を疑うような言葉だ。毎回当る宝くじを買ったようなものである。栄光の月桂冠は君の頭上にサンゼンとかがやいた。フラッシュはたかれ、雑誌の表紙に、新聞に、ポスターに、ところかまわず君の英姿は風にゆれ、我ながら狐につままれたようで恥ずかしくなるくらいのもんだ。

ところがだ——この月桂冠の下に実は大きな落し穴のあることを君がいち早く察知出来なかったとしたら、君は残念ながら知能に欠けていると認識しなければならないのである。つまりこの辺から知能が必要になってくるわけだ。

君がいくらかの馬鹿だったとしよう。君はうれしさのあまり君をとり囲む少年少女に、ミー子さんハー子さんに下手なサインをして夢中になり、本職の演技の方はともかく取りあえず中古でもいい自動車はほしいと思うであろう。ついでにあこがれのゴルフもさそわれるままにやらなければならんし、いそがしいことだ。その三十万円がやたらに君を駆りたて、身も心もおちつかせないのだ。冷静になって考えてごらん——。なんという落し穴であることよ！　自動車もゴルフもサインも——そんなことは俳優の君の仕事に爪のアカほどもプラスしないことを知る時がくる。

あまりに毎日出るＮＧと監督のお叱言のきまり悪さから――。

君がジーパンツで自転車に乗って、撮影所にきても決しておかしくないのだ。仕事の方に興味が出て来れば十分にスターの内容を身につけられるのだ。一口で言うなら君が身につけていたのは撮影所の〝門の外〟のスターで、〝門の中〟のスターの必須事項ではなかったのだ。

これぐらいのことに気がつく知能すら持っていないとするなら、何をやらしても上手くは行かんのだ。穴掘りくらいやってればいい。

スターと演技

君も、ボツボツうわついた撮影所の空気とスターの浮き足が、おさまってきたようだ。どうだろう――このへんで少し演技についてお話してみたいが――。気持がゆるすようだったら聞いてほしい。

君は映画雑誌にのった君の恰好や、顔を気にする半分ほど、新聞の批評が気になり出したようなことはないだろうか――。

奴らは実に愛情のかけっぺらもないほど、無残に君をやっつけたに違いない。無芸好色呼ばわりや、大根役者とか、ミス・キャストだとか……、あの役を誰とかがやっていたら……といちいちカンにさわることばかりだ。あの批評家という奴は自分がもしあの様なブジョクをうけたら、二日も三日も不眠になる様なケツの穴の小さい奴だが、そんな奴に限って他人のことを最も無責任にあげつらい、てめえが良くも悪くもしている様な錯覚に陥っている手のつけられん輩だ。

ところが、そんな連中の書く批評の中にもし一つでも二つでも間違って君をほめたものでもあったら――。いやそのときは天に登る気持でその記事を切り抜いて、ひそかに君の彼女と乾杯ぐらいはしただろう。しかしよく聞いてほしいのはこれからだ。しょせんあんなものはだれでも――いや君でも見たら書ける――うまくもない印象批評だ。あれっぱかしのスペースに何の批評が出来るだろう。しかも一ぺんこっきり、試写室で半分ねながら見た君の映画についてだ――。ただ一挙に何十万枚と印刷され配布され、これを正しいと思いこんで読む読者がいるのはやり切れんことだが、そんなことにも眼をつぶるのが賢明である。

何故なら――。おおむね、ほめられて有頂天になる奴は、ケナされるとすぐクサる奴だ。いいかい。よーく考えてごらん。いったい君のどこをどう彼らはほめたのだ。そして、どこをどうケナしたのだ。おそらく君の前進にそれが大きなメドとなるような君自身の核心にふれたものがあっただろうか。スターはただ黙々と、そして遅々で結構、一歩一歩、着実な前進があればいいのだ。

その前進の要素は、君がこれぞ天来の仕事と心に誓った役者の腕に、いささかのみがきをかけることしかないのだ。

さて、君はつぎの映画の「台本」をもらうだろう。すると、いきなり配役のところを眼の色をかえて見るクセはないだろうか。もしあるとするなら、それが大きな間違いであり、それが君の前進にブレーキをかけている原因だ。君は配役のところを飛ばしてさり気なく、気負わずサラサラと、まずその本を素読みすることだ。いろいろの情景や人物の動く姿をイメージしながら……そして君が読み終ったとき「ハハーン、こういう映画か」とうなずくのだ。それが、観客が見たときの印象とほぼ近いものと想像していいだろう。そして改めてその中の人物のどれを自分がやるかを知って、最初のイメージをこわさずに与えられた自分の役のその人物のデッサンにとりかかるのだ。

撮影の前夜に、明日のシーンの自分のセリフ（しかも自分のだけ）を一生懸命おぼえ、おまけに、そのときにこう動いてみようなどと考えるのは、勉強でもなければ、何でもない、愚の骨頂だ。監督は、どこでかたまってしまったか、そのヘタクソな表現にうんざりし、がっかりするだろう。

君は人物を引っさげてスタジオに入ればいいのだ。柔軟な姿勢で――。

昔から言われている芝居用語に「読みを深く」というのはこれをさすのだろう。

何か言いたそうだね。急にその場でセリフはおぼえられないから前の晩におぼえてゆくのだ……って。そんなに頭が悪いのなら今やめた方が君の輝かしい将来のためかも知れない。

スターと人気

鳴りやまぬ拍手と叫び声！　おお人気よ！

ところが、世の中でもっとも確実な実証でありながら、もっとも不確実なものがこの「人気」である。読んで字のごとく、移り気な、人さまざまの勝手気ままな気持である。かてて加えていうならば一番無責任なものかも知れない。

その不安定な、無責任なものの上に、君の人気は建てられているのだ。まだしも、この天災国と言われる、日本の土の上の方が、いくらかでも安心出来ようというくらいのもんだ。君の人気の地盤は冷たい世間の風にも、ヘナヘナ、ハラハラとくずれ去るものである。

そんな話はくどくどいらない。いまや私はこの地盤がどんな土質や、どんな世紀層の変遷で成り立っているかを説明しなくてはならない。

まず人気を埋立地に建った家と見たてたらいいだろう。マスコミ地方の、砂や土やゴミ、アクタを運びこみ、地固めはおろか、ローラーもかけずに、沼の上に出来あがった土地だ。そこに君は大邸宅をかまえたわけだ。最初のうちはゆらゆら倒れそうになるのを気にしていたようだが、慢心した君の気持は、いつのまにかそれすら馬耳東風と無関心になった。おめでたいことだ。が、ある時君は近所に眼をやる必要がある。君の隣りも、今は、柱が二、三本残るきりだが実はついこの間まで有名な奴《スター》が大きな美邸を建てていたのだ。その向こうも、こちら隣りも……。それがどうだい。あとかたもないじゃないか。いいや君の買った新しい土地も、前には大した奴が住んでいたんだ。

さあ、ここで君の大きな誤謬を訂正しなくてはならない。君自身がこれを発見したら、私が最初に言った知恵があったことになるのだが——。

君はこの邸宅（人気）の土地も、家屋も、ファニチュアも、庭園も、垣根も、全部自分の力で買ったものだと思いこんではいないだろうか。どっこい、実はこれは、そうではないんだよ。なるほど顔もいいから、腕も足も丈夫だから、自分で作ったように思いこまざるをえない仕掛けだが——。ここに大きなからくりがある。

こんな美邸を埋立地に並べ、公園をつくって、ゴッソリ地価をツリ上げて、ひと儲けしてやろうという、大ボス（映画会社）が君の上にあぐらをかいているのだ。そこの出先機関（宣伝部）が、土地を買ってくれ、新聞屋が材料を運び、雑誌の写真班がこれを建て、なにも知らぬ山出しの君をまつり上げて、ここの主としたのだ。ペテンにかかったわけだな、純真な君は——。ついでに純真なお客もだ。いや、急にこれを聞いて腹を立てたり、がっかりしたり、改心したりする必要はさらさらないんだ。君の仕事はこれからなんだ。いわば君に宝クジが当ったようなもんだから、君は金持ちになったと早合点して、おごった気持になるより、その金を、つまりその人気を、どう使うか、どう本当に自分のものにするかが、これからの問題なんだ。つまり、地固めをするわけだな。君の家の土台を改めてだ――。

「砂上の楼閣」という古風なコトワザがあるが、こんどは君の力で、セメントを買い求め、水を運んで、コツコツ君の土台の砂にそそぐのだ。それがしっかり固まるまで――。万雷の拍手と叫び声に、うしろ髪を引かれるだろうが、少しずつでいい、怠けずに、忘れずにこれをやるんだ。

つかれた様だね――、でも真面目に聞いてくれて有難う。

スターと自由

籠の鳥でも　知恵ある鳥は
　人目しのんで　逢いにくる

という、古いはやり歌がある。やはり君の先輩のスターが、君の生まれる前に主演した『籠の鳥』という映画の主題歌だ。一見つまらぬ歌に聞えるが、なかなかこれでがん蓄のある歌だよ。これはお女郎さんやその他いろいろ――悲しい捕われの連中に愛唱されたもんだが、そのようにその当時の社会には人権じゅうりんが平然と是認、公認されていたんだね。しかし昭和も終戦とともにいくらか変貌をきたして、社会悪は改められたわけだ。つまり日本も文化国として些少の進歩をしたわけだ。

そしてこんな歌は消えちまったんだが——、実は消えた様でなかなか消えない事実がまだまだうんとある。早い話が私たちのそばにもあるのだ。

というのは、ここにまだ依然として、進歩しないまま、文化事業をやっている非文化社会と非文化人が存在していることに、君は気がつかねばならない。さあ、それに気をつかせようというのが、私のハラなんだが、最初に断っておくことが一つある。それは気がついたからといって、急にジタバタしてはいけないということだ。相手は物すごくぼう大な武器と近代兵器をもっているファシスト党(映画会社)なんだから。邪魔っけな者はノミ、シラミのように、ひとたまりもなくひねりつぶされること必定《ひつじょう》である。ただ無手の弱者である君はこれを知っておく必要は十分にあるのだ。知らずにやるバカ、知ってやる利口、というわけだね。

元来、俳優というものは自由業であり、自由人であらねばならない。いやずっとそうだったんだ。たとえ立ち場は違っても、本人はもちろん、会社もそうあってくれた方が、うんと楽だったんだ。昔は、いやがる会社にムリにたのんで、不安定な生活を安定させんがために、専属に(籠の鳥に)してもらったくらいだ。ところが、この俳優という動く芸術体が、顔さえよければ大根役者でもいいという……非芸術体であってもよくなり、ただ流行児でさえあれば、思わぬ金が映画館からあがってくることに、会社はこたえられぬほど喜んだわけだ。そうなれば、当然独占欲が起こってくるのはこれは自明の理だね。

そこで君の自由は、その仕事の上で大きな束縛を受けることになったんだ。ところが、君がムホンを起こして、契約を無視し、あるいは満了を契機として、他社に他流試合をいどもうとする。その勇気は大いに買うのだが、これにはよほど、己れを知っての上でないと、君はサンタンたる目にあうこと間違いない。

　専属なればこそ、君の周囲は意外に暖かく、まずい君の芸にも目をつぶってくれていることを知らなければばならない。つまり〝専属〟とは〝温室〟と考えていいだろう。一歩出てごらん、世間の風は冷たいし酷なもんだよ。うんと腕をみがき、しかも処世術も、カケ引きも、自分への演出も、しっかり心得た上でなければ夢々スターは一人立ちするもんじゃない。

　だから、心の底では「俺は、会社の専属じゃない。俺は日本の専属だ」ぐらい大きくうぬぼれていてもいいが、それはおくびにも顔や言葉に現わす必要はないだろう。籠の鳥でも知恵ある鳥は……だ。それでもムシャクシャするなら、緑の地平線を見て、ゴルフのタマでも思い切りカッ飛ばせばいいじゃないか――。白いボールが、君の心に羽根をつけたように空と緑に自由を謳歌して飛んでいってくれるだろう。若き友よ――。求めて敵を作るなよ――。

スターとお金

「暴利をむさぼるものをスターという」と、だれかが俺に言ったが、俺はそいつに言ってやった、「それにも増して暴利をむさぼる奴（税務署）がいるからだ」と。正論じゃないが君も困ったらそう言いたまえ。

　ここでギャランティーが高いの安いのと私は言い争ったり、またこの公紙に書きつらねたりする程おろか者ではない。なぜなら、君ばかりじゃない、それは私にしても天に向かってツバしている愚となるからだ。だからこの項では、いくらか自己弁解風になることも致し方ないし、また君にも同情的になることだろう。

たとえ話を一つ聞いてくれ――。

君が銀座へ買物に出かけたとする。すると簡単な商法のワナにひっかかる。

「これはいくら？」

「×万円です」

「ふーん、こんなものが！　いい値だね」

「でも、いいものでしょう、いいものはやはりお値段がはります……」

これだよ。これが実は商人の逆説に、乗ぜられているんだ。分りやすく言うなら、いい値段をつければ人はいいものと思うのだよ。そして、値段が高いものは粗末には扱えないんだ。これは、注目にあたいする大事なことだと心得たまえ。

これを、我々の方に引用すると――、

「あんな高い役者を、あんな役で使っちゃいかんよ」と、君を思わぬところで、おえら方が防衛してくれていることがあるかも知れない。有難いことだ。ただ、これに関して一つ二つ困ったことがある。大体が個人の収入なんて秘《かく》しごとのものだ。それを、税務署が新聞に発表するんだね。失礼もはなはだしい。そしてもう一つは、あの金がゴッソリ自分のものになると考えている世間の目だ。あるいはゴッソリためているダンナもいるかも知れぬが、そんな金の亡者になると、はてはスター乞食にもなりかねない。スターというものはもっと気品高いものだからね。君は賢明だから、そんなことはないだろうが、さて、その身分不相応の入金を君はどんどんはき出すべきだ。酒に——、女に——、何でもいい。

つまり、役者稼業というものは、いたずらな金のプラスがありすぎてはいかんのだ。もちろん、クヨクヨするほどのマイナスもいらんことだが、要するに禅の心でいう「零」の境地にいる方がなべて仕事が立派にゆくのだ。

これを、もう少しわかりやすく言うとだね。君は「アラビアンナイト」を少年の日に読んだろう。あの中に、宝を取りに山へゆく主人公に老婆が「うしろを見るなよ。うしろを見たら岩になるよ」というのがあったネ。これだ。私も座右の銘にしているんだが——。例えば友よ。うしろをふり返ってごらん。まず、大群衆の、痴呆のごとく君に身も心もうばわれた顔と拍手だ——。木石でない君はコーフンするのが当り前だ。そして、またうしろを見てごらん。どうだい。ナントカ杯やらナントカ賞、そして、そのそばにはかつて想像もしなかった金銀財宝——。バカでない限り、うしろを見た奴は、うれしくなって、いやが上にもそれを増やそうと考えるだろう。

しかし、残念ながら、それらの努力は、さほど君のスターへの道を、また君の腕を、ふとらせも、うまくもしないのだ。気がつけば、堕落させてるだけだ。堕落させるようなものは、馬にでも食わせてしまえというわけだな。それを増やしてうんとためて、セガレのために——なんて殊勝なことを考え給うな。それを食ったらセガレまで堕落することうけあいだ。

スターと遊び

　君はスターになってから遊んだことがあるかい。

「あるよ、ゴルフも、車も、キャバレーも、バーも、麻雀も――芸者も……素人とも……」

　もういい、もういい。じゃ、遊んでることにしよう。しかし、どんな気持で、どの程度に遊んでるんだろう……。

　人生で一番むずかしいのが、この「遊び」じゃないかね。遊びの境地、遊びの精神、これは大いなるムダで、これがあって初めて人間はいきいきと俗臭をはなち、こたえられない人間味があふれてくるのだ――君の陰影に――。これが芝居とか映画に己れをさらす商売の私たちに、最も必要なものなんだ。

　よく、俳優さんの中で、うまい人――つまりスタニスラフスキーの演技理論などで鍛えてきた人に――どこか坊主のような、しかつめらしい、それでいてどことなく田舎くさい、世間知らずを感じることがあるだろう。あの生真面目さは一見立派なものだが、あえてそうあろうとマネしなくていい。

客は芸にもホレるもんだが、先の項でいったように、その人の持ち味に半分以上ホレるものだから。ホレさせようにも芸のたりない君は、そっちの方でムリをするより、持ち味の方でより多くの点をかせいだ方がいいだろう。きらいな道じゃなさそうだから――。この持ち味は、遊んで来ない奴は遊んできた人間には歯が立たないね。

　ただここで、ちょっとむずかしいことを言わせてもらうなら――、昔、軍隊で「気をつけ！」という号令があって、棒みたいにつっ立つのがあった。これは一種の緊張を呼びさます必要からきたものらしいが、これを不動の姿勢と奴らは言った。つづいて号令で「休め！」と言う。これでぐったり休んでもいいのかというと、ただ片足を前に出すだけで、草の上にねっころがりでもしようもんならビンタの二つも三つも飛んでくるってわけだ。そして、奴らはこう言うんだ――「休んでいても不動の精神を忘れるな！　いつ敵がくるか判らんのだ。お前は兵隊だろう！」と。これが、どうやら役者の世界にも通用するんだね。「遊んでいても役者の精神を忘れるな」。相手役とどこかへシケ込んでいようが、いささか恥とする姦通の場であろうが――何でもいい、すき放題に遊んでいいが、かんじんの役者がどこかへふっ飛んでしまっていては、罪は軽くないぜ。男に――女に――おぼれ、酒にただれ、ムダ使いの権化となり、船や、飛行機を買って飛び廻っていても、ずるいほどに役者の君が別のところでパッチリと目をあけて、嬌態の君を見ていてほしいと願うのだ。

そのときにこそ「遊び」は、スタニスラフスキーのご勉強より、役に立つんだ。いやスターの貫禄をもたせてくれるとおぼえてくれ。そうは言ったが、これもあんまりムリ強《じ》いはしないよ。俺も、バカみたいになって遊ぶのが好きだが、時々役者を忘れるんでナ。

第一、人間なんて、楽しく遊ぶために働きもし、生きてもいるんだからね。いうなれば「遊んだ」あとに、不必要な悔恨や、反省などかけっぺらもいらないということだ。親が怒ろうが、監督がいやな顔をしようが――。細君が……ああ、君はまだ独身か！　うらやましいことだ。

スターと結婚

「かくれてやることは、かくれてやるべし」

これは、スター各位の座右の銘とすべし。かくれてやっていても大半はバレるのだから、なおも密なるをもってよしとする、密なるをもって……。いいかナ。

ある女優さんの述懐だが、彼女は全盛のときにこんな話を私にしてくれた。

「ねえ、繁さん――私もしょせん女よね。二度ほど苦しんだわ――そう……二十三のころと、二十八、九のとき……いっそいまお嫁に行っちゃおうかと思って」

けだし当然すぎる話だ。男優はともかく、女優は女としての安定としあわせを嫁さんになることに、また子を生んで母となることに見つけるのだ。この正しい本能が、ときにケンランの陰にうごめくのももっともな話である。そういえば、ファンは有難いものであると同時に、ザンコクなものである。「結婚なんかするナ」とも言うのだから。人生の春をも知らず実のなきままに乾燥してしまう、名花《スター》の末路やあわれと言うべし。

大体、外国では結婚などいささかも問題にならんようで、かえって夫の変わるたびに人気の上る異例もあるが――。日本というところは、他人の家事にまでクビをつっこんでみたがる物ほしげなヤジ馬根性がありすぎる。

ここでちょっと分析してみよう。

一、男性スターと女性スターとが結婚する場合

二、男性スターと無名娘の場合
三、女性スターと無名男の場合
の三つをあげて――これらのその後について一考察をしてみると、一の場合は、一見結果が悪そうにみえて、そうでもないようだ。手のとどかぬ世界とあきらめたファンは、指をくわえながらも拍手をする余裕があり、ついでにどんな子供が出来るかと、いらぬ気まで廻してくれるようだ。次の二の場合と、三の場合だが、三より二は、いくらか攻撃の手がゆるいようだ――が、それが人気があって若ければ若いほどファンは一の場合ほどあきらめていないようだ。腹いせに「もうあんちくしょうの映画なんか二度と見てやるもんか」とか、まあファンの三分の一は失うとみていいだろう。

まあ、考えようによっちゃいいじゃないか。三分の一ファンを失おうと、毎晩二人で楽しくやれば、最初のアノ時に、それぐらいは十分覚悟して肩をだき手を出したんだから……。

ところが、ここにいやなことが一つある。会社とか、家庭が、結婚に対して反対する事実である。ご存じあろうか？　スターの結婚が会社の経理に、いささか以上ひびくからである。ついでに親のほうも「いま、一ばんいい時じゃないの。もう少し考えたらどう」。はじめは反対した親が、セガレや娘の成功にねむっていた慾の皮をつっぱらせ始めるのである。そこで私は賢明な諸君に、最善の注意をしなければならない。

「かくれて――結婚と同じことをやればいいんである」。友愛結婚でも何でもいい、何も公明正大なんてりっぱなことはこれに関してはいらんのだ。よくスターの品行をうんぬんする奴がいるが、スターが道学者でなければならん何の理由もない。そんなことでも腹いせにあげつらう――世間には、そんなやっかみ（嫉妬）屋が多いのだ。かくれてやりたまえ、巧妙に……。かくれてやれば、また倍ほども楽しいコトヨ。

スターと内職

「ここ十年の間に何億ためる」と豪語した奴《スター》がいたそうだが――、あきれかえってモノも言えない。貯めるためにスターになったんだ――といっても成り立つご時世かも知れないが――。先に、スターの遊びやスターの財産の項で述べたので、これは重複するかも知れないが、スターはホシでも、あんまりモノホシげな奴になり下がることもあるまい。

さりとて、スターに落はくの来ぬとだれがいえよう。実はみな、内心そのときの用意をしているに違いない。これは、この国があまりにも貧困で、国民保険もいいかげんなもの、施設といえば、南京虫の出そうな老人ホームや養老院では、私とて、ちょっと考えるくらいだ。

第一、かくも高額の税金をむさぼり取って置きながら、老人になったら、米一升与えないこんな非情な国はないだろう。いったい、芸能関係からあがった税金を何に使っていやがるのか――政府は。「日頃あんまり税金をむさぼり戴いとりますんで、まことに些少ながら俳優の養老院を作りました」……ぐらいなことはしたらどうだろう。これでは、内職でもして置いて、やがて本職に切りかえようと志す方があたりまえと言わねばならなくなる。

これはアニ老人になってからばかりでない。突如上から何が落ちてくるかも知れぬ危険作業に従事しているわれわれは、上から落ちて来た金槌で鼻が折れたり、手がなくなったり、また声が出なくなったりした瞬間「ハイさようなら」であるのだから。

ただ、ために、内職がコーヒー店や、一杯飲み屋や、バーや、料理屋や、ホテルだけでは少しお寒すぎるようだ。内職にももっと創意と工夫があってしかるべきだろう。俳優とは創意と工夫に明け暮れしている人間だから。

その内職の問題はどうやら、あたりさわりがあるようだから、あんまりウソブイていると友達づきあいもなくなりそうなので、やめにするが、ビング・クロスビーが、ヴィデオ・テープの会社を作ってこれの発明と製作にガイカをあげたなど、うらやましいようなものだ。スターたちの手によって、大きな会社が生まれ、それが、社会の福祉になるというのは、夢物語じゃないだろう。

でも、これは出来ない相談だ。日本のスターは、エゲツナイほどのエゴで、人と組んで物をやろうなどは、天井をさかさに歩くようなことだから——。

スターよ、もっと親分根性をもて——。

スターよ、もっと大手をふって誇りがましくあれ——。

スターよ、自らをあまり賤しくするな——。

君の日本国における存在は、総理に匹敵する以上かも知れぬ。

君が料理屋を作って、総理が来たら「ヘイ、おこしやす」などと、タタミに頭をつけて出てくるな。

スターをやめようかと思うほどの豪勢な内職をやりたまえ。

「この私の書いている雑文も内職だろうって？」ああ、チョックラ痛いな。

「まことにケチな内職だ」ほんとにそういえば原稿料は安すぎるナ！

スターと寿命

生まれたときは
サルみたい
赤くて生毛のただの子だ
それがどうだろ
このごろは
さわってみたいと人が寄る
サインだ
ゴルフだ
自動車だ

それがどうだろ
このごろは
若手がどんどんのして来て
どうやら人気も下り坂
飲み屋の内職店びらき

それがどうだろ
このごろは
かげも噂も聞かぬげな
風のたよりに聞くことにゃ
さい果の田舎の町の夜の道
チャルメラ吹いてる、おっさんが
どうやら似てると人の言う
ああ、うたかたの花の道

あいつの仲間はこの間
芸術院賞もろたとさ
もろたはもろたが中風で
そいつも足腰立たぬげな

とまれ短い人の世だ
太く短く花咲かせ
花が散ったらミレンも捨てて
俺は河原の枯すすき

あとは皆さん
ほっといて
はだかでお棺に入ります
ブロンズの銅像いりません
丈余の石碑もいりません
ハイ、さよならでございます

さあ、そういえばスターとはなんだろう。やはり星でもあったのか――、星は星でも流れ星だろう、消えてかなしく灰となるのだ。

最後にいかに人気を落してゆくか、――妙な言い方だが、上り道ではいろいろと苦労や研サンをいたしたが、どういうものか下り坂では、引力に引かれるのか一気にくだるようにみえる。

諸君は山に登った経験があるだろう――、登りつめてからいよいよ下りだが、下りもなかなか慎重に降りた覚えがおありだろう、つまりいかにうまく降りるかにも十分心した方がいい、これもまた楽しいことだ。

いや、実は、君をスターの頂上に長く遊ばせておきたいのだが、なんせ、あすこはどうにもせまいので、だれかが登ってくると、だれかが降りねばならない――これは宿命だ。スターの場には定員が決まっているらしい。

しかし下り始めたからといって少しも気にする必要はないのだ。人が勝手に「旅路の果て」とか「かなしき末路」とかいっているんで——そういう奴も、シワだらけの老人になって行くんだから——。第一、耳も遠くなり、入れ歯をカチカチいわせ、目ヤニをふきふき、なんのカンバセあってスターの座にしがみついていなければならんのか——そうだろう。

さて私は、映画スターにのみ、つぎの定義を与えよう。

＝スターとは流行服のようなものである＝

つまり今年の流行はディオールのDとかXラインとかいったように。ことしだけのスターが生まれてもよいと思うのだ。それは、石原裕次郎やあのザイラー・ブームとやらとおなじに、頭から足まで、歩き方からキッスまで、なんでもいいのだ。芝居がうまかろうが、ヘタくそだろうが、そんなことは無関係、一から十まで彼以外のなにものであってもいけない。これがスターで、そして来年はまた誰かが、その流行（スター）となるのである。

〝一年をスターで生きるよい男〟これをご推薦申しあげたい。

長々とスターについてのあげつらい、まことにくしゃみ談義になり、さしさわりのあったムキもあろうかと思いますが——乞御容赦。

徒歩で来た弟子志願

「わたしは、ただ、先生のおそばにいるだけで……。その気持ちだけで、ここまでたどりつきました」

「お話は上がってなさい。ちょっと前、主人も帰りましたから。たいへんだったわね」

青年は立っているのがやっと、というふうである。リュックをおろして居間にはいってきたが、汗とホコリのスエたにおいがプーンと周囲に立ちこめた。

深夜十二時を少しまわっている。いくらか青ざめて、まことに青年である。ソファのはしにちょっとシリを引っかけて、どうやら全身が小きざみにふるえているようだ。

「どこから出てきたの？」

「大阪からです」

「何日に出て来たの？」

「二週間になりますやろか」

「なりますやろかって。どういう意味だい」

「歩いて来ましてん」

「歩いて！　なんでそんなバカなマネしたの」

「はじめは東京までキップ買《こ》うたんですけどね。京都でちょっと降りて、清水《きよみず》さんにお参りしてる間にゴッソリと全部やられましてん。それでもね。カメラだけ手に持ってましたさかい、それ千三百円で売って、歩くことにきめました」

「そりゃ災難だったなー」

「ウソや思われたらかなわんさかい、はがき買うて、毎日一枚ずつ出したんです。先生、見やはらしまへんでしたか」

「パパ、いそがしかったから見せなかったんですけど毎日来てたんですよ。あら、やっと浜松まで来たわねって、家中で話してたのよ」

「そのとき、やめさせりゃよかったのに……」

「宿なんか書いてないじゃないですか」

「おおかた野宿やっとりましたさかい」

青年は、やにわに立ち上がって、家の中を歩きはじめた。

「おい、おい！　どうしたんだ」

「止まってると、どうもいけまへん一寸歩かしとくなはれ」

それもそのはずである。聞けばラスト・コースは未明に小田原を出て一心不乱に歩いたという。ところが自動車が多いので神経が極度に疲れ、そのうえ、横浜あたりからは腹も減り、ただ足が前に動いていた感じだと語る。五反田へ出たのが夜の十時前、そこから、どこをどう歩いたかわからぬが、ともかく、ここ（世田谷区千歳船橋）まで着いたのだそうだ。その意気やまさに感服つかまつるよりほかはない。

どういう人で、どういう希望かはともかくとして、さっそくふろをわかして入れ、まずメシを腹いっぱいたべさせたが、なんとも役者稼業はいろいろな目に会わされるものである。これでゆっくり寝てくれればいいが、夜中になにを失敬して帰らぬでもなし、火をつけるかも、あるいは一家惨殺のうき目に会わぬとも、だれが保証できよう。

さいわい、青年はわたしのたいそうな信奉者で、翌日、コンコンたる話し合いの後、当方の買い求めた新幹線のキップと、わずかばかりのこづかいで、ふたたび帰路についてくれた。

最近、とみにふえてきたのが「弟子にしてくれ」についで「金を貸せ」「ただ、おそばにいたい」「社会福祉団体の会員、理事になれ」「何々協会の責任者に推薦」ETC……。

わたしは一個の俳優である。銀行でもなければ、演劇学校の校長でもない。ましてや道徳宗教の祖でもないし、聖人などではまるでない。なまぐさい俗人である。なればこそ、モロモロの罪、けがれを悔いて、なんとか精進もしたいと考えている男である。大それた看板などをかけられて身動きならぬようになれば、わたしは逆に自滅する。どうも、日本的風習はすぐになにかに人を〝まつり上げる〟ことだ。

〝映画はエッチ〟の現状打破

地方ロケーションに行ったとき、最近の映画不振打開の一助にと、町の青年たちと〝最近の映画を語る〟という座談会を試みた。

ところがどうだろう。肝心の映画の話にはさっぱり花が咲かず「あんたのテレビ見てる」とか「こんだ、あの小説の××の役をテレビでやってください」とか開催している映画会社の宣伝部がひんしゅくするようなことばかりいうので弱ったが、とうとう、おしまいにその中の青年がこんなことをいいだした。

「映画は、よっぽどのもんでないと、いまのわれわれは見んですよ。それにね、うっかり女の子を誘うと、あんたエッチねなんていわれますから……」

「そりゃ、どういう意味です?」

〝映画とはエッチなり〟まったくいなかはピンクとやくざ映画のハンランである。まっとうな映画などさがすのが無理なくらいだ、為にこの恐ろしい通念が、いつとはなしに生まれたのである。これを打ち破ることは容易なワザではない。われわれの前にえらいものが横たおしに倒れて来たようなものである。

もし、頼まれもせぬが一日社長を私にやらせてくれるなら私は今日の映画産業の衰退をあらためて憂うるのあまり現在五社社長の反省を、とくとうながすに左のごとき一じょうの訓示をたれたことであろう。

――「さて、エヘン! いまや多量の出血に痛みきった会社は、その幹部をはじめ、製作陣容に至るまで、消極的になるばかりである。大火にバケツの水をかけておるがごとき愚を、随所に散見するものである。

わたしゃ、いっそ、かくなるときこそ〝血に報ゆるに血をもってせよ〟の教え? のごとく、その血が再びわれに帰る有意義な戦法を立てねばならんと考えるのだ。すなわち、血の出ぬよう、いたまぬよう、といくら考えても、すでに破れた血管は手のほどこしようもない現状でありますぞ。なれば、その残り少ない赤い血をいっそ大衆にぶちまけ、その痛ましくも壮絶たる真紅の色を知らしめる手もあろう……。そうでもせねば映画の何であるかを多くの〝ピンク青年〟は見直すこともありますまい。たとえば、損じゃ損じゃといわずに――、ここに各社が、映画史上まれに見る名画を作り、全国封切りに当たって、その前日二日間を限ってまったくのタダで一般に試写を敢行する。ただし、なぜ、これをタダで見せるかを、ハッキリとうたい上げてでありますがの。

〝これが映画だ〟昔見た方も、まだ見ない方も一度ご覧ください。映画というものが、いかに、日時とお金と、ひたむきな芸術への姿勢をもって作られ、また、それがいかにおもしろく、すばらしく、雄大なものであるかを見てください。こううたうわけだ。

無料。一見損をしたように見えるかも知れぬが、決してそうではない。映画の復興はここに始まり、観客の再認識は必ずや映画人口をふやし、その期待は次々に増大し、出血はみごとな実りをともなってかえってくること必定である。ただし、それからは、各社とももういい加減な映画の製作はやめねばならない」

以上がだいたい、わしの演説じゃが、このくらいのことでもやらにゃ「映画はエッチ」の深い根は消しゴムじゃキエませんぞ。ただじり貧になるばかりですぞ。

森繁の〝家内〟と称する女

「モリシゲさん、奥さんが玄関でお待ちです」テレビ局の拡声機が楽屋にまで流れてきた。

「奥さん？　おかしいな、家内はけさ大阪に行ったのに……。君、ちょっと見てきてくれ」

菓子折りと名刺をもって、わたしに付いている青年が帰ってきた。

「中年のスラッとした方が……これを」

「ふーむ。で、まだ玄関に？」

「さあ」

「さあって？　どういうわけだ」

「わたしのことはかまわないから……カレ忙しいんでしょって、おっしゃって」

「気味が悪いね、美人か？」

「ハア、十人なみかなあ……細面の……」

「まあ、いいや」

名刺には木芽カズ子とある。さらに私の知る由もない。

テレビは本番にはいった。そしてその菓子も、まあいいだろうと、スタッフや出演者の腹の中にはいった。

それから何時間か流れたころ、だれかがスタジオのスミに女の人がうずくまっているという。私は直感したので急いでスタジオを逃げ出してしまった。

演出の一人は、一見貴婦人を丁重に廊下にみちびいて静かに問いかけた。

「どういうご関係なんですか」

婦人はそのころ、すでにさめざめと泣いているのである。

「そんなこと、わたしがしゃべらなくたって森繁が一番よく知ってるワ」

「ともかく、ここは仕事をしておられるところですから、きょうはお引きとりを願って…」

「カレが帰れっていうノ」

「いや、局としましては……」

「アンタなんかと話したくないワ！」

間もなくスゴスゴと彼も引き揚げてきて、手のつけようがない、といったが、変な薄笑いを私に残していったのがなんともスッキリしない。そして、それから一週間、またもそのテレビ局で仕事の日、

「お電話です、木芽さんから森繁さんにお電話です」

〝きのうからこの近所の宿屋に泊まっているが、何時にきてくれるか〟という電話だそうだ。すぐその宿のおかみに連絡したところ「モリシゲがきますから――カレ、フグが好きなのよ。お友だちも連れてくるの。だから五人前ね」というわけで用意しているという。

いよいよこまった。おもしろ半分に話したら女房はあまりおもしろがらず、いささかマユツバね、みたいな顔をするので、いやはや二重の迷惑である。

話を急いで――。いろいろ調べたところ、やはり脳の方が少々どうかなって、最近退院したばかりとの話。そのひとり娘は、心の美しい人で「母がそんなことを……。ごめんなさい、ごめんなさい」の一点ばり。ただ、二、三年前になくされたつれ合い――つまりおとうさんが私にそっくりというわけだ。

どうやらこの事件も落着したかに見えたが、ついこの間、明治座の楽屋の廊下に、またもや幽霊のごとく現われ、京塚昌子さんの部屋にはいって行き、

「ねえ、聞かせて下さい！　森繁さんに奥さんがいられるんですか」といざり寄ったのには、さすがの〝巨婦〟昌子さんも動じたという。

「もちろん、お子さんもお孫さんもおられます」

といったら、それじゃ、わたし帰りますと、あわれな影を残して出ていったというのである。

タケノコの木の芽あえの美味い頃の、木芽さんの話である。

舞台の上

カラッポの美男美女

年をとったKさんというスクリプターの女史がいる。スクリプターというのは、撮影中のいっさいの記録を克明につけている演出助手である。

この女史と、あるロケの旅先で、酒をのむ機会があったが、日ごろ、めったに俳優などとしかも男優などと同席は縁のない人だが、ポツポツと話す「現代日本俳優論」は、まさに卓越した感覚で、ロケの夜をまことに楽しいものにした。

「私、二枚目さんをずいぶん見て来ましたがね。総じて――これはあくまで総じてですよ――いやな人が多いですね。どうして、こんな人が世の中でさわがれているんだろうと、まったく不思議でならなかったわ。人間的に未完成というのか、ダメみたいな人が多いのね。男のスター、女のスター、それぞれ違いますけど、わたしは女だから、やはり男の方に、より興味をもったけど。ケチが多いのね。それから小心で、そのくせダラ漢でね。まあ、エゴイストの象徴ね。あれもね。必然的にそうなるんじゃないかしらと思われる環境もあるんだけど、他人のことは、まったく考える余裕のない人が多いのね。美男、美女を神さまがつくったとき、神さまは、あんまり形がじょうずにできたので、うれしくて、何か中へ入れるものを忘れたみたいな感じ。

それにくらべてかたき役をやってる人は、全部が全部、いい人だったわ。やさしくって、細かい神経が行きとどいていて、あたたかくて、たとえば大福モチ一つでも、半分食べなさいという人はかたき役の俳優さんよ。二枚目は美女や権力にヤニさがってるけど、その間にいかにキラワレルかの芝居を一生懸命考えてる顔のコワイ気の弱い人ね。

かたき役の人たちは道を歩いてる子供からまで始終冷たい目でみられるでしょ。だから孤独になりがちなのね。そんなところから気が弱くなると思うの。違うかしら。スタッフの末端の私なんかに親しみをもちたがる、ひとりぼっちの大仇役。あたってない?

それから三枚目ね。つまり喜劇役者さん。あなたの一群なんだけど、全部といっていいほど、気むずかしい人ね。普通に見てると、この人たちがあんなコッケイな、おもしろいことをやると思えないわ。いまのいままで笑わしていて、カメラが止まると瞬間、よくもまあ、ああ急に顔が変わるもんだわと思えるほど、ニガ虫かみつぶした顔になって、すみっこで、インウツな顔して腰を降ろす喜劇役者。また、まわりの者に当たり散らす人。はた迷惑もいいとこで、この人、どこか欠カンがあるんじゃないかと、思うわ。

これは、私の考えなんだけど、よく解釈すれば、喜劇というか、笑劇というか、人を笑わすということは、ものすごくむずかしいことなのね。だから神経が繊細なんでしょ。ちょっとしたことでも、一本狂うと、もう喜劇ができなくなるんだと思う。だから微細なジャマが気になるし、コンディションが、よほどよくないと本気でやらないんじゃないかしら。もう少し悪くいえば、コッケイなことをしておきながら、それがすむと、ぼくはそんなアホな人間じゃないってことを、すぐ見せないと気になるんじゃないかしら。永遠にバカにされるような気がして。

話は変わるようだけど、美男はメーキャップが概してヘタクソね。顔の悪い人ほどじょうずにメーキャップするように見えるのも、私のカングリかしら。でも俳優さんて、妙な商売ね。あら、モリシゲさん、どうしたの、ちっとも飲まないぢゃない」

女史は人が変った様に機嫌が良くなったが私は意外とニガイ酒をなめていた。

落ちたってナンだ！

最近、視聴率でテレビの作品の価値を判断しようとする愚まいな考えと行為が、各放送局にハンランしている。

早い話が私の出ているＮＨＫのテレビが、ほんの参考資料にしかならぬビデオ・リサーチで一一％と出たら、見出しに〝完敗〟したと書いている某紙もあったが、何が完敗で何が成功か、ひらき直ってうかがいたい気持ちだ。まあ、それはそれでもいいとして、そんなことをお家の一大事と読み違える担当者やその上層部、あるいはスポンサーがおりはせぬかと、老婆心が頭をもたげたので一筆啓上つかまつる。

ビデオ・リサーチとは関東一円だけのわずか五百世帯が対象で、日本全国に網を張ってのことでないということを、まずご承知願わねばならない。

それにしても、テレビで一〇%の視聴率といえばどんな数字か、ごぞんじだろうか。約二千万台のテレビのうち二百万台がそれを見ているわけだ。しかもその回りには少なくとも二人以上の目があろう。一度に二百万――、という数字をジックリ考えてみるといい。ありがたい話じゃないかね。横浜市の全人口以上の人間である。映画が二百万人を動員できた記録は珍しいとされている。いまの入場料に換算すると六億円上がることになる。毎週六億円なら映画会社はホクホクで笑いが止まらぬ大さわぎだ。

ただ民間放送の場合は、欲の皮のつっぱったスポンサーが、その実体を知りもしないで、このビデオ・リサーチだけをたよりに、一五%以下なら、番組を途中で中止するなどとうそぶいては、公器テレビ塔を広告器テレビ塔と混同したことになる。それはともかく、テレビ局自体がこんな視聴率の数字に引きずり回されて、作品より観客にこびるものに堕落したとしたら、これは問題がチト大きい。ただ、見てくれればいい。視聴率が上がればいいというもんなら、飢えたライオンとニシキヘビでもオリの中でケンカさせるプロでもやりゃ三〇や四〇のパーセンテージは出るだろう。

もちろん、作者、演出、演技者の、つねの反省は必要だが、たんと見てくれぬのはなぜだろうだけの理由で、頭を寄せ合うのはごめんこうむりたい。

厳密にいえば、視聴率といっても、いったいどんな種類の人が、またどんな年齢層が、どんな状態でそれを見ているかわかる仕掛けにはいたっていない。一一%の私の出演プロでもそのうち何%かはスイッチをひねりながら、おもしろくないがまあ見てやろうと思っている人であるかもしれぬ。考えようによれば一局が三〇％ものプロを出せば、一生懸命やっている他局のプロが気の毒じゃないか。仲よく一〇％ぐらいずつ分けてやるのが、多種多様のお客のためにもよかろうというもんだ。

視聴者のごきげんとりや、無節操、国民堕落のおつき合いや、広告の手先プロだけで、テレビが存在しているのなら、別にリキんでテレビに出る必要もあるまい。

娯楽という言葉をカサにきて、いささか良民をなめとるようなプロが多すぎる。それと同時に、いかにも惜しい良質のプロがスポンサーなきために脱落していく現況をも、この目で見て知っている。民放がさほど貧乏とは思えぬ。局自体が金を出して（これをサスプロという）つづける勇気もない社長をうらむとともに〝あれはいいプロです。うちでつづけてあげましょう〟といわぬＮＨＫももどかしい。

メンツにこだわっているのか、同じ畑にありながら国民のためになるようなよいことにも協力しあわぬところなど、ＮＨＫと民放は、まさに自由党と社会党に似ている。ともかく五百世帯が見ている見ていないで、一喜一憂することだけはやめてもらいたい。それでテレビがよくなることはまずないのだから。

客席は雑音のウズ

電車から降りると、急に川風が顔をなで上げる。人いきれにもまれてほてった顔に、このさわやかさが、休日の喜びを倍にするようなもんだ。ポケットでにぎりしめている金が、汗ばんで、芝居小屋へ足は早い。大急ぎできっぷを買って、もう、いつでもはいれる。席もきまったとなると、劇場のまわりを一まわり歩いてみたりしたもんだ。

××丈と書いた旗のぼり、積みダル、鳥居さんの絵看板、ふしぎと細長い人間の顔に切れ長の目が、異様な内容を、せまるようにみせる。わたしは、もう芝居の催眠術にかかっているのだ。鳥居さんには申しわけないが、少年の日の〝のぞきからくり〟に見た地獄、極楽の幻想があの絵にからんで出てくるのだろう。

楽屋あたりから、着到の太鼓がひびくと、もう自分が舞台に出るような、ソワソワした気持ちになって楽屋口に立つ。

「ああ、いま入ったのは、きっと××だ……。それにしても、きたねえ顔だな。ああ、あれは○○にちがいない。ただのオッさんみたいな人だな……」

舞台で見るのとは月とスッポンの役者の素顔を見て失望もし、興奮もしたのである。

「プログラムを買って、いくら残る。よし、帰りは歩こう。そうきめたら幕の内が食える」

そんな、ひとりごとをいいながら、劇場のフカフカしたじゅうたんをふんで、食堂に申し込みに行く。その道すがら、スレ違うお客が着飾って美しい。ことば少なに廊下を逍遥《しょうよう》するもの。あちこちで、久しぶりの再会か、あるいはお見合いか、グループを作って歓談している。いま、はじまる芝居に、やがて吸い込まれていく、短い間の、なんともいいようのないふんい気が忘れられない。

さて、それが三十年前とすると、近ごろはどうだろう。劇場の乱脈は〝情けない〟の一語につきる。

お客さまとあれば文句もいえないが、バスが着く、ドッと吐き出されたご連中というか、団体さんが、表のおみやげをもらうと、われ勝ちに劇場になだれ込む。バスが開演後に遅れて着こうものならまさにアビキョーカンで、芝居などどこかへふっとんでしまうのである。

「オイ……、太郎兵衛さん。こっちへ来い。あいとる、あいとる。ばあさんは耳が遠いで、前がええじゃろ」と、この声が数百人ときては、役者は立ち往生だ。やがて子供が走り回る。赤ん坊が泣く。セロファンの袋がいっせいに開かれて、オカキがポリポリ、ガリガリ。この音はまさに津波が来るんじゃないかと思えるほどだ。セリフもなにも、これに逆らえたもんじゃない。かてて加えて、おしゃべりである。役者の品定め、衣装のよしあし、芝居の筋と関係なしの高話に、場内は三十ホーンぐらいの雑音がうず巻く。これでは、まじめにやれという方がムリなくらいだが、大阪の有名劇場はこれにワをかけて〝ゲタばき〟がやってくる。ステテコにゲタばきも、まことに安直ないでたちで結構だが、少なくとも劇場と名がつけば、もう少しのエチケットはほしいもの。

落ちゆく芝居情緒、いたずらに懐古趣味でいうのではない。

胸をときめかして、幕間につぎの景に出る役者を調べたり、キの音につれて座席にすわれば、ようやく暗くなるどんちょうを見ながら、ふしぎな世界にいざなわれる情緒は、古いとばかりは申せまい。

お芝居を見るお客が減っていく昨今、わたくしたちは、なんとかしてこれを食い止めねばならぬし、また、ふやしもせねばならない。しかし、それがすべてゲタばきとセロハンではいささか残念である。芝居の好きな古いお客のためにも申しわけない。さりとて、どうすればいいか頭の痛い演劇界である。

今も変らぬ西洋礼賛

名古屋で二十日間ばかり公演をやったが、一夜名古屋の名花と会食する機をえたとき、一座の老妓《ぎ》から珍しい大正初期の歌の披露があって腹をかかえて笑った。あまりおもしろい歌なのでさっそくノートにひかえたが、実に大正七、八年ごろ、東京の花柳界で大流行したザレ歌であったそうな。

第二の帝劇が完工間近だが、これは、一世を風ビした前帝劇全盛時代（支配人は山本さんという人）そのころの帝劇の売れっ子役者が欧米へ洋行したのをヤユしたものともいわれているが、考えれば、いまから五十年近くも昔のこと、その当時の洋行のもようがことこまかに歌いつくされているのがまことにおもしろい。しかもなかなか手きびしい風刺がきいていて、今日この頃の政治家お役人の海外旅行者にもなんとなく、シリのくすぐったい歌である。そんな意味からぜひ紙上にとどめておこうと左に書きつらねる次第だ。

越後獅子（この曲に乗せて息もつかせずうたうのである）

〽洋行はやりもの
権兵衛も太郎兵衛も立ってゆく
したくは三越　このみ（趣味）はチャチャメッチャチャメチャ
向こうへ行っても　着られもせぬよな
洋服あつらえて　得意顔

西洋なんぞで　見られもせぬよな
クツはいて
赤地のエリ飾り（ネクタイ）に
胸にはバラ一輪
ガリガリ坊主を急いでのばして
もみあげ短くそって
看板みたよなメガネをかけて
ハメたこともないキッドの手袋ちょっと握り
キザなステッキを腕にかけ
いざや　出かけましょうと
吸いつけない葉巻きをくわえて
カバンをしこたまかついで
ステンション　へかけつける
東京駅には　義理ゆえ集まる見送り人
お早くお帰朝を
まさかに　このまま帰しもならずと
十銭自腹切る（横浜までの電車賃）
電車の中では平気でいたけど

舟にのりゃ
あまりの広さにぎょうてんして
自分の部屋の番号忘れて
そこらをウロウロ夢中でさがす
おなごり惜しいが、出帆時刻の鐘が鳴る
桟橋の上にはあで姿
人目しのんでハンカチ振りゃ
甲板でも泣きの涙で
サヨナラ　サヨナラ

×　×　×

サンフランシスコへ着いたはよけれど
英語知らずのチンプンカンプンで
シカゴやニューヨークやボストンあたりへ宿送り
日本人の世話になってイギリス渡り
ロンドン見物しているうちに
とうとう首尾よく迷子になって
巡査は支那の公使館へつれてゆく

いずこの国でも　することなすこと
みんな話の種となる
そのくせ日本へ帰れば知らぬ顔
ウィルソンやクレマンソーは
みんなわが輩のフレンドなんぞと
グイとそり身になって
ステッキ振り回す
吹かれ　吹かれて　恐ろしや

うたい終わって七十近い老妓は、えらいさんの前では、ひょっとして当たりさわりがあるといかんので、ナモめったにうたいませんと汗をふいた。

静かに飲ませてくれ

〝拍手はあなたを育てもするが堕落もさせる〟

折りにふれ若い人たちに、はなむけに贈る言葉である。わかったような顔はするが、あまりいい顔はしない。堕落するほど拍手がほしい打算の顔で芸術家の顔ではないからだ。そんなことがチラリと見えるとよせばよいのに、このおじいさんはいやみったらしく万雷の拍手にこたえる姿勢と心がまえに言及して説教が始まる。

これはあきらかに年寄りのいやがらせである。だからわたしのことを表面尊敬しているような顔はしているが、青年たちはなかなか飛びこんでなんかこない。若い者同志はけいこ場でもどこでも若い者同志でかたまり、こちらを気にしながら語り合っているのがこのごろだ。

さてこの拍手だがおくる方もおくる方である。このことはだれもが苦々しく経験していることなのだが、思い切って口にした人はまったく少ないので、ひいきを引き倒すファンの一群についてひと言いっておこう。

西洋時代劇に出てくるような長い髪をしたイギリスのドル箱ビートルズがきたが、彼らが歌いもかなでもせぬうちに、ニィッと笑っただけで叫び声をあげて卒倒した女がいたそうだ。これもファンだから彼らにはありがたかるべき存在なのだろうが、実は相当迷惑な話だろう。

彼らの目の届かぬところで起こっているちん（椿）事なればこそ許されもするが、どっと舞台へ上がってきてほうぼうイジクリ回され、あげくのはてにステージで皆がキャー・ドスンとひっくりかえられてはタマったもんではない。ホテルへと流れこみ、道を行けば道をふさぎ――店にはいれば、便所へゆけば――キャーでは、いよいよもって地球の裏から何をしにきたか、わからぬことにもなろうじゃないか。

わたしがここ数年、銀座への道をプッツリと断ったのも実はこんなところにある。私にして見れば銀座の飲み屋はいわば放課後の個人行動である。なのにそんなところでプライバシーをきずつけられること誠に大であった。酒だけならまだしもニンニクも喰ったのであろう、くさい息で――。

「おいモリシゲ、オレのテーブルへちょっとだけ顔を貸してくれ。みんなお前のファンだちうとるんだ、な、ちょっと」

「ハイ、どうもありがとう存じます。でもいま……」

「でもくそもあるか、あんたこんな女が好きなのか（おおきにお世話だ）じゃその女もこい」オレはな、ここ十何年お前のひいきだ。わかるか（わかるわけがねえじゃねえか！）オレの枯れすすきをまあ聞け——」

「わたしも客なんだから、自由に飲ましてくれよ」

「オレの方へ来て自由に飲みゃいいじゃねえか」

「おれのゼニでだよ」

「オレのおごりじゃ気に入らねえのか。コイツ！　おめえの映画もテレビも見てやらねえから何だ生意気な、ちょっとくらい売り出したちゅうて大きなツラすんな！」

どしがたいヤツめと思いながらも耐えがたきを耐えて、それから飲む酒のまずさ——いいようのないもんである。

真実自分のささえとなり、自分のかがみとなるようなファンはまったく少ない。しかしその良質の声援だけでは芸能界は乗り切れぬらしい。キャーとかワーとかドスンをまぜて人気が作られる。だがこの人気におもねて、あぐらをかくと、たちまち堕落するというのは何もいやがらせでいうわけではない。

突然、娘の売り込み

「森繁さん、お忙しいところすみません。わたくしね、一度お宅におたずねしたいと思ってたんですけど、急にうかがってもおいでにならないことが多いとか聞きましたので、ついその機会がなくて……ちょうどきょう、こんなところでお目にかかれて、すみません。お忙しいんでしょ。ちょっといいですか？」

「どちらさまで？」

「あのね、ごぞんじないと思いますけど、わたくし主人がね、早稲田なんですの」

「私と同じころですか」

「いいえ、ずっと後輩でしてね。ちょっとじっとしてらっしゃい」

四つ五つくらいのお嬢さんが横でむずかるのである。

「わたし、ちょっと急ぎますんですが」

「そうでしょう。ほんとにお忙しいのネ。ずっとテレビ拝見してますわよ。家中ね、あなたのファンでね。こんなとこで立ち話もなんですから、ちょっと、お茶でもごいっしょに。ああ、お仕事おありになるんでしたわね」

「なんのご用でしょうか」

「いえね。これがね。まだ四つなんですけど、とてもあなたが好きでしてね。モリシゲのおじいちゃんだ、ママ早く早くって、テレビが始まると大変なんですよ。それでネ。歌がとても好きなんですの。モリシゲのおじいちゃんの「枯れすすき」なんて、とてもじょうずにやりますもの」。「?!」「一度聞いていただきたいわ。それで、いまご近所に、もと歌謡曲をうたってた方がありましてね。その先生のところへ習いに行ってるんですよ。変な話ですけど、筋がいいってほめられましてね」

「…………」

「妙な話ですけど、アタクシもね結婚前にはね、歌手志望だったんですよ。でも、もう子供もできちまいましたしね。それで、なんとか、まあ、わたしにできなかった夢ってんでしょうか。そんなものをこの娘にさせてみたくてね。子供さんたちのでるノド自慢や、そのほかの番組に全部行ったり、行けなかったら家で残らず見てますけど、最近は質？　が落ちましたわネ。わたし口惜しいわ。それで、なんとかチャンスをみつけて、この娘を出したいと思ってるんです。この前、うちの方のお祭りでね。やっぱりおおぜいさん、あの……舞台ができましててね。そこで歌ったり踊ったりなさったんですけど、町内ですごく、この子がね評判になりましてね。みなさんが、なんとか出せ出せなんておっしゃってくださって、わたしはまだ早いと思うんですよ。でも正直申し上げて、へたな子が出てチヤホヤされるでしょう。わたしくやしくてね」

「帰ろうよ、ママ」

子供はシビレを切らしている。いや子供以上に、わたしは……爆発寸前である。

「ちょっと待ってなさい。いまママがね、おじちゃまに、あんたのことお願いしてるのよ。おじちゃまがウンとおっしゃったら、あんたテレビに出られるのよ。うれしいでしょ、ママもうれしいわ」

「?」

このひとつのそう（挿）話は、ステイジママと呼ばれるムチモウマイの一母親の姿を描いたものであるが、いまや放送局や撮影所や、あるいは踊りのお師匠さんのところへ、また歌のレッスン、バイオリン、ピアノの先生のところへどっと押しよせてその子が望む望まないにかかわらず強制訓練をしいている母親の大半の姿と心をあらわすものである。

まったくもってやり切れんものにアナタの奥さんがアナタの留守中になりつつあるのである。

〝有名〟とは窮屈

新聞をみていたら、ことし六十七歳というわたしより一回り上の大おじいさんが、キャスリーンという二十三歳の娘と結婚式をあげたという。このダグラスと呼ばれるじいさんはアメリカの最高裁判官といういかめしいご商売。五十のシナトラが、二十そこそこの娘と婚約したという話は、役者の世界だからまだうなずけるとしても、法をもって人を裁くダンナが孫みたいな娘と、たとえ合意とはいえ結び合うとは、なんともはや多言を必要とせぬ。うなるだけだ。

それにも増してうらやましいのはお国柄である。日本の判事さんが、これと同じことをやってみるがいい。その担当の裁判は口さがないヤジウマの攻撃で日本風威厳は、もののみごとに失墜すること必定である。つまり、そのようにつまらん国であり、そのように他人の自由を束縛しているつまらんやつの多い都であり、村である。

わたしが、寝耳に水のなんとか審議会の顔ぶれにちょっと名前がでただけで〝ヤジ・マスコミ〟がすぐ書き立てて〝オサワリ〟の役者が審議会の委員とは恐れ入った、とぬかす。

恐れ入ったのはこちらの方だ。朝から晩まで映画やテレビのなかで、どこをどうさわってばかりいたのか、どこに目がついて、なにをみているのか、その男に逆にきいてみたい。書けばサモしい書き人の心……にならぬようひとことつけ加えておこう。

わたしとて、これから十七、八の娘と恋をして、再び結婚をしないとも限らぬ。が、もしそうなった時の情景を想像すれば、なんと！　メンドクササに耐えかねるであろう。ために九〇％そうはならないことが判然としている。こと程さように、日本人の初老の男性の前途は憂うつであるのである。

この日本男性の哀れさは別として、世のなかに〝有名なれば人格者〟と間違える風潮があることだ。そのひとつとして〝女に近寄らざる人〟になってほしいという願望が、ファンのなかにある。そのクセそのファンは自分だけには近づいてほしいとねがっているのだが——。

だから、知ってか知らずか、日本の俳優は、いや俳優に限らぬが有名人は、古いモラルを順奉して、修身の先生のような人格者にならないと一般が承知しない。まったく〝有名とは窮屈と覚えたり〟である。

有名——これも不思議なものだが、大半は世間がこれをくれたもので、自分で得たものではない。ゆえに、有名をわがもの顔に、勝ち得たような思い上がるのは、厳につつしむべきだが、つつしみが度をこして人間失格にまで発展する必要はサラにない。役者もまた人間であらねばならんのだ。

最近、若いタレント同士の間で結婚が多い。が、また意外とその離婚も多い。そのたびに世間はさわぎ、白い目を向け、突如百八十度にひいきを転向する。彼と彼女は恐らく、日夜そのことで悩んだに違いない。別れ話はついたが、最後までつかなかった大きなシコリは、世間の冷たい目への両人の姿勢であったろう。

いたずらにくっついたり、離れたりすることを奨励する気はないが、どうやら、人気商売の連中ばかりでなく、日本人なるものが幸福を追究する情熱に欠けているような気がしてならない。いい加減なところで手を打って、あとは半分ヤケみたいな気持ちになり、なるようになれ式で日を送る。もうこんな古い日本は卒業していいだろう。同時に、ころがり落ちたような幸福に酔うことも、じつにブキッチョな日本人だ。

（うんと色気のある爺になりたいと思った日に）

広告に身を売るな

わたしの劇団では、コマーシャル・タレントというかテレビの広告でだけ売れているタレントさんは、なるべくご遠慮願う方針になっている。なぜかというと、お芝居がクライマックスの最中、そのタレント君が何かの役で出てくると、かんじんのところで意味のない笑いがドッとおこって芝居が寸断されるからである。いや彼がどんなに達者な役者でもこの笑いだけはさける術《すべ》がない。

この事実は、実は役者に罪がないように見えるのだが、どっこいそうともいいかねるのである。もしこの役者がコマーシャルでなくてドラマで売れた人なら、客はああ、あの人はあの役のときにいい味だったというふうに芝居にもプラスするのだが、そんなことは全然なくて、手やら口に、薬や食いものを持っていて「のんでる？　くってる？」ではじめて真価を発揮するようでは役者本来の力とか味とはいいかねるのである。

最近、若い良質の俳優さんがむやみヤタラとゼニに引かれて――これはチッといいすぎかも知れぬが、他に考えようがない。ていさいよくいうなら芸術生活別途安定のタメにコマーシャルに出すぎる。いや本人は一回こっきりのつもりで出たんだろうが、そこはヌケ目のないスポンサーとエージェンシーだ。くりかえしくりかえし、これでもかこれでもかと、せっかくの面白いところへじゃまになるほど出すのである。

「ひっこめ、わかった！　何の何兵衛！」なんて本人の知らぬ間にテレビの前でタレント君は、三歳の幼児をのぞいて、サンザンなバトウを浴びているのだ。そこで私のいい分だが、出て悪いとは申さぬから、いっそこういう方々にその方向をご推薦しようと思うのだ。ニューフェースに入ったが、どうもウダツがあがらぬ人、はっきりいえば顔や容姿のわりに役者の素質のない人とか、ヒトミあるいはアシがうんと上出来で、おしゃべりの方は落第だとか、そんなことでもんもんとしている人たちが集まってひとつコマーシャル・タレント協会を作るのである。テレビに限らず雑誌のカバーガールから新聞、立て看板、ポスター、あらゆる広告を引き受けて食堂から便所までの意気で活躍する。

一方、俳優の道を志したものは少々いいエサが目の前にブラさがって来ても協会員じゃないんだからがまんして本業にいそしむ。と、ここまではいいのだが、ここにひとつやっかいなことがある。というのは所属しているプロダクションとか、付いているマネジャーが、意外と金に弱いことで、これを大いに教育しないとどうにもならない。なんの定見もなしにどんな広告でも「ハイハイ毎度ありがとう」で引き受けてくることだ。そしてなんぼか上米をハネてちゃどうしようもない。

見渡したところせっかくの若いよい芽が、広告に身を売ってその新鮮さと青春の清潔さを失っている例が多い。この辺でふんどしをもう一度しめなおす必要があるようだ。役者の道にも何年計画というのがあっていいはずである。

もうひとつ広告で売れてきた娘やむすこを、世間が認めて来たと早がってんしている親バカがいるが、小同大異と心得るべきだ。

売れてくれれば、ねらっている目がいっぱいある。その目の中に、それを食いものにして金にしようとする目と、それを大きく育てようとする目の二つあることを、よくよく承知しておくべきだ。ところが育てる目は食いものにする目のかげにかくれて、時に見えにくいことが多い。本人も付き人も、その目を捜して大器になってもらうことを望むや切である。

こう書いた私が後日、その舌の根のかわかぬうちにテレビ広告に身を投ずるのである。全く何をかいわんやだ。あほらしくて話にならんと人も私も思うのである。

働いて飲む明け暮れ

役者をナリワイとしながら文人の末座に加えられて、あつかましくも雑文をもてあそんできたが、最近北条秀司さんから『京の日』という随筆集をいただき、午前中のヒマをその本に過ごしていらい、もうこんな文章も書きたくなくなった。

なんといっていいか、ボキャブラリーの少ない私には、適切なほめことばが出てこないがあのうまいお芝居を書く方の奥に、実はこんな円熟した人間の深みが秘められていたかと失礼な話だが、いまさら感きわまって、秀麗幽韻をふくむ文体の中に描き出された北条京都をあこがれたり、うらやんだりしたしだいである。ここには人間とその人生が美しいたたずまいを見せている。

それにくらべて私の毎日なんて人間づらをしたウマやサルみたいな馬生猿生である。

×　×　×

落ち葉を音させて、山道をのぼってみると、案外近い地点に平凡なお堂があったが、立て札の由緒書きに凡《なみ》ならぬことが書かれてある。

この境内に墳墓のある蛇道心浄往法師という僧は、すこぶる多淫《いん》の性で、妻の妊娠中に妻の妹を犯し、その場を目撃した妻を悶《もん》死させた。その怨霊《おんりよう》が蛇《へび》となって頸《くび》に巻き、日夜心身を責め苛《さいな》むので、ついにこの庵《いおり》の上人に乞《こ》うて道心となり、生涯をなき妻の回向《えこう》に捧《ささ》げ、自分もまた救われた、というのだ。そして、三世十万の尊仏に帰依《きえ》すれば、いかなる悪業も消滅すると、ありがたい言葉が付記されてある。

読み返していると、地続きに幼稚園らしい平屋がある。保母は目の前の堂の縁起をどういうふうに子供に話すだろう。つまらないことをフト思った。

急に四辺が暗くなった。芒《すすき》の茂みがザワめき出した。見上げると、ただならぬ色をした雪雲が近江の方から早い速度でひろがってくる。

凄《すご》い山風になった。雑木山の枯れ葉がひょっ飛びに吹っとんでいる。柿《かき》の木の一つだけ残った実が、頑《がん》強に首を振っている。（中略）もし帰れなくなったら、大原の雑魚寝とシャレてもいい。孤独を求める心などと呟《つぶや》いた口の下から、もうわたしはそんなことを考えている。蛇道心がとり憑《つ》いたのかも知れぬ。

重箱のかまぼこの紅濃かりけり　湖代

（北条秀司著『京の日』）

× × ×

京都へ仕事をしに行けば、わたしなんか木屋町の川べりのバーで飲みほうけるくらい。チッとはましなときで、先斗町や祇園の乙で、ヤヒなドドイツでもうたって、ヤトナ遠征を掉《とう》尾とするぐらいがセキの山だ。

銀座にしてしかり。ただ働いてただ飲む、人生なんのかんばせもない明け暮れだ。これでいい役になれるとは、とても思えぬ暗い重い気持ちが、この本を読んでいらいよどみ始めた。

「ええ本を読ましてもらいました。けど北条はん、チーとつろうおすえ」

私もあの本をまねて、最後に一句、駄《だ》句でもつけて形をととのえるか――。

夏山を　火と焼く夜の　しのび逢い　久弥

そういえば、ことしの大文字くらいは、そっと誰ぞをつれて京都へシケてもみたい。

バカンスで感じたしあわせ

小学校のときも中学生になっても、高等学校も大学はもちろん夏休みというものがちゃんとあった。しかも、どういう意味からか、大きくなるにつれて夏休みは長くなる。さて、それがいよいよ社会人になるや、パッタリなくなったのである。まったく妙な話であるのに、さして驚きもしなかった。こういうところが日本人の一番あほうなところではあるまいか。

思えば夏休みのない三十年という膨大な歳月が私にも流れてしまった。取り返しのつかない損をしたように思うのである。しかも相変わらず若い連中が一日の山登りも海水浴もしないで、営々とスタジオで、たいしたことでもない仕事に明け暮れている。

私は発奮して去年あたりから強引に夏休みを取っているが、二カ月の予定が寸前に一カ月と減り、いよいよというときには二十日間になり、結局あれやこれやで十五日ぐらいに落ち着く。その中で夏休みをかねながらちょっと軽い仕事をという〝半自由〟の日が数日あり、太陽と海だけ、山だけは結局は十日程度で終わるバカンスだ。

その最終日のやり切れなさといったら、たとえようがない。そんなに仕事がいやなら、思い切ってみんなやめちまって、ズーッと遊んだらどうだと人はいうが、それもようせぬ情けないオノレである。

実は土曜も日曜もない一年間、実数たったの十日間という休暇を、去年は北海道、知床《しれとこ》半島の旅行と、船で伊豆七島あたりに出かけた。仕事なしの旅は、初めての山の名前や町や村の名前も頭にはいるし、あたたかい人の情けも内臓にひびくし、老妻の顔にもそれかなし安どが見える。

近ごろとみに風体おかまいなしになってきているうえに、ヒゲものばしっぱなし、色は真っ黒になっているので伊豆の島などでは子供たちが、ちょっと離れたところから「アレけえアレけえ」と私を指さしながら、いかにもフに落ちぬといった顔をする。

あまり日ざしが強いので女房も私も小港の店先で買ったムギワラ帽を目深くかぶっていたが、ゴムぞうりにアッパッパの女房も私も気が楽と見えて、銀座の歩き方とはだいぶ違ってダラシがない。とある庭の小ぎれいな農家で、水を一杯所望した。

この島が爆発しても恐らく東京へは行きそうもない、人のよい小ちゃなおばあちゃんが出て来て「さあ、なんぼでも飲んでちょうだい」とくみ立てをどびん一杯もって来てくれた。

「どうぞ、こっちの縁側へきてすわって下さい。そこじゃ暑かろう」

ハゲイトウの紅と青い空の入道雲をながめて、人の生活って、実は一体どれがしあわせで何が楽しいかを考えなおしている矢先、お茶菓子をもって来たおばあちゃんが、

「モリシゲも来とるってよ、舟で。朝がた沖へ着いたちゅうて家のモンはいま浜へ見に行ったらしいが、大変だね」

おばあちゃんには何が大変なのか知る由もないが、ほんと大変であることに間違いはない。女房は私をチラット横目で見てムギワラのヒサシをぐいと下へ下げた。

女優落第ッ子

彼女は最近、マブタの上にそれがまったく水色でありますというように、アイシャドーをゴッテリぬり始めた。めだまの回りをタヌキの目のように黒いフチ取りをしていたのに、いよいよあきたらなくなったらしい。

「ねえ！　ちょっと！　おねえちゃん――」

おねえちゃん――そう呼ばれるのが、鼻が低いといわれるより彼女はいやなのである。だからそんなときは、たいがい返事をしない。

「あたし春山っていうのよ。春山さんて呼んでよ」

食堂の片すみにある洗面器の上の鏡に向きっきりでそういった。ヒップから足へかけては他の三人のウエートレスよりも十分自信があるので、このままうしろ姿で用事をするのがわりかし好きなのだということとは読めていた。

「ちょっと！　そこでお化粧している娘《こ》！」

くるりとふり向いた。

「お待ちどおさまなんにします？」

ふり向いた表情とポーズは、この撮影所のへたな女優より、わたしの方がズッとましよ……と語りかけているようである。

「女優さん二人が、サラダとトースト、おれはカツライス。監督さんが中華そば」

「熱いの？　冷たいの？」

「冷たい中華そばってあるのかい？」

「きょうからやってるのよ」

どっちともきかずに、スタスタ行ってしまった。

これはある日の撮影所の食堂である。

「最近すごいね、あの娘」

「いや、相当自信があるらしいですよ。なぜ、監督や二枚目がわたしを抜てきしないかしら目がないわねってことらしい。ハハ……」

「あの人ね、あたし、たしかニューフェースの二次試験のとき、みたような気がするわ。最近食堂にきたのよ」合格してチョイ役がついた彼女は冷たくそういう。

「毎日、顔を変えるね。いや髪もだけど」

「デモンストレーションでしょ」

こうした青マブタ娘の必死の努力も、あまりかいがなく、かえってヒンシュクを買ったのかかわいそうに「なんにします？」が何カ月かがつづいていつの間にか食堂から姿が消えてしまった。

ある夜、撮影所の帰りに、駅近くのトリスバーでいっぱいやろうということになって、うすぐらいカウンターにすわったら、なんとそこに、長い長い今にもはずれそうなつけまつげをした彼女が、口紅を三倍ぐらいの面積にぬっている最中であった。

「あれっ？　君、撮影所の食堂にいた娘じゃない？」

「………」

「ぼくら撮影所のものだけど知ってる？」

「撮影所のひと、あたい大キライよ」

はきすてるような返事をして、くるりと奥のほうへ引っこんでしまった。そのころ、オートバイの音がいさましく表にして、いきおいよくドアがあくと
「ヨッちゃんいる？」

と威勢のいいあんちゃんの顔がでた。

「いるわよ！」

待っていたかのように奥から彼女の声がひびくと、わたしたちをしり目に男と外へとびだして行った。

彼があの娘の恋人かい？　とカウンターのボーイにきいたら、

「ええ、そこのそば屋の出前さんでね。加山雄三に横顔が似てるって頭にきてんですよ」

撮影所には、勿論街にも、村にも女優になれなかった夢がいっぱい、いろんなところで働いているのである。

彼女らは怒るかも知れぬが、〝それで良かったんだよ〟と話してやりたいことが、実はイッパイあるんだ。

夜店のおもちゃ的タレント

はや晩夏であろうか、セミしぐれが一段と行く夏を惜しむかのようである。昼さがり、そのセミしぐれの中でひさかたぶりの友と茶を飲む時間があった。

「ヨーロッパ、どうだった」

「まあね……。帰ってからしばらくからだの調子が悪くてね。おかげでテレビばかり見てたよ」

「フム」

「つまらんな、日本のテレビ」

「大ざっぱにいって、どういうとこ」

「タレントがなっとらんね」

「なっとらんか」

「どいつも、こいつも、みんなしろうとだよ。いや、しろうとが悪いというんじゃないがね。甘っちょろいよ。やってることも、やってる力も。考えてることも、キザにいうなら、そこで、生きようとする気持ちも、何もかもみな甘っちょろいよ。三日坊主みたいな芸ばっかりだもんな。あんなもんでメシ食ってゆこうなんて、どだいずうずうしい話だ。ちょっとした小器用とか、小手先を除いたら何にもありゃせんぜ。零だよ。そいつらが、大きな顔して、何か売れっ子みたいにのぼせとるー」

「なるほど、つまりプロに徹しておらんということか」

「そう、そういうこと。ありゃね、プロでもなんでもない。そこらへんのにいちゃんやねえちゃんが歌ったり、踊ったり、笑劇をやったりしとる盆踊りのヤグラなみだよ。これが、一応客にうけて、金がもらえるもんだから錯覚したり誤解したりするんだろうが」

「なかなか手きびしいな。一概にそう決めてしまうのもどうかと思うが……」

「そういう君もどうかと思うね。早い話が、テレビ局が一局しかなくて、夜間、二時間だけしか演芸をやらんとしたまえ。こりゃきびしいよ。その時間に登場するタレントなんてたいへんなもんだぜ」

「昔はそうだったが」

「いまはね、穴埋め芸人——みたいなもんが、堂々と店を張っている感じだ。道はけわしいなんていったが、今日の道はちっともけわしくなんかないんだよ。ちょっと家で練習して、小器用で、チャンスがありゃ、町が待ってるーって格好だよ。夜店のオモチャと大して変わらんのだ。何か珍しい、おもしろおかしなもんはないかって。あしたになりゃ、縁の下にほっぽり投げられるあわれなもんさ」

「大いに反省する必要がありそうだ」

三日坊主のセミしぐれが一段とはげしくなっていくような気がした。

最低をいく応待

役者のいのちは〝出〟と〝ひっ込み〟と、昔からいわれている。これを建て物に、というより会社官庁にあてはめて見れば〝玄関〟の姿勢だと思う。ところでそのカナメの一つである玄関、つまり受け付けの悪いこと。わたしは放送局しかしらぬが及第点のとれるところは一つもない。

ＮＨＫは代々木ッ原に、いなかもんならおったまげるような豪壮な建て物を建てていらい、出演者と見物の入り口が別々になり、おまけにサービス課もできて、まずまず、玄関からプンと鼻をついた官僚臭はなくなった。建て物が人の心まで変えるのか、守衛諸君も、ウサンクサイ目をインギンな目にかえたようである。ところが、おまけがついたのには恐れ入った。ナイトクラブの入り口を思わせるキンピカの服を着たガードマンとやらが、表をかため、これが文化の殿堂に歩を運ぶ者に無縁の顔をして見せる。

田村町時代、しかもアメリカ占領下でのＮＨＫの玄関は、私に何度、怒髪天をつかさせたことか。いや私ばかりではない。時の古垣会長を「あなたどこへゆくの」と呼びとめて、あの温厚な紳士の顔面をそう白にさせた記録がある。

わたしなどは、服もヨレヨレ、わざといやがらせにはいていったゲタのおかげで「おいおい、ダメだよ。何だい、あんた?」と最低の応対をいただいたことしばしばだ。「エバラキの在所から、見学に来ただがネ」業腹でそう返事したら「入れないから、帰って帰って」と追いかえされたので、シャクにさわって家へ帰ってしまったこともある。

民間放送局はいずれの局も、なんともぶあいそな守衛に往生するが〝局の意識は玄関に現われる〟と再教育したい。もっとも、行儀の悪い、青くさい出演者にもその原因はいくらかあろう。こいつらにあいさつを教えてからにした方が道かも知れぬが。

そんな話をしていたら、あれは会社の人間じゃなくて、ああいう玄関専門会社の人間が出張しているのだと、いぶかしいことを聞いた。もしそれが真実とすると、これはチト問題である。なぜ、生命ともいえる玄関を人手にゆだねるのか。文句をいえば切りがないが、第一条――来客の顔を見たら、まず第一声「いらっしゃいませ」といえ。帰る人には、だれといわず「おつかれさまでした」とか「ありがとうございました」とかいう訓練をしたらどうだろう。こんなことはイヌがおあずけをおぼえるより、いとも簡単なことだ。

そして第二条――あなた方は人の顔を早く覚えなさい。これで月給をもらっているのだと思えばいい。それで読めたが、ちょっとえらい人がくるとそそうがないように局長や部長が忙しい局員を玄関に飛んでゆかせる。おえら方も「うちの会社はどうも電話の交換と玄関の受け付けで、いつもおこごとをちょうだいするんでまいっとるんです」となかば知っとるようである。

　みかさ守り衛士《エジ》の悪さが示すごと
　　株また下る物をこそ思え

日当、一日八十セン

「沓手鳥《ほととぎす》孤《こ》城《じょう》落月《らくげつ》」これがその昔、私が一日八十銭でエキストラに出たときの前進座の一番目の狂言であった。

大学一年のころだったか、当時、私の属していた早稲田の劇研は由緒の深さを誇っていた。そこで、ときおり、劇研にいまでいうアルバイトの口がかかる。新国劇に十人とか、演舞場の前進座に八人というふうに。私たちは学校の午後をさぼって通ったものだ。だから厳密にいうと私の商業演劇の初舞台も、実はそのころ、昭和九年、十年ごろということになるかもしれない。

「沓手鳥孤城落月」坪内逍遥先生の名作である。焼け落ちる大坂城、淀君の河原崎國太郎さんのナギナタの奮戦、長十郎さんの徳川家康、翫右衛門さんの片桐且元、記憶はさだかでないのであやまりがあるかもしれないが、それにつらなる無言の兵士が私であり、そしていまは会社の社長や役人になっている友だちであった。ほかに日大、中央など二、三校からも来ていたと記憶するが、それが何班かに分かれ、長十郎さんはじめ各幹部の部屋に四、五人ずつわけて付かせられるのである。そこで、化粧から着付け、よろいかぶと、はきもの、小道具の勉強を実地に教わりながら、金八十銭をちょうだいする。

それでも、いつの間にか、案内嬢らにひいきができて「あんた早稲田？　あとで楽屋に何か持っていくから……」なんて、揚げ幕でいわれ、おしろいを塗った金ボタンは、役者くさい顔をして、ニカワのにおいのする幕内で用もないのにソワソワしたもんだ。

そのころの坪内逍遥先生といえば大変なもので、早大名誉教授の大講演は年に数回、大隈講堂を満員にしたものである。ところが、他校からの聴講生の申し込みが多く、女子大や帝大がなぜか一番よい席にすわり、かんじんの早稲田の学生は二階や三階で鈴なりになっていたのがいまにしてくやしい。

その大先生が演舞場の「沓手鳥……」の演出に、舞台げいこ当日お見えになるという。坪内シェークスピアでならしたこの大先生を目のあたりに……と私は胸をとどろかし、玄関にまでお出迎えに出たもんだ。國太郎丈の淀君を見入っていられるうち先生はやおら立ち上がられ、二言、三言注意しておられたが、ついに舞台に上がられてナギナタをとってあのとうとうたる名調子が流れた。場内水を打ったように静かになった記憶がまだなまなましい。いやすでに、それは三十何年も昔の話だが。

その演舞場にこの十月、かつてのアルバイト役者が一座をつれて出るのである。しかもその名を「森繁劇団」私の胸に万感去来するのをだれがとめることができよう。私はお客さまには悪いが、昔の昔の、若い若い日の森繁久弥になって、あの舞台の上にひと月を生きたいと、ひそかに胸を高鳴らすばかりである。

帝劇いまと昔

新帝劇が誕生した。帝劇、すなわち帝国劇場である。いまや帝国と名のつくものもその近所のホテルとここぐらいで、お向かいの千代田の森も帝国とは遠く離れてしまった。

新帝劇のエレベーターにのって七階にあがると楽屋がある。ガチャリとカギをあけるとそこは帝劇一等室らしい。左に三畳の畳敷き、右にバスと洋式便所。つづく十畳はたたみの上にジュウタン、腰かけの鏡台が数台ある。ハリマ屋はすわり、スカーレット・オハラは腰かけるという寸法か。

舞台は近代風。八つか九つかの舞台をいっぺんに組んで、これが千仭《じん》の谷からエレベーターにのって舞台に上がってくる。一見、航空母艦を思わせる。戦闘機が一機ずつ押し上げられ、このステージから客席へ飛んで行ってもおかしくないふぜいである。

私は客席の奥にすわって、戦後、秦豊吉先生の下でこの舞台に上がったひと昔前を回顧した。「モルガンお雪」(これは戦後の初舞台にひとしいものだが)「天一・天勝」「赤い絨氈」思えばミュージカルのハシリであった。そして、多くの役者や歌い手や、おどり手、ボードビリアンが誕生したものだ。コーちゃんこと越路吹雪君が女護ケ島宝塚から出て、はじめて野郎どもとおとなの芝居をした記念の劇場だ。クジャクのハネをふるわせて「ビギン・ザ・ビギン」を歌いおどった舞台を、秦おやじは目を細めて客席で見ていたが、きまって毎日「コーちゃん!」と大向こうをかけて、客席の人気をあおったものだ。大雪の夜、足を冷やすな、わしが抱いてゆく、と、コーちゃんを抱いて雪の上を歩き自動車に乗せた光景は、けだし不世出の大プロデューサーの語り草であろう。そして、わたしたちが千秋楽近く舞台でなにがおかしかったか笑い出し、客席にまで失笑を買ったとき客席最後部のドアあたりから飛んできた秦おやじの「役者、まじめにやれ」のこの一言こそ芸界にいまも伝わるいましめである。

秦先生逝《ゆ》いて十一年、在天の霊よ新装新帝劇に来りて今日をみそなわしたまえ。

×　×　×

あの当時の帝劇にはおもしろい連中が出入りしていた。進駐軍放送のアナウンサーをしていたジョージ、片目に義眼をいれたハリウッドの演劇学校をでてきた男だが、これが日本語の歌を、明治、大正、昭和とうたいこなす器用人だ。当時中尉だったジェレー・コスビーというでっかい女軍人が、あちゃらの歌の指導にきていた。この女性は後に、日本人になりたいといい出し軍籍をぬけて、ドサの歌い手になり、アメリカ風蘇州夜曲を歌って日本に住みついた。

大正の初期帝劇の二期生でいまも活躍している人がある。左卜全さんといえば諸君は驚かれるだろう。あの人が、ボッカチオをうたっていたのである。いまも、おだてるとゴルネヴィーユの鐘など歌ってくれるが、帝劇のかおりはすでにない。

遠くて近い思い出

野分けのあとの荒れはてた庭のそうじを手伝っていたら、冷ややかな風の中に、ふと終戦の時の荒れた町と大陸の蒼穹《そうきゅう》を思い出した。

二十年前、望郷の心は日ましにつのる。そんな新京で、なにをすることもなく、日本人同士がタケノコ生活をつづけているのが、あまりにもやりきれんので、ひとつ劇団を作って、芝居でも見せようと私たちは集まったのである。

当時、新京放送局の副局長だった武本正義氏（TBSの重役であった）宅をけいこ場にした。集会を極度にきらうソ連憲兵の目をかすめてのけいこはたいへんなものであった。終戦二、三年前から養鶏がさかんになっていたが終戦になってからは庭では盗まれるので、押し入れを改造し、その中で飼った。——その何十羽が芝居のけいこの声に驚いて、コケッコーコケッコーと押し入れで鳴くのである。この声を聞きつけて、腹を減らしたソ連兵が略奪に来るというので、押し入れ鶏舎にフスマを立て、その前に防音のためにかけぶとんや敷きぶとんをつるし声をひそめ灯りを暗くして、チェホフの「結婚申し込み」や、漱石の「坊っちゃん」をけいこしたのである。

ニワトリはやかましかったが、不思議にだれもそれをいやがらなかった。その声が生命を告げ、私たちに生きよ、生きよ、と声援するかのようにさえ聞こえたのだ。

コッコ　コッコ　鶏《トリ》が鳴く
ほのぼのと　夜が明けた
笑ってる　泣いている
その涙の一滴が　ルリ玉色に　光ってる
おお　世紀の劇団
テアトロ　コメディア

武本局長は、その楽しいケンソウの中で詩をかき曲を作った。そして劇団の名前を「コッコ座」と命名した。

あるときには、在満日本人は皆殺しになるというウワサも立った。またあるときは、集団で蒙古あたりへ収容されるとも……だれにもいつの日無事に日本に帰れるという自信はなかった。そんな悲しい日本人がはたして芝居を見にくるか――その世紀の初日が、それこそ筆舌につくしがたい努力の末にきた。

ソ連憲兵が二人入り口に立った。満人の巡査も、いやがらせに来た。

が、どうだろう。キップを買う客は二人三人がやがて五十人となり百人となった。私たちのそれこそ劇的な幕があくころは、劇場はいっぱいになった。幕は静かに上がった。私たち表方も裏方もまじえた二十数人は舞台に整列し、静かにまず「コッコ座」の歌をうたった。聞くもののホオに涙が流れ、うたう者はなにも見えなくなるほど涙が流れ落ちた。

遠くて近い思い出だ。

風にたたかれたクリやカキをひろいながら、私はふと芝居とはなんだろうと、改めて考えなおすのである。

がんちく深い警句

古川緑波おやじゆいて来年は八回忌になる。そのおやじの逸話はいまだに、芸界に語りつがれてあとをたたない。

長かった私の芸道の中でも、やはりロッパおやじと秦豊吉のカミナリおやじがいつまでも心に残っている。秦さんのことは先にちょっとふれたが、私たちの劇団では芝居のたびに故人をしのんでロッパいろはかるたを楽屋の壁にはる習慣がある。

口の悪いロッパおやじの皮肉がところどころに顔を出し、警鐘もあれば、ヤユもある。いずれもわかり切ったことながら、あらためて口にして見ると、そのガンチクひとしおだ。そして故人が役者を、舞台を、どんなに愛していたかがしのばれる。

(以下抜粋)

い　いつも初舞台の気持ち
ろ　論よりケイコ

は　ハネだいこを聞いて帰る
に　日本語の勉強
ほ　本読みがかんじん
へ　べからずを知れ
と　トチリは一代のはじ
り　理屈はいっぱしだが
を　お客を集めてこそ芝居
わ　笑う役者は笑われる
か　楽屋の名歌手
つ　つまらぬ役もおもしろく
ね　年中休みナシ
う　歌は語れセリフはうたえ
お　おはようおつかれおめでとうがいえぬか
や　役の性根をまずつかめ
ま　幕のおりるまで見えてるぞ
け　化粧前でしれる人柄
こ　小言聞きべた聞きじょうず
て　出ていない場のこともしれ

あ　暗転の裏も芝居
さ　サインはわかりよく
き　客席キョロキョロいやなやつ
ゆ　ユーモア人生
し　しょたい話やめてくれ
せ　センパイへの礼儀
す　捨てゼリフも考えて
京　京の水大阪の水

論より証拠――どうも理屈の多いやつに芝居のウマイのがいたためしがない。批評の精神と創造の世界とはおのずから別のものであるようだ。自分の国の言葉がむちゃくちゃで、英語の方ばかり正しく習っているのがおかしいくらい、日本語の勉強もお留守になっているように痛感される。べからずはハンランし、他人のことを平気で笑う。小言の聞きじょうずどころか、ちょっと注意でもすればすぐにプンとすねるやつばかりだ。

ましてや、ユーモアなどあるはずはない。人を不快にしたり、バカにしたようなことをあげつろうて可々大笑している。こんなところにユーモアなど存在するか。ユーモアとはもっと気品高きものであろう。

このいろはかるたを読みながら、ふと考えたことだが、これは一般の家庭にも、あるいは政治屋さんの世界にも、ちょっと字句を置きかえることでお役に立つんじゃないかということだ。

日劇あのころ

昭和十年、早稲田の金ボタンのまま私は日本劇場に勤務した。東宝裏口入社の行き先は、つまり日劇の舞台課であったわけだ。当時、この建て物は東宝が買ったばかりで諸設備とこのわぬことおびただしい。第一その舞台課が課長と私と二人で、あとは楽屋番のじいさんとそのつどはいってくる大道具、照明さんだけであった。

ある朝、出勤してきたら中二階の客席便所に痴漢がいるそうだからお前行ってひっつかまえてこいというお達し。これにはまったく閉口した。キャツは、映画のすむ五分ほど前に、男女同一入口（ここだけ）の男便所にしのびこむというのである。こんな話は詳細はさけるが、ついにこの男を私はとっつかまえたのであるが、なんと某大学の先生であったのには驚いた。若輩私の説ユの後、無罪放免にしたが、その教授のいわく、デバカメの要素はいずれの人間も三分の一はもっているもんで……に、金ボタンは逆に傾聴したもんである。

そのくらいの仕事ならまだ私にもできたが、あの日劇は地下四階ほどあって、当時は、あの劇場のまわりのサクの中にはあかりとりのガラスも張ってなかった。つまり、道ゆく人があの三尺ほどのコンクリートのヘイをのりこえると、そのまま地下四階の窓のところに墜落することになる。

ある朝、人気のない地下の楽屋を一部屋一部屋カギをあけて点検していたら、ある部屋の窓の向こうに人間らしきものが見えるではないか。なんだろうと近づいてよく見ると、血だらけの男がチンを出して絶命しているのである。私は口も聞けず足がふるえてその場にヘナヘナとすわりこんだが、なんとこれがその前夜、小便をしたさにヘイをのりこえた某漫画家の最後であった。

楽屋番のじいさんが「崔承喜さん（朝鮮の舞踊家）のからだを拝んでおいたらどうだい」なんてケシかけるもんだから、若気の至り、胸をときめかしてご入浴中のドアの外から「いかがです、おフロのお加減は？」と声をかけた。と、「ぬるいよ。見てよ」とお返事があったので、天の岩戸をあける思いでフロ場のドアをあけた。なんとそこにあったものは、私の目の奥にきょうまで残っているツルツルのふくよかな肉体であった。

そんな思い出の日劇だが、ここにマーカスショウがきて、そのアメリカのショーの一団にダニー・ケイがいたことはあまり知られていない。そのころのダニー・ケイは、コミックにちょっと出たり、歌を歌ったり、照明までやっていたように記憶する。先年彼が日本を訪れたとき、突然日劇にやってきて楽屋をぐるぐる回って帰っていったが、そのとき丁度日劇に出演していた三木のり平が「アメリカの喜劇役者も一流になると、日本の一流にあいさつに来るのか」と喜んだのもつかの間、彼は出がけに事務所で「昔使った楽屋がなつかしくて」といったとか。

あれから三十年、星移り人変わり、何人がこのステージに生まれ消えていったことか。

自らにムチうとう

楽屋の四角な窓から、ふと幕あいのいこいのときに錦秋《きん》の空高い月を見ることがある。まさに動中の静の一瞬だが、どうしたものかそんなときに、ふと真空の〝間〟があって、めまぐるしいつい一週間ほどのできごとが、芝居の役に生きているはずの時間の中に割り込んで来る。

シミキンこと清水金一氏もいってしまった。これといってのつき合いはなかったが、浅草の一世を風ビし、また松竹映画に花と咲いたあの時期を回想して、うたた、喜劇人の末路にしあわせのうすいならわしをかみしめる。そして「なぜだろう」と自問してフトロをつぐみ鏡に向かってポンポンと粉をたたくと、なんともいえぬさびしさがこみ上げてくる。

つい二、三日前にもこんな〝間〟が私をおそった。月は無かったがケタタましいサイレンの音に立ち上がり、下の高速道路に目をやっていたが、そのときに「大正会」育ての苦労人江戸ッ子で随筆家で、粋人で、お人好しで恐らくこの人を知らぬ有名人はない「寅さん」こと長谷川鏡次氏の訃《ふ》報である。

かたやその友人の私は、どよもす笑いと涙の中で人生をきざみ、かたや友は白い病院にすでに冷たくなってヨミの国への旅立ちにいそがしい。この明暗の二筋の人生を真空の中にほんの一、二秒見つけると、そのあとは、まるで虚脱したような気持ちで、芝居がのってこない。

私は舞台で七十何歳の生涯をとじる役だが、天井から降らしている紙の雪が、ハダにふれると冷たく感じるときがある。うわごとのようにセリフをいう。

「きれいな孫でっしゃろ。晴れ着を見てやっておくれやす。嫁入や。孫の嫁入りや」

と人力を引きながら息たえてゆくこの主人公、つまり私は、そのまま死んでしまうのではないかと思うことがあるのだ。そして、もしそうなれば、あとさきの迷惑も考えず何としあわせだろうとすら思う。

照明が消え、暗転幕がおりて、私の前に付き人の懐中電灯がきたとき、はじめて息苦しくなり、大きく息を二、三回する。つまり私は死ぬまねをしているのだが、息をとめて、実はある瞬間死んでいるのではないかと思うのである。遠く耳の底の方に客席の拍手らしいものが聞こえ、そのあとここにも真空の間が訪れるらしい。

歯がぬけるように親しい友が欠けてゆく。これも人の世のならわしだが、どうせ一度は死ぬこの身なら、なぜもう少し自由に生きられぬものかと、いまさらに思うのだ。手かせ足かせ、社会にも家庭にも、すべてのことにあまりにも従順で——そういえば聞こえはいいが、つまりは無気力で、ニワトリの羽みたいに飛びもできぬ不用の翼を後生大事にもって生きているみたいだ。欲求不満をわずかにそのハガイの下に子をあたため、だくことで満足する。なんと情けないやつらの集まりだ。もっとだいたんに自らにムチうとう。敵を迎えよう。どうやら敵のない安穏な人生を最高と誤解していたあたりが小人の始まりであったかとさとった。

残り少ない心の友よ。お互いにケンカ別れや、不信の友となってもいいじゃないか。カゴの鳥から解放されて、もっともっと自分を大事に生きようぜ。仲なおりはあの世でやればいいじゃないか。

昔は鼻タレでした

昭和十四年にラジオの世界にはいった私も、数えてみればかれこれ足かけ三十年のマイク生活である。途中終戦のときの四、五年がぬけるが、それにしてもよくしゃべったもんだなあと、ときどきマイクに話しかけたくなることがある。

愛宕山のJOAKには昭和十二年ごろに二度行ったきりで、たいした記憶もないが、白い大理石の八角形のライツ・マイクロホンだけがなつかしく目に残っている。

そしてNHKのアナウンサー試験が第二のマイクの前だが、田村町に集まった千人ほどをみて、とてもこりゃアカンと、なかばあきらめながら、ひねくれた試験をいやいや何度も受けた。能力か？　ぎょうこうか？　それはともかく、はいったことはたしかで、それからの新京放送局、そして戦後のNHKになるのだが、この長いラジオ生活の中で一番の思い出は二十六年から三十九年まで一回の休みもなく続けた「ラジオ喫煙室」の七百余回である。

約十五年間、無病息災であったことをこれが証明してくれているが、三十歳代、四十歳、五十歳代とまたにかけたこの春秋に、私も成長し、いや年をとり、おしゃべりのしかたにもずいぶんと変化が生まれたことは事実だ。

先日、二十六、七年ごろの録音が出てきたので聞いたら、声の若さより、そのいい回し方にてらいや、気負いや、稚拙が耳につき、なつかしさより身のほてる思いであった。しかしありがたかったことは、市川三郎氏や、めんめんの作家の気のきいた内容が、どんなにか私を助けていたと、あらためて先生方に感謝をしたのだが、さて、この放送が再び電波にのることはまずあるまい。ところが、そのころ同じように力不十分のまま私の主演する映画が作られ始めていた。

そして、それはまたそれなりに、その当時の映画界の風の中で、なんとなく先を争って生きていたのであるが、その二十年近くも前の作品を、いままた大衆の前に本人に無断でさらされては、いやまったく自分の居場所に困るうろたえようである。

最近、深夜や午前に、往年の映画をテレビが買い上げて放出しているが、これがそんな意味でいろいろと問題を起こしている。倉庫に眠っている何千何万本の、すでに時効になったようなフィルムが売れるとなれば、斜陽映画ＫＫは無節操に「ハイ、なんぼ」と夜店のバナナ式にたたき売りたいだろうが、一銭の金がはいるどころか、俳優には何の断わりもなくこれがやられてはどうにもたまったものではない。

私はそれが何年間かつづいた——という歴史には敬意を表するが、この男も少年時代はこんな鼻タレでありました、などと昔の写真を公にさらされる趣味は毛ほどもない。

古きを埋めて松飾り

映画界に新しい年が明けたテレビ界にも新しい年が明けた
各劇場にもマツ飾りといっしょに新しい年が明け
歌をうたう人たちのあいだにも
踊りを踊る人たちのあいだにも年は明けた
毎年同じような演題のかぶきにも、新派、新劇にも新しい年は明けた、いまわしい政界にもそれ
とは無縁に年が明けた

そしてわが家にも明けた

年が明ける。

時が流れる。

少年はほんのりと色気づき、若者は少しおとなになり、おとなは血圧やガンのどすあかい霧の中を墓地へ近づく――さからうすべもなく時が流れる、流れ流れて、過去が遠くかすんでゆく。

まこと、たとえのとおり、人によりめでたくもあり、またためでたくもない、あえなく哀しい正月である。

満州にいたころも正月にマツ飾りを立てた。放送局の玄関などレイレイしく切りタケにあしらったマツがヒョウヒョウとシベリアから吹いてくる極寒の風の中に正月を教えて、いかにも日本をしのばせたが、満人はこれを見てケゲンな顔をした。日本ではマツはめでたいものに使われるが、むこうじゃ土葬の土まんじゅうの上にマツを植える習慣があるからであろう。

墓所のマツにちなんで、正月は、過ぎし年の不潔な残滓《ざんさい》を埋めて新しい門出をすべきであろう。いやせねばならぬことばかりだ。

映画一つを取り上げて見ても、もうそろそろ埋めていいものがある。床屋にしたってここ三十年の間にイスも洗面器も、バリカンも店がまえも改まった。床屋に限らない。喫茶店でもバーでも、電車でも、自動車もみんな文明のお力で新しく変わったが、撮影所だけは、旧態いぜん、三十年も四十年も前のカビの生えたようなシステムの中で、そのまたそれより古い頭におさえられて、なんの不思議もなく動いている。そこでできてくる産物を人が買う方がおかしいくらいなもんだ。じゃ撮影所はなんでも古いか、否、新しい芽や、新しい意欲をもつ人材がたくさんねむっている。新しい器材や機構がととのえられぬというならせめて古きカメに新しい酒をみたして、映画の生命をもう一度、燃やさねば、先人に対してもめいどであわす顔がないじゃないか。

ことしこそ、企業統制でもして散らばっている力を結集し、外国に売れなくとも、テレビ患者が全員銭を払って映画館にゆくようなものを作ってもらいたい。

×　×　×

そういやお前もそろそろ古いな――と声がかかった。さよう、整理第一号のやり玉に私が上がっても、それが改革向上への足がかりならば、莞爾《かんじ》として受けよう。ただしそのときは同時にツレにしたい大モノが数人いることは、念のためいっておこう。

バカはやれぬ喜劇

ハナ肇が大きな目から人間くさい涙をこぼして主演賞を胸にだいた。心あたたまる感動的なシーンである。だれがなんといってもいいのである。笑ってもいい、やっかんで悪口をいってもそんなことはどうでもいい。

このすこし実直すぎるひたむきな喜劇役者は、過去、自分がやってきた苦しい道と、仲間とを思って万感ここにつきる貴重な瞬間を味わったのである。

かつて十年ほども前、私もこの賞をもらったが、そのパーティの時の感慨がふと思い出される。喜んでいる顔をしながらどこか〝ヘーン、おめえがねえ〟と腹のなかでウソぶいている奴がいるかと思えば、いかにも意地の悪い見くびったような三角眼をして、酒と料理だけガボガボやりながら一言も口をきかずに帰ったヤツ。「まだ、君がもらうのは早いんだよ。まだそれほどうまくもないもんね、つまり今後を期待するという意味だぜ、ぼくはカゲから相当力を入れたんだよ」と耳もとでささやいた新聞記者、わかりました。それでもありがとうございましたであった。

逃げるを追いかけてのしつっこいダンナもいたが、何にも増して私のうれしかったことはどこか二次会に行こうとその夜のささやかな家族たちの祝宴であった。その席上、新聞や、女房の話を聞いていた坊主が「パパはわりにえらいんだね」とこのおやじをはじめて認めたことである。

尊敬せねばならぬはずの父親が、学校へ行くたび電車の中で子供心にも恥ずかしい顔や姿態で映画(ポスター)の客を呼んでいる。よってたかって友だちたちが声高にひやかす。傷心の通学はついに一番電車に乗って車内ポスターをはじめ、駅のポスターを破らせたという子供たちの涙ぐましいエピソードもあるほどだ。ハナ君の主演題名を拝借すれば、バカまる出しのそのおやじが実は偉かったという――この誇りは子供の心を天にとどかせたに違いない。そのまたハネッ返りに受賞者の父は泣いたのを記憶している。

いつまでたっても、喜劇といえば、一段低いところにおかされ、またそれを当たり前のように甘んじている風潮があったが、いや今もあるかもしれぬが、バカや無能やダイコンに喜劇のやれるはずはない。これを唯一に立証するものは作品であり、裏づけるものはいくつもの賞をもらうことであろう。

大いに仲間ががんばるキッカケを作った今回のハナ肇の晴れの受賞に惜しみなく賛を贈る。ただ、気がかりが一つある。クレージーの諸君全員、行儀がいいとかまじめ人間ばかりだ、というのがおもしろくない。嫁はんは喜ぶかもしれぬが、そんなことが賞の対象に影響があっては困りものだ。どんどんあそべ、少々何とかいわれても書かれても馬耳東風で人間の幅をひろげてほしい。悪いことを知らずに良いことが出来るか。

見て見ぬふりをするのがエチケットでありおとなである。

若さにたよるな

古いレコードを出して聞いて見た。

昔の声がなつかしい。声量もあるし、ツヤもある。音程もリズム感も、いまよりずっとましだ。第一若い声帯が自由に動いて小節もにくらしいぐらい。おのれを忘れて自画自賛しながら過ぎし日の情感そぞろ身にしむ境地にひたった。

それにくらべていまはどうだろう。出ぬ声をしぼっておまけに肺の空気が足りない。声帯の振動が十分でないから空気を使いすぎるのか、年はここにもしのびよってきているのである。でもそれをごまかそう——ごまかすというとおだやかではないが、つつみかくそう——いや、これも十分ないい方ではないが、それをカバーするところに歌のもつ心を語ろうと一生懸命だ。じょうずにいえば口先、のど先で歌った歌をもう少し奥の方、心に近いところから歌おうとしているわけだ。

昔のコトワザに、孝行をしようと思ったころに親はなし——というのがあるが、世の中のモロモロがすべてこれにつきる思いがして、ひょっとこんなことも書いておきたいと考えたのである。

若い歌手さんの、のびのびした歌声を聞いていて、いいなあ若さは、まったくうらやましいとつくづく思うが、この人もやがて声にたよれなくなる日が来るぞ、そしてそんな年になったとき私と同じことに気がつき歌を心で歌うようになるだろう。が、もしいま、それに気がついてノドはよし、しかも心で歌えば鬼に金棒だがと老婆心が頭をもたげるのである。

撮影所に行くと肩で風を切って歩いているニューフェースのお兄ちゃんやおねえちゃんがいる。いずれもハツラツたる美ぼうを惜し気もなくまき散らしている美男美女だ。意地の悪いいい方をすれば、芸なしのドしろうとの群である。監督が手とり足とり口移しして、セリフを、アクションを教えるが、シナリオの人物からほど遠く、しかも風を切って歩いている時のように、いきいきとした生活をカメラの前でよう見せぬ。

ところが、その兄ちゃんねえちゃんが二年三年と風を切っているうちに、風の方が強くなって肩で切れなくなり吹きとばされそうな自分を発見する時がある。そして四、五年がたってある日である。その日はまた新しいニューフェースがはいってきて、すでにあまり新鮮でもないもとニューフェースの兄ちゃん姉ちゃんをシリ目に風を切っているのである。そのときにハタと気がつく。

「ああ、おれのこの顔ももう古い！」と。そしてその夜からもんもんの日が始まり、本気になって芝居を覚えなければならんなとアセリが始まる。たいがい〝もうおそい〟のである。なぜあの時に——顔よし声よしのときに芸をみがかなかったか、首から上の自分に自負過剰して怠惰に過ごした日々がうらめしい。

もしあのとき、両面両立するように研さんの毎日をつみ重ねていたら、いまこそ大スターであった彼と彼女であったに違いないたくさんのタレントを私は見てきた。

ひと言注意したら、老人のタワ言結構——といわんばかりの生意気な返事を返した罰である。

それにしても惜しいことだ。気がつくときは何事も、おおむね手遅れである、これは何もガンに限ったことではない。

悼——豊田四郎監督

お亡くなりになりましたすぐあと、アパートへ飛んでゆきました。

白布の下の静かないい顔を見ながら、私は人間は何故生きているのだろうと、ふと思いました。そして、その時、私の胸につき上げてきた言葉は、「人は死者の為に生きる」という言葉でした。

豊田さんの一番やりたかったこと、そのことのために私どもは生きねばなりません。

このことは——。

北大路君には申しわけないのですが、十一月十三日の夜は、豊田さんが自分のために書かれた最後のドラマを、自ら演じられた見事なシーンであったかの様です。豊田映画の掉尾を飾るものだと思い知りました。

お目にかかってほぼ三十年に近くなりますが、色々な日々の一コマが思い出されます。

NGの時のニガ虫をかみつぶした顔、OKの時の子供のようにキラキラする顔、どれもこれも、まざまざと近くにあります。

「安楽死」を主題にした映画にとりかかっておられると聞きましたが、まさか、ご自分が主役をおやりになるのは、計算に入れてはおられなかったでしょうね。今は、かたくとじた眼をおひらきになることはないでしょうから、旅立ちの前に、これだけはご報告しておきます。

聞いておられますね。

あなたが宴会の会場でたおれられた時、皆さん、仲間はほんとに親身になって介抱しました。このあたたかい友情もさることながら、あの夜お宅にお帰りになった時、かけつけた者に、又、呆然としている私にも、終始、奥様が涙をこらえ、笑いながら、

「ありがとうございました、ありがとうございました」

と応対なさっていたお姿です。私は頭が下がりました。胸が熱くなりました。このけなげなこの奥様のもとで、幸せだった日々は、今日で終るのかと思うと、私は、たまらなくなりました。

これからは奥様はお一人です。いいお子様たちは、きっとその寂しさをもとにして、勇気づけてくださるでしょうが。

どうか、天のどこかで、深いいままでの愛を、この奥様にそそいで下さい。

さよなら
豊田さん

無漏の法

田辺茂一さんと銀座にいた或る日。

ふとした話のはずみで、こういう御時世になると名人というものは出ませんね、といったら、突然こんな話をされた。

「君、無漏の法てぇの知ってる?」

「益軒先生ですか」

「真面目な話だよ。無漏の法には四つあってね。一つ、みだりに見ざること。一つ、みだりに言わざること。一つ、みだりに聞かざること。ここまでは分かるが、もう一つこれがいいんだナ。一つ、みだりに考えざること――これにはまいったよ。つまり――だから昔は名人が出たんだね」

という話だった。

近頃の映画、演劇の世界で、めっきり姿をかくしたのは「鬼」と「好き」と「気狂い」だろう。わたしはひそかに今日まで映画を演劇を前へ進めて来たものは、この三者のどれか一つだったと考えている。

映画のことがメシより好き、事実三日も食わずに仕事をしていた男が撮影所にはゴロゴロいた。映画の気狂い、芝居の鬼も貴重な存在だった。その連中たちは誰のタメにではなく働いた。いまは組合運動の方がメシより好きというのが幅をきかしている。そしてそのカゲで職人気質は影をひそめて意欲を喪失している。これではいい映画も、いい芝居も生まれることは無理にも近いだろう。

無漏の人たちは、全く、みだりに他所見《よそみ》をしたり、ペラペラと仕事以外のことをしゃべらない。又仕事以外のことにやたらと聞き耳を立てたり、金儲けや、社会へのうらみごとや政治の貧困を考えもしなかったに違いない。

それが最高の姿だとは言わぬが、近頃はどの仕事の場にも、上手の手から水がこぼれすぎてうすら寒い気がするばかりだ。

映画も演劇も、勿論テレビもだが、ヒンシュクするような迎合主義で、情報社会は、遂に名人をしめ出したのだろう。

白鳥は悲しからずや

一月のある日、土曜日の午後、わたしは初めて衆議院議長公邸のパーティーにまねかれた。もちろん会費はこっち持ちである。

このパーティーは『芸術議員連盟新年パーティー』という、いかめしい名前がついているが、実は芸能文化一般の芸術家たちと議員さんが接触をもっとともに、わが国の文化向上にヒザをつき合わせて懇談しようという、まことに珍しい意図のもとに生まれた会である。

早くいえば、それもさることながら税金をはじめ諸事もろもろに苦情もあろうから、それを聞きましょうという会合である。第一回は作家をはじめ映画、演劇、美術の各方面から、よりすぐったおれきれきが参画して、思いもかけぬ苦情の花が、きわめて盛大に開いたそうだが、わたしはのっぴきならぬ仕事のために、俳優代表に選ばれながら欠席した。

こんどのパーティーにはぜひ出席して、一席迷演説をブテと映俳協からの内命もあったので、のこのこと出かけていった。

このパーティーは映画部会ということであったから、松竹城戸社長、東宝藤本専務、雨宮重役、大映永田雅一社長などをはじめ、監督、俳優約百名がつめかけた。

先方は船田衆院議長をはじめ通産大臣その他、主唱者の中曾根、原、松田元文相など多彩な顔ぶれであった。

開会につづいて、映画産業代表として永田社長の相当長いラッパ吹奏があって（内容は痛烈なヒニクを交えながらスクリーン・クォーター制の問題であった）のち、つづいて映画俳優代表森繁久彌氏――ときた。

「ただいま、永田社長のファンファーレが高らかに鳴りひびきましたが、楽曲のテーマというかモチーフはおわかり願ったことでしょう。わたしはその楽団の一フリュート吹きですから、かよわい音色で、テーマというよりわたしのパートを、かそかに吹き鳴らすだけでございます。（中略）いま永田さんのお話にもありましたように、映画入場税をはじめ、わたしどもから無神経に吸い上げられる血税は相当額でございましょう。

わたしは、一国民でございますからあえて負けろと、それのみを主張するものではございません。ただ一度うかがってみたいと思っていたことはこれら芸能文化の方面から吸い上げた税金を、なににお使いになっているかでございます。

思い起こせばひと昔、終戦と同時に血なまぐさいことはいっさいやめて文化国家を旗じるしにいたしましたことは、まだ忘れるには早すぎることでございます。

ああ、それなのに、防衛庁の新庁舎は偉容を誇って数年前にできあがり、また、このあたり、議員会館は新築に増築、そのすばらしさは、たとえようもない壮観さであります。

にもかかわらず、国立劇場は、国立映画館は、ライブラリーは、すべて机上の空論を象徴して、わずかに、劇場の指定地のみ、クイが一本、ペンペン草の中に立っている現状であります。（中略）

わたしを白鳥にたとえるのはチト無理でございますが、何千羽、いや何千人の映画女優は、わが国における白鳥の立ち場ほどの保護も加えられておりません。

永田社長をはじめご来席の産業代表は映画の利害には声を大になさいますが、われら俳優の利益、人権の代表者ではございません。わたしどもは薄よごれているとはいえ、お濠の白鳥を見て、いつもうらやましく思うものでございます。

非道な銃口から国が生命を護ってくれ、死ぬまでエサはいただける。いじめようものなら万人立ち上がってこれをいましめる。トキ、コウノトリ、アホウドリとまでいかなくとも、この力弱き、あすをも知れぬ籠の鳥の上にいま一度、目を向けてください（きみはトンビだ——とヤジあり）。

お静かに！　映画界ようやく斜陽とうわさされる昨今、ここに有意義なる会の発足は、公約を旨とせられる諸賢の一九六五年の愛の号砲とうけたまわりました。

ありがとうございました。国会議員のみなさん、万歳！」

その夜わたしは、いつになく酒に酔って、眠ったことである。

光るものなべて……

役者と材質

たとえば……としては、余り適当な例ではないかも知れないが。

テレビ役者《タレント》は、木でいうなら、下駄の歯になる朴《ほお》の木のようなもので、鈍刀（演出）でも切れる柔《やわらか》さ、つまり細工がしやすいものが喜ばれる。いうなれば名所お土産用で持ち帰ればすぐ捨てられる。恒久的ではないが見た目も簡単にごまかせて一夜漬けのものが重宝がられる。

そこへゆくと、映画は。

材質の良い悪いより、木目《もくめ》などが見事に出ていて、磨いたり塗料をかけると、その美しさが倍加するようなものがいいようだ。

本人が曲げられたり、刻まれたり細かい細工に耐えられるよう、ベタッーと板のままの美しさで価値を問われる方が上モノとされる。たとえベニヤの合板でもマホガニーが木地の美しさを金属の枠の中におさまらせると、カッコウがつくものだ。

そこへゆくと。

芝居の役者は些かそうはゆかない。

時間がかかっても相当な細工にも耐え半恒久的にガタのこない、そして地味でも底光りのする材質。紫檀《したん》、花梨《かりん》などになれば役者も最高だろう。

柾《まさ》の通った杉や、総桐のような芝居を見せる女優に心ひかれる。

中には、材質はいいが、乾《ほ》しが悪いのか……、いまだに、ヤニの出る松の薪《まき》みたいに扱い憎いのや、節だらけや、割れがきてどうにも使いものにならんのや……がいる。

あれは本人のフトドキと、管理のフユキトドキの故だろうか。

光るものなべて冷たし

光るものなべて冷たし。

わたしは、自分が役者のクセに、同業の役者に、一般のお客と同じような、ひいきというか、ファンになることがしばしばである。

近頃、その芝居が見たい――というのでなく、その役者にふれたいと思って観劇にゆくことが多い。ところが、どうもファンのわたしをもう一つ満足させてくれぬ。何となくつき離されたような気持になることがしばしばだ。

当節の役者には、ぬくもりが不足しているような気がしてならない。役者という物体は素地そのものが、あったかいものでないと、どんなに上手くても、どことなく寂しい気にさせられるものだ。

カミソリのように切れ味のいい芝居を見せられて「ウーム」とうなりながらも、ハジキ飛ばされたような冷徹なものを感じてそばへよせつけない人が多い。

わたしは心の中で――フッと、セリフを忘れて絶句したり、トチッたりして、あわててくれぬかな――と願ったりするのだ、もしも、そんな時、この人が見せる人間らしい、おろおろした姿に、その人のぬくもりを見つけられるかも知れん――と考えたりして……。

俺は炭火だ
寒いときは、よって来てあたれ

そんな役者になりたいが、その炭も
もはや灰の中のカケラかも知れぬ。

我慢

演劇人口は日ましに減りつつある――。

「近頃の芝居見物は、二〇%は我慢が必要だナ」

痛みいる言葉を誰からか聞いたが、当事者の私も成程そうかナ――とうなずいた。
さて、その二〇％の我慢とはなんだろう。

●ねむさと闘う

●あざとさにシラケる

●簡単なことをわざと難解にしている

●鼻もちならぬミエミエ芝居

●たいくつ

etc。

じゃ、これらは一体何から来るのだろう、と考えてみた。

●役者の未熟（つまりウマくない）

●役者そのものに魅力がない

●本（台本）自体が面白くない

●役が二、三を除いて書き切れていない

●現代のリズムがない

●演出の無能

●説明過剰

●消化不良

●妙なところで妙に勢《キオ》って奇をてらう

●個人プレイばっかり、アンサンブル喪失
●観客への思い上った横柄さ
●今日を生きていない
●明治大正のカビの匂い

色々あげられるが、いずれにしても一人合点で、本人（演出家、役者）は分って演《や》っているらしいが、或いは面白がっているらしいが、こちらにはトンと通じない不理解状態。

それはどこが拙劣なのか、舌足らずなのか、ハネあがりか、必要以上の押しつけなどによって、舞台との間にカスミがかかるのだ。

演劇が辛抱や我慢を強《し》いてはオシマイだ。

演劇のルネッサンスも屁ったくれもあったもんじゃない。これでは最後に誰もお客のいないところで、意気ばってマスターベーションをするのが落ちだろう。

こう書くと――。

「あいつはシャンペンを飲みなれてないから、味が判らんのだ。あいつはラムネばかり飲んでる奴だから」

とくるだろう。

芝居なんかに飛びぬけたインテリジェンスは要らないし、役者もエリートのインテリである必要はなかろう。欲しいのは人間くさい息やハダのぬくみや、すぐれた感性だろう。

と書くと――。

「奴はシェイクスピアはおろか、チェーホフもジロウドもとんと判らぬ人、浪花節の愛好者よ」

と、ウソブくに違いない。ウフフッ。

役者

近来、差別用語というやっかいなものが生まれて、別に差別意識など皆無で話している私たちを殊の外とまどわせる。

按摩はいかん、小使いさんも駄目、人夫は労務者といえという。

そのクセ、役者はいかん、俳優といえとは、誰もいわないし、もちろん、私たちもそう望んだこともない。

むしろ誇らしい気持さえもって、「役者です」といっているくらいだ。

私の若い頃、日支事変がようやく無惨を増す時代、つまり軍人が幅をきかし始めた昭和十三、四年か、役者にも鑑札を持たされる布令《ふれ》が出たことがある。

申請用紙に書きこんで提出。間もなく定期券みたいな紙片が来た。それには七等と等級があり、裏をみると〝遊芸人〟と書いてある。私たちは口をあいた。それは最下位であったのだ。一等というのは誰だろうと聞いたが、何でも六代目尾上菊五郎という話だったと記憶している。

その歌舞伎の役者も文献によると、天保の改革の頃は〝大夫《たゆう》二人、役者三匹〟と認《したた》めてあるところをみると動物扱いであったのか。

芸人が戦後、芸能人に昇格？　したが、芸能人とはどういう意味だろう。芸を能力とする人という意か、あるいは芸人と能力人と、という意味かさだかでないが厭な言葉だ。差別とはまた違った裏の見える不快さがある。


こんなことはどうでもいいが、〝芸〟は能力ではない。運動で鍛えた能力のように、筋肉のもりあがった汗くさいものではない。もっと別の香りのするものと心得ている。

これを芸人＝げいにん、というと、天保からの屈辱もひそもうが、芸《げい》の人《ひと》といえば世人を引き離して香り高くも聞えよう。


ある日のパーティで、上層と呼べる人たちが夫人同伴で参会しているのに私も出席した。

某有名会社の社長、政治家などが、私の顔を見つけて、気やすく挨拶の言葉をかける。

「やあ、森繁さん、この間のテレビは面白かったねえ」

「そうですか、嬉しいですね。お忙しいのによくご覧になれますな」

「いや、家内が大変なファンでね、見ろ見ろとすすめましてナ」

そんな夫婦は実に快いが、中には、旦那が楽しそうな顔で話している陰で、インケンな眼をチラつかせながら「フン、役者風情が――」といわんばかりの眼をして、言葉をかけても返事もしないザアマス夫人にぶっつかることもある。


差別意識を持った僅かに残る稀少価値的存在に、ほほえみをもって敬意を表し、ついでに職業の誇りを十分にあらわすよう、最近のシャレた話を聞こえよがしにひとつもする私だ。

按摩さんもいいじゃないか、小使いさんも、くず屋さんもいいじゃないか。芸者が芸者といわれて、ちっとも厭な顔をしないのに、女給さんがいつの間にか洋装をしてホステスに変わる必要もないと思うが、これもまた、時世の流行といわれれば一言もない。が、女中さんといえない芝居はつらいし、明治や大正の芝居にお手伝いさんというお嬢さんは出て来ないのだ。

言論の自由はあっても、言葉の自由は何故かだんだんとせばめられつつある。そして、誰もどうすることもできなくて、見えない眼におびえているのはどうしたことだろう。

屋根の上の拳闘家

大袈裟《おおげさ》にいうなら、これから生死《しょうじ》の中の二カ月が始まる。

それは十一月から十二月にわたる七十数回の「屋根の上のヴァイオリン弾き」の帝劇公演だ。九月の大阪での一カ月の公演を終わりひと月を休んで、いよいよ二カ月の舞台が続くわけである。九月の大阪はひとしお残暑のきびしい日々に明け暮れた。ホテル住まいも長期にわたると何かと不自由で、自分の家にいるようにはやすまらない。

大阪の夜景がものうく見える高層の部屋で、酒をやめた私はすることもなく、ただ疲れた体を横たえるだけだ。

夜中、またもびっしょり汗をかいている――声がどうしても出ないのだ。歌の途中でタンがからんで、声がかすれたとたん一声も出なくなり、オーケストラ・ボックスの音楽はどんどん進むし、瞬間、お客にお詫びして、もう私はこれまでです——と中止してもらおうか、そんな考えも走る。

汗がとめどなく流れて息が苦しくなる。

たいがいは、いつもそんなところで目が覚めるのだ。

テーブルに蹴つまずきながらトイレのスイッチを入れ、あわててコップの湯にウガイ薬を入れて、二、三度ガラガラやったところで、どうやら正常にかえる。つまりそれまでは半分眠っているのだ。

アーアー、イーイー、ウーウー、夜中に大きな声で発声して、どうにか声が出ると、やっと安心して、またベッドへもぐりこむ。「やかましいナ」一度ならず隣の客から苦情がきて、ホテルも困ったようだ。

一カ月にわたる大阪・梅田コマ劇場公演のミュージカル・ドラマ「屋根の上のヴァイオリン弾き」の、これがお恥ずかしい一役者の夜ごとの出来ごとなのだ。

歌って、踊って、はげしい芝居をして、終わったあとにアンコールが二十分近くもある。割れるような拍手の中で、舞台と客席は興奮の渦にまきこまれる一種の狂乱のような状態だ。アンコールには筋がない。ただ舞台に出てオジギをしていればいいわけだが、こっちの方も感情が高ぶって、涙がポロポロ出るし、胸はこみ上げてきて、しかも筋のないただ感謝の時は、どうしていいか、ほんとに私をとまどわせる。

何と、それが毎日つづくのである。しかもマチネーの日は週に二度あるのだ。

嬉しいことだが、体にこたえた。

＊

元来、私は図々しい人間というか、つまり図太いタチで、芝居で細かい神経をつかうわりにナーバスじゃない。よく食い、よく眠り、よく働く労働党だが、このライフワークともいうべき「屋根の上のヴァイオリン弾き」には、三日に一度は深夜にうなされて目が覚めるのには往生した。

声が出なくなる夢が一番多くて、次が舞台で突然ギックリ腰になる夢だ。起き上がれなくなって客が総立ちになったりする。この場合はおおむね足のどっちかがコムラ返りを起こしているのだ。

ひとつも自慢じゃないが、今年で満六十五歳。昔ならコタツで隠居の年だろう。この年で完全体というのは無理な話で、どこも悪くないといっても全体にガタがきていることは間違いない。それが激しい運動のくり返しで、しかも音楽《ミュージック》といっしょにこれが要求されるという反射神経の芸当ともいえよう。その上、悲しみ、怒り、と急激な精神の緊張がくり返されるのだから、気持ちよく耐えるにはいささか年をくいすぎていることは事実だ。

このミュージカルは一幕が幕なしで二時間、寸刻の休みもなくつづく。息セキ切って舞台の袖に入ると、フウフウいっている私の口に、衣装の小母《おば》さんが小さな二粒の心臓の薬をほうりこんでくれる。そして背中をさすってくれて、大丈夫ですか、ハイ、間もなく出ですよ、と勇気づける。

こんな様子は、人にも見せられぬ老優の哀れな図だ。

そして幕間が二十五分。楽屋でぶっ倒れていると、お客の面会だという。何という情け知らずの奴かと思いながらも、旧友だ。どうでもいい話の相手をしなければならない。

「今、実をいうと役の人物になってるんで、この辺で失礼させてくれ」と言うと、このひどい奴は、じゃビール一本飲んで帰ろうと、神聖なるべき楽屋を何と心得ておるのか。

つづいて第二幕が一時間半ぶっ続けで始まるが、ある時、付いている弟子がタオルで汗を拭き、背中や胸をさすりながら、「先生、どこか拳闘の試合に似てますね」と、うがったことをいう。そういえば、リングのコーナーで、フウフウ一分間を待つ選手と、タオルでせっせと拭いているセコンドとたいして変わりがない。しかし、終幕、荷車を引いて入ってくると、仲間が袖でおつかれさまと、拍手を贈ってくれる。これがうれしいのだ。実はその辺りからやれやれという気持ちと一緒に胸がつまってくる。

つづいて嵐のようなアンコールが緞帳《どんちょう》の向こうから波のように聞こえてくる。

コールされることは最高の名誉なのだ。役者は何度でも出なければ礼儀に反することになる、と演出のサミイ・ベイスはきびしくおしえた。

二十分も拍手をすれば、する方も手が真っ赤になるだろう。終演後、楽屋を訪れたご婦人など、指輪のところが黒く内出血していて、何だか申しわけない気がしたこともたびたびだ。

しかし、これを役者冥利《みようり》といわずして何というか。

その一日の芝居があとかたもなく雲散霧消して、完全燃焼した時は恍惚境といっていいのだが、燃えきらなくて、いぶったような残灰がのこるとやり切れない。

そんなミュージカル「屋根の上のヴァイオリン弾き」も、今年の二カ月を無事に終えると三百二十一回という日本では長期上演記録ということになる。もっともアメリカでは、毎日毎日、同じ劇場で十一年間上演したのだから、その回数も三千二百二十五回、「ハロー・ドーリー」の記録を破ったというから恐れいった話だ。それからゆけば、私たちは十分の一。

東京、名古屋、大阪、神戸、仙台、盛岡、八戸、函館、札幌と、まだ上演地も僅《わず》かだが、ただ一つ、私と一部の俳優は、最初から変わっていない。

アメリカでは、たくさんの俳優が主役（テヴィエ）を演《や》ったが、オリジナル・キャストの名優で、しかもこの作品を作った一人ともいえるゼロ・モステルは惜しくも一昨年他界した。私より二つ下だった。

今年から、マチネーを週二回にしてもらったが、十年前はマチネーだらけだった。

これを見にきたバイオリニスト、アイザック・スターンが、私の公演を見て、

「なぜ、こんなにマチネーが多いんだ。この作品は、こんなに出来るもんじゃない」

「私もそう思う」

「君にはセカンドがいるのか」

私の役はアメリカでは三人ぐらい変わりがついている。

「いや、一人だ」

「それじゃメチャクチャだ。金をつまれて何回もやるのは淫売の仕事だ」

私はこのジョークに笑えなかった。ひどい形容詞だが、残念ながら、日本では回数契約ではない。

一興行、まとめていくらのバナナ興行だ。

＊

すでに十年前になるが、初演のプログラムを見ると懐かしい。

私の妻（ゴールデ）は、まだ艶っぽい越路吹雪だった。今も十分艶はあるが、あんなに大人の匂いのしない女優さんだった。そして、今の女房の淀かおるが長女で、次女が浜木綿子、三女が西尾恵美子。四女がいしだあゆみ、五女が岡崎友紀で、この二人が子役としてつかわれたのも昔日の感。

長女の相手役のモーテルが市川染五郎、次女の婚約者パーチックが中丸忠雄、肉屋が故・山茶花《さざんか》究《きゅう》で、その先妻のお化けが黒柳徹子だった。この十年に死んだのもいるが、皆、素晴らしい成長をしたのが感無量である。そのうち越路吹雪はいろいろあったのだろう、東宝にアイソをつかして去り、日生劇場の女王となった。淀かおるや浜木綿子には子供が出来、いしだあゆみがブルーライト・ヨコハマを唄って売り出し、岡崎友紀が引っぱりだこのタレントさんになった。

批評家も、こっちが未熟だったせいもあろうが、日本ミュージカルの誕生に余りいい記事は書かなかった。が、不思議なことに外人記者クラブが見にきて、「ニューヨーク・タイムズ」や「ロンドン・タイムズ」に褒められたのは皮肉というか何というか。この最初の公演は帝国ホテルに大々的に広告を出したせいか、外人客が多く、ロクに日本語も解せぬ連中だろうが（本場でみたのが日本ではどうだ、の好奇心もあったのだろう）、なかなかの見巧者で芝居を上手にもりあげてくれるのには驚いた。

「芝居は客席がつくる」を実感として味わったわけだ。どういうわけか日本のお客は、お行儀がよすぎて、時々、眠っているんじゃないかと思うことがある。事実、寝ている芝居もあるが――。おかしくても笑わないし、悲しくても涙をごまかそうとする。もっと気にくわぬことは、手を叩くと悪いみたいな気がねをしていることだ。

金を払って楽しみにきているのに、我慢なんかは全く不要と思うが。

さて、帝劇だが、星移り人は変わって建物も三度ばかりその様子を新たにしたが、ここに流れた演劇史も色濃く変貌していった。

この舞台で松井須磨子が、今は艶歌となった〽カチューシャ可愛や、別れのつらさ　を唄い、島村抱月に恋慕して奈落で首を吊った大正の初め、今は故人となった左卜全も帝劇オペラの二期生としてボッカチオかなんかをコーラスの中で唄っていたのも伝説のようだ。

時の帝《みかど》が行幸なさったかどうかは知るよしもないが、お堀の水面に貴顕紳士たちが色あやな華やかさを映したことは想像にかたくない。

名女優とうたわれた村田嘉久子、森律子などには逢った記憶はないが、ヨーロッパの大金持ちと結ばれた田中路子とは、戦後、旧帝劇時代に一緒に舞台に立ったことをおぼえている。

「今日は三越、明日は帝劇」のうたい文句まで流行した当時の帝国劇場だが、ちなみに書けば国立ではなく私立営業だったのだ。

芸能人というものから、容赦なく、汗と、疲労にまみれた金を大半まきあげる国だが、さっぱりその税金が芸能文化にかえってこない。僅かに国立劇場を建てて文化事業の申しわけみたいなことをしたが、その劇場とて、出資した役者の大半が出たこともないのが現状だ。私とてその一人だが——。

国が劇場を建てて、ただみたいな値段で貸すのは大賛成だが、芝居もよく知らぬ役人の古手が演劇行政をあずかるのには賛成しかねるのだ。

それに比べて今日の帝劇は、いわば、私の城だ。

枯れ木林に桃の花

すでに放映されたＮＨＫの「赤サギ」という結婚サギの物語をご覧になった方も多かろう。

年老いたサギ師が、その人生の大半を獄中で過ごし、いまだショウコリもなく出獄しては捕まってゆく話だが、全国の老若男女、長年の私のゴヒイキが、女を騙《だま》す前科七犯の私に「やめときゃいいのに……そんな役まで」と慨嘆のさまも感じられる。

が、この作品のテーマはある意味では大きな問題もふくんでいるのだ。

つまり、その一つは身寄りの全くない年寄りというものの、やり場のないワビシサというか、どんなに老人福祉が叫ばれても、それがいくらかぬくもりの場を与えても、永遠に解決されない、無縁者の心底に流れる心情。社会の吹き溜りに音もなく朽ち果ててゆく落ち葉のような老人の心境。

何でもいい、少々曲がったことでもやれば、世間の注目がひける。ショッピかれてゆくこと大いに結構、裁判所も賑やかだ。ひとりでいるよりどんなにいいか、網つきの自動車に乗せられれば人が見てくれる――この老人の心奥にくすぶる哀しい願望の一つがテーマでもある。

しかし、この男を演じるのに一番まいったのは、この男が森繁久彌と偽称してサギを働くというくだりだ。

NHKも酷なことを演《や》らせると思ったが、実はこれを考え出したのは、作家早坂暁だ。彼は何日も何カ月も私を待たした。佐々木小次郎のようにジリジリしながら作品の出来上がりを待ったのだ。

開けてびっくり、彼は練りに練って、私をねじ伏せる台本を書き上げてきた。

私が、私を詐《かた》って面白い芝居を見せる。

一見、作家には小気味のいいところだろう。が、演じる本人にとっては、十分の抵抗がある。しかもその中で、こともあろうに拙作「知床旅情」を、この森繁を詐るこの男が、森繁節でうたう――やりきれたもんではない。

もう一つのテーマは、獄窓の数年、練りに練った次の勝負が、いよいよシャバに出て華やかに展開するのだが、何とその時には世の中の方がもっと悪くなっていて、使いモノにならず、すぐにも捕まってしまうというアイロニーである。出れば捕らわれ、またも何年かを獄に送る。哀しき老サギ師の転落の詩《うた》、これが物語の底流をなすのである。

さて、顔寄せに集まった面々。

この物語で終始私と芝居を進めてゆく女、これが桃井かおりだ。

この娘《こ》には、先に一度、日本アカデミー賞授賞式の会場で会ったことがある。

彼女もその中の一つを受賞し（新人賞だったか）、マイクを向けられて喜びの声を、と問われ、

「アラ！　ほんと！　ウソみたい！」

と、まるで生まれっぱなしみたいな挨拶をして、なみいる連中を爆笑させたユニークな娘で、私には印象があった。

今を売り出しの、前衛かどうか、才人つかこうへいの愛弟子《まな》と聞いたが、実はこの娘が相手役とは知らなかった。

そのあと、アカデミーの受賞パーティーの宴席で、彼女が私のそばへきて、

「こんど、NHKで一緒ネ」

と囁《ささや》いたのをおぼえている。

これが、今売り出しの桃井かおり――かと、あらためて顔を見たが、何とも鼻にかかった声がたよりなげで、大丈夫かナ、と思ったこともウソではない。

彼女は、顔寄せの日に、私をつかまえて、

「これから何て呼ぼうかな？」

「だれを？」

「おじさんよ」

「感じで呼んでくれ――」

「あッ、そう、モリシゲちゃんって呼ぶわ」

といって可愛い歯を出して笑うのだ。

不完全ゆえに美しい――ということばがあるが、全くそれにそっくりあてはまるような娘だった。

ああこれが現代っ子だナと思いながら、「可愛がってネ」といったら、「あたしのほうよ」と、悪びれ

もせずにいった。

ものおじもなく、いきなり肩をたたき合えるような彼女に、古い私はいささか気おされ気味だったが、インギンに「先生、よろしくお願いします」というヤツより、正直、好感がもてたのだ。

どこのテレビでも、初めてのこの顔寄せというものが、歓喜のスタートという風情のものではない。何となく重苦しいお通夜みたいなフンイキがあるものだ。知る者、知らぬ者がお互いに上目づかいで妙に動物くさい。言葉かずも少なく、腹のさぐりあいみたいな気配もあり、実はあんまり楽しいものではないのだ。

その中で、一人はなやいだ彼女の天真爛漫さは、好感ももてたが、星の移り変わりも感じさせた。

＊

昭和二十年代のころから数えて今日までの三十有余年。

私のそばには無数の役者が道づれとなり、また通り過ぎてゆき、後に姿を消していったが、時代とともに生産される新しい芽は次から次へと無責任に植えられ、種から一応の芽を出した。その数は驚くばかりだ。とくにテレビはバカでも大根でも出来るという印象をつけてから鰻登りだ。

道中を道づれにしたヒトも多いが、いつかは道をそれて脱落か商売替えか、切れた電気の球みたいな不運のものも数多く見た。

〝あいつの頃〟から〝こいつらの頃へ〟と、三変わりも四変わりもしたような気がする。思えば、当時の新進売り出しが、その時代を反映させてさまざまな姿を見せ、時の流行を物語る草亡木卒の儚《はかな》さを感じさせる。

不思議や競走馬のように、どれも芸命短くうんと走って、うんと稼ぐヤツ、さっぱり駄目だった馬、はなやかな者、うらぶれた者、栄枯盛衰のからくりを見るようだ。

長くこの世界に生きているのも考えものだ。昔は、顔寄せといえば、キチンと晴れ着を着て、つつましやかに参集したものだが、やがては、大きな太モモの奥にパンティーが丸見えのミニスカート。ジーパンという乞食まがいの姿。近ごろではヒモでゆわえた薄チョごれたパジャマみたいなものをはいてきて、挨拶もロクに出来ないようなのが、この世界に誇り高くハンランしている。

さして変遷のないのは顔だけだ。

この顔寄せにも、私と同じ万感の思いで列席している古い面々がいた。

「赤サギ」の主な配役は、殺人犯をやる殿山泰司、彼も古い。田崎潤、花沢徳衛、藤原釜足さんもちょっと顔を見せる。

この藤原釜足さんは、私は密かに映画俳優の師だと仰いでいるのだ。映画がトーキーというモノ言ウものになった最初の作品に、松竹の「マダムと女房」というのがあったが、かたや東宝、時のPCL映画で「只野凡児」という喜劇に主役をしたのが藤原釜足さんである。

一世を風靡したユニークな三枚目で売り出すのだが、浅草の灯の中から抜擢された人だ。この話はご両人がいやがるだろうが、いまをときめく「おていちゃん」の沢村貞子の前夫である。どう数えてもお二人とも半世紀はこの世界にいる人に間違いはない。

殿山泰司も古い。私と同じように、よく生きている組の一人だ。私が早稲田から東宝に入ったのが昭和十一年。彼もそのころ、築地小劇場の門を叩いて、研究生として洋劇にいそしんでいたのだ。

　こういうと怒るかもしれんが、今も昔もさして大きな変化をみせぬ、いうなれば静かな進歩をとげつつある老優だ。

　田崎潤、たしか青森の産だ。不思議に大きなやさしい目をしているが、けっこう喧嘩早くて、ダンスのようなあざやかな早業に驚嘆したのは一度ならずだ。彼も浅草から上海あたりまで、何をどうしに行ったのか、つまびらかではないが、多感な青春を無頼に過ごしたに違いない。

　上海で召集令をうけて戦線に加わった話も聞いたが、召集日に遅れた彼は、最も悪いあばれ馬をあてがわれ輜重隊《しちようたい》でその馬に泣かされる話が撮影所の楽屋を笑わせたことが記憶に新しい。ついに馬を引きながら眠りこけて、彼の背中の上を野砲が通りすぎてゆく話は、ウソかマコトか凄惨をきわめた。

　その他、坊屋三郎はアキレタ・ボーイズで毛がフサフサしていたころからの友だ。座談の名人花沢徳衛は江戸っ子で、大阪の経師屋《きようじ》に奉公するが、余芸が邪魔して役者になる。しかも彼の余芸はもう一つ絵を描くことだ。しかもその絵がギャラより高いとか――。ゆっくり書きたいが、横道にそれ過ぎたようだ。いずれにしても、この一団は、私と同じように役者年齢予定線に近い者たちばかり。

　そんな中に、芳紀まさに二十何歳かの桃井かおりが、フクイクとしてまじるのである。

　昔はうるさかった連中だが、今はアゲ足とるにも疲れたような諦観ヅラをして、若者の中にまじっているのがおかしい。

　が、芝居という仕事の面白さは、実はこんなところにあるのかもしれぬ。

彼女はまさに、枯れ木のオブジェの中に生《い》けられた一輪の花で、すでに私たちには手の届かぬ〝青春の女《ひと》〟。遠まきにしている私たちを尻目に、はなやぎながら、ときどき「おじさんたち、一緒にご飯たべにゆコ」なんて、私たちに老いの意識をよみがえらせるのだ。

若手の男たちは、彼女の恋人に赤塚真人、私のサギの弟子に三上寛、これはフォークの歌手の売れっ子というが、どんな歌をうたっているのか不幸にして聞いたことがない。ともに、へらず口を許されれば、昔はスターになれぬ顔の持ち主だ。しかし、いい時代がきた。ドラマは人柄《ニン》を要求するのだ。

これらの新旧が私にカランでくるのだが、

「このクソじじいがモリシゲか。なあーんだ」

という顔がチラリ私を横に見る。こっちも負けずに「このガキうまくやれ！」といわんばかりの顔をしていたに違いない。

この古き者、新しき者の織りなす稽古場の風景は、これもまた別の一つのドラマを創っているようで、私たちには生きている演劇史のようで見飽きないのだ。

やがて、稽古も何回か終わり、本番も重ねて、ロケ地にも何日か宿泊する。そうするころから老若両者の間に、不思議な交流が生まれ、いつのまにか年寄りはカミシモをぬぎ、若者はジーパンをぬいで虚飾を忘れた人間のつき合いが始まる。

一緒にめしをくうことが、一緒に風呂に入ることが、ドラマ制作の大きなモトのように思われてならない。湯舟の中で裸の二人が、

「今日のお前の芝居は、うまくねえな」

「そうかナ」

「あすこをな、ちょっと、こうやるほうがいいんじゃねえか」

「ああ、そうか」

「明日、やってみな」

「出来ねえよ、オレ」

屈託《くったく》なく年齢のギャップを埋めるのは、裸や、寝ころがった旅のフトンの上かもしれない。

それらが何十日か過ぎて、いよいよクランク・アップだ。

ささやかな打ち上げパーティーが飲み屋の一隅で催されるころには、顔寄せで見せたあの個々に自転する奇態な集団が、アメのようなものでつながれ、離れがたい愛着の絆《きずな》にむすばれる一団となるのだ。

「何だか別れンのさびしいネ」

と、かおりが私の目を見て杯をあげる。どうしたことか、その目がうるんでいるのだ。

「お前さん、腎臓が一つないんだって？」

「そう、手術したの」

「それで、あの暑いロケの日、疲れたんだね」

「ごめんネ」

「いいんだよ」

「力がなくなるのよ、ときどき」

「かわいそうだナ」

「ううん、あたし、また一緒になにか演りたい」

これだけで、私は十分うれしいし、今日の戦列にいることを意識するのだ。私は、彼や彼女を認め、彼らもどこか私を認める。実はこうした、なまあったかい土壌の中でないと、いい芽がのび、いい成長が出来ないんだナとそんなことまで思う。

いささか情緒的だが、私の胸のどこかで、この人たちの大成を祈る気持ちがアザトクなく起こる。それが全部の出演者でなくても、そこに生きた人間と、人間の心で書いた日記が残ることは確かである。

＊

ＮＨＫ、まさに巨大な建物だ。

この白亜の中で、時計の裏を見るようなはげしい歯車がいくつも回転している。そして、模索をくり返しながら、いろんな番組が生まれてゆく。

私たちはこの大きな組織の玄関に入ると目がまわって、この巨大な化け物と仕事をしていくことに恐怖すらおぼえるのだ。

しかし、よくよく考えてみると、私たちはこの建物と仕事をしているのでなくて、この中の〝人〟と仕事をしているのだ。その人たちの情熱で、こっちも熱くなり、一つの小さな手織りの布を織りあげてゆく。「赤さぎ」の赤い布を織りあげた今、私たちは、この布をもうほどくことが不可能なのだ。

その絶対が、終局に近く実を結んでくるのだが、役者もスタッフも、最初はなかなかしっかり結ばれようとしないし、またこれをあまり重くは見ないのが慣例だ。

だから、総じて、テレビのドラマがつまらなく見えるのもそんなところにもあるのかもしれない。NHKに三十年近くも仕事をしてきた。その間に情熱を分かちあった友も少なくない。しかし残念なことに、この膨大な機構は、私たちの仲を割《さ》いて、その人を栄達と称して地方の局長にしたり、食堂の重役にしたりする。私たちは絶交のような空虚な寂しさを味わうのだ。

ある日、NHKの賑やかな歌の番組に出た。いまや、大河ドラマか、何かで売り出されたタレント娘が、新刊のNHKの雑誌を私に見せ、誇らしげに、その表紙に可憐な顔を見せるご自分を指さして私に笑いかける。

「よく撮れてるね」

と、お世辞もこめて、当たらずさわらずの返事をしたら、

「あたし、この顔あんまり好きじゃないの。もうちょっと横から撮ってほしかったの」

パラパラとページを繰っている間に、私と加藤道子のやっている「日曜名作座」の小さな写真が載っていて、彼女の目にとまった。

突然、彼女は私の方に向きなおり、

「アラ！　あんたも出てるよ。あんたもNHKでホカの仕事してたんのネ」

と喜んでくれた。

「おかげさまで……」

「しっかり、頑張ってちょうだい」

恐れ入ったご声援であった。

今は懐かし恐怖の首領《ドン》

一日を生きるに、二十四時間四分割法を唱えてきた。

六時間の仕事。六時間の睡眠。そして六時間は家族と一緒に過ごすこと――これは女房のご機嫌とりばかりではない。子孫に己《おのれ》を焼きつけるためにぜひ必要だ。最後に残った六時間は、だれにもわずらわされず、自分だけのために使う。

生きていくうえでの、これがおれの要訣《ようけつ》だと心にきめたが、結局、仕事が二十時間も続いたりして、あとの三つは食われっぱなし。考えてみれば、世に売れていたとはいいながら、最低の形で、おろかな馬齢を重ねてきたと後悔している。

こんな文章を書くにも、必要とする学問が不足して、これから右往左往するだろう。これもみな、己のために、の六時間が三十年間無きにひとしかったゆえで、平均的学問が零《ゼロ》だ。これは何としても哀しいことで、老いて茫々の荒野をさまように似ている。

「分割法」といえば、たった一度のこの人生を、いかに生きんかについて、その昔、名案を思いついたことがある。

もし、幸いにして七十年を生き得られるものならば、二十歳までを学業に費やしたとして、その後の五十年は、七年を区切りに、七回仕事を変えて生きるのが理想的と考えたのである。

一つの仕事。最初の一年で大方の見当もつこう。二年目はクリエーティブの年。三年目は激しくその中に突っ込み、四年目に芽が出はじめる。五年目に実り始めるとして、六年目には、何かをなし得るだろう。そして七年目には、間違いなく飽きがくる。そうなるのが当然だ。どんな仕事にせよ、七年やって飽きないのは、名人になる人か、無能の輩であろう。飽きたら、いさぎよく、その仕事に訣別する。次の八年目は、また、全く新しい仕事の一年目とするのだ。

人生七変化《へんげ》。こうして生きた五十年は、どんなにか愉快だろう。ニッコリ笑って黄泉《よみ》の国へも行けそうだ。

白状すると、この七仕事七回主義、実は、日比谷で「七年目の浮気」という映画を見ながら考えついたことである。不惑の年、四十を過ぎてからの思いつきで、実行するには遅すぎたが――。というよりは、長年の仕事への、なんとはなしの愛着と怠惰が、私の勇気を吹き飛ばしたのだ。

おろかにも終身雇用に身をまかせ、何の顔容《かんばせ》があろう。日本じゅう、ペッタンコの頭のヤツばかりが跋扈《ばっこ》しているのもそのせいだ、と自分にもうそぶいている。

学校をあとにして、東宝にはいり、四年目には放送界へ。七年目に終戦にあい、ゴキブリのような生活の五年が流れ、再び役者になった。映画、舞台、ラジオ、テレビにザレ歌までうたって飛ぶように六十年が過ぎたが、なべて芸人ひと色であったのが口惜しくてならない。

出来れば、役者をやり、ついで悪商となって財界にもぐり込み、ヒンシュクを買って政治家に転向する。あげくの果てが国外逃亡。船長にでもなって世界を股にかけめぐり、遂には未開の地に流れついて、そこの酋長に納まる。さらにまた、性こりもなく、こんどは突如、ケープカナベラルあたりにもぐり込んで宇宙に飛びたち、これが地球かとバカにしたむくいで気がふれて、しまいには隅のご隠居さん——そうであったら、どんなにか楽しかったろうと、今もしきりに思うのである。

とにかく、今もって、人のやることは何でもしたい男だ。

役者もした。下手な絵を描き、字も書いた。文学とは程遠いが、こうして文章をいじくって、駄文も書いている。作曲もしてみた。どこか他人の作った歌に似ていると誹謗《ひぼう》されながらも、「知床旅情」は巷間さかんにうたわれている。悪い気がするはずがない。調子に乗って、あれこれ、いくつもの作詞もしてみたが、柳の下にどじょうは二匹はいなかった。

欲をいえば、世界各国の「女」何十人かと次々に婚姻して、日本人（私）との混血の子孫を作り、人類の優生学にいくばくかの寄与、貢献をしたい、と考えたこともある。

フランス人と私、インド人と私、ポリネシア人と私——。どんな子供が生まれ、どんな長短をみせるか興味津々たるものがあったのだが、友は、ひとしく、

「おろかな夢よ」

と、いって笑っただけだった。

人生という大きな宝を、出来るだけつまらなく、出来るだけ意味のないものにして、そっと生きてゆこうとする——。人間はおおむね、事なかれ主義の勇気のない、愚昧《ぐまい》な生物だと気づくのだ。

前説が長くなったが、そのおろかしい男の話を微細にわたって書いても、およそゾッとはなさるまい。でも、このとぼしい男の経てきたいろいろな社会は面白かった。ウソッパチとダマシと哀しいほ

どのマットウサが入りまじった芸能界の裏街道を、この際、勇をコして書きつらねてみよう、と決心したしだい。

羞恥《しゅうち》や反省ほど船足をにぶらせるものはないのだが、これからお目にかける私の航跡も、さしてビックリするようなものは稀有だ。たとえ、あったとしても書けそうにもない。いまいった羞恥や反省が親の代から、このからだにしみついているからだろう。

＊

今日までに、撮った映画が、ほぼ二百五十本、演じた芝居は百五十に近い。ラジオ、テレビの仕事となると、これはもう数え切れぬ。ＮＨＫの「日曜名作座」など、二十二年も続けてまだ飽きずにやっている。その間ともにした男女の役者は万を超えるだろう。

大変な数のようだが、テレビ一つをとってみても八チャンネルある。これに年間出ている役者は推定二万五千。本当の話、役者は不足しているので、掃き捨てのようにいわれていても結構、仕事はあるのである。

一億の中で二万五千といえば、ほんの一つまみの人間群だ。週刊誌が、まいど飽きもせずに同じような人間の噂話でお茶をにごすのも、むべなるかなで、そんなに新しいヤツは出てこないのがこの世界の現状でもあろう。

こうした役者の群れの中で、泣き笑い、媚び、怒り、惚れる、の虚構の演技に明け暮れてきた私だが、時にはヒョンな噂がまともになった心のヒダも加えて、実は何の話もありませんでした……では嘘になる。

早い話が、越路吹雪（敬称を略すが、決して不遜な気持ちではないのでご了承願いたい。十分尊敬をこめて）とは、ラジオ「愉快な仲間」を一年もやり、映画を撮り、舞台をいくつもともにした。淡島千景は長い間、何をやっても「夫婦」だった。池内淳子、淡路恵子、新珠三千代は、おおむね「二号」で、これがマコトなら天下の艶福果報者だ。

さらには原節子、山田五十鈴、久慈あさみ、乙羽信子、草笛光子、森光子、京塚昌子、山岡久乃、浜木綿子、山本富士子、高峰秀子、香川京子、三益愛子――。書けばキリがないが、その人それぞれに思い出はひしめいている。娘役だった少女がいつの間にやら成長し、今や一流になった女優もゴマンといる。

いっぽうでは、いまは故人となられたかたがたへの追慕の念をこめて、思い出を書きしるしておきたい。

浪花千栄子、轟夕起子、山茶花究、八波むと志、加東大介、田中絹代、花井蘭子――。菊田一夫、豊田四郎、小津安二郎、山本嘉次郎の諸先生、そして古くは、徳川夢声、柳家金語楼、古川緑波、榎本健一、山野一郎と、いつのまにか時計の歯車はカタンカタンと回ってしまったが、そんな人びととの歴史も私の中で消すことは出来ない。

ここで再び、ヒラキなおったことをいってせっかくの気をへし折るようだが、私は総じて過去がきらいだ。

過ぎていった日が、どんなに輝かしかろうと、楽しい思い出に溢《み》ち溢ちていようと、それはどうでもいいのだ。それを思い出して噛みしめることになんとなく敗残者的な女々しさと、みじめさがつきまとう。

それゆえに、実は、これからの話も、多少投げやりな語り口になったり、シラケたりする恐れが十分あるが、なにとぞご海容いただきたい。

昭和三十年、私が四十歳の時に撮った「警察日記」という映画をご記憶の方もあろう。あれに出ていた名子役、当時、わずか三歳の二木てるみが、妻になり、子を作ったのだから、考えてみれば恐ろしいようなものだ。いつまでも同じ世界に、しがみついていると、芸能界というのが、激しい遠心力で、そこにいる人間をはじきとばしてしまう世界であることが実感される。昨日の主役は、今日の端役に——たちどころに落とされる、まさに薄氷の世界だ。

はっきりいえば、先輩などは邪魔モノなのだ。

「アイツ早く死にゃいいのに」

とか、

「アイツを落とせ」

は、若いタレントの常套語《じょうとうご》だ。

その中で、殺されないよう、死なないよう、しかも戦列にまじり、先頭を切ってゆくのは、年功序列のある会社などでは考えも及ばぬところだろう。

それでも、まだ野球の選手や相撲取りより情状酌量がある。なんとか頼めば、端役の一つももらえて、そのラウンドに加わることも可能だからだ。

しかし、厳しい言い方をすれば、それはもはや、生きている役者とはいえない。生きている役者とは、過去の経歴や経験だけで通用しているものをいわない。少なくとも、現代を生きている何かが第一条件だ。私が過去を葬り去りたい気持ちもそこからくるのだ。まさしく「昨日の朝顔は今日は咲かない」。この条理がすべてを支配する。

＊

昭和二十六年。戦車まで動員された有名な東宝ストライキが終わった頃のことだ。

私は帝劇で、「モルガンお雪」「天一天勝」「赤い絨毯」など、ミュージカルのハシリともいわれる芝居を秦豊吉にしごかれていた。宝塚のプリマドンナ越路吹雪と、彼女を熱愛する雷親父の秦さんに振りまわされていたのである。

「モルガンお雪」上演中の一日、旧帝劇は雪に降りこめられた。北の湖のような巨漢の秦先生は、付き人を押しのけて、コーちゃんに自分の外套をかけ、彼女を背におぶって、雪を踏みながら帝劇前の自動車に乗せた。

「先生、おぶいますよ」

と私がしゃしゃり出たが、

「私のプリマです」

と、巨漢は、このヤサ男をはねのけた。毎夜、越路吹雪の舞台の足袋を家に持ち帰り、ひとりでこれを洗い、乾かし、アイロンをかけ劇場へ持参した先生である。

「クリーニング屋なんか信用できん。女優にはいつも真っ白な足袋をはかせなきゃ……」

丸木砂土《マルキサド》（秦豊吉のペンネーム）のスケベェ親父とはやしたてられたが、後年、あれでこそ偉大なプロデューサーと、それは伝説になった。ともかくも、どこかが違うドンであり、ボスであった。

益田隆さんの劇中の洋舞、花柳のお師匠さんの日舞も、客席にいる秦おやじのたった一言で、あえなくつぶされる。

「益田君、長いヨ、その踊りは半分で、ヨロシイー」

「でも先生」

「私に、でもはない。次！」

「花柳君、その踊り要らない。なしで次につなげます」

きれいな衣装につつまれ、美しくメークアップしたカゴツルベは舞台で泣いたが、巨漢は、ワレ関セズマンだ。

オーケストラを指揮する山内さんに、

「楽隊が長いよ、山内君。三分の一でいい」

「でも、この音楽は切れません」

「君が指揮棒をとめなさい。君がとめたところが終わりです」

と痛烈な返答がかえってきた。

初日があいて、十日もすると、大勢出ている喜劇人が——私もまさにその一人だったが——勝手なことをやり、ふざけて舞台で失笑する。と、客席の奥のドアのあたりから雷鳴が舞台に落ちる。

「ヤクシャー、まじめにやれ！」

お客はビックリしてふりむく。舞台の私は絶句した。

この先生は、恐怖のカタマリみたいな人だったが、不思議や、どんなエッチなことでも受け入れた。その頃、宮様などがご観劇に来られたが、私たちが躊躇《ちゅうちょ》すると、

「何を遠慮するか。皇族でもだれでも好きなことは好きです」

と、一喝された。

一緒に出ていた石田一松氏が、国会侮辱ののんき節を、「赤い絨毯」でうたっていた。その筋から「すこし遠慮されたい」と、たびたび、忠告があったが、巨人は、

「一切の責任は私です」

と、ミジンも遠慮しなかった。それどころか、毎回、石田一松さんが出ると、客席の通路に椅子を持ち出し、大きな声で、

「いいぞ、その通り」

と声をかけ、周りがビックリするような拍手をした。

私は、その帝劇以前、やはり秦さんのやっている新宿の帝都座五階の小劇場で、パリのグランギニョールを真似た陰惨きわまりないエログロの怪奇劇を演じていた。劇中、額ぶちショウと題して裸の女が額から上半身を見せる。これが、ヌードの始まりであった。昭和二十四年のこと。

これもたびたび、警察が来て、結局、女が動かなければいいと黙認のかたちとなった。が、秦さんは、毎日、ヌード嬢をいとおしくいたわりながら、

「目はいいよ。自由だよ。色っぽく動かすんだよ」

とアッパレな指導をした。

この大プロデューサー・秦先生も、たくさんの夢を秘めて、昭和三十一年、帰らぬ客となられた。三菱の部長をやめ、東宝にはいり、重役となって、昭和十一年、日劇ダンシング・チームを創った。そのラインダンスはあまりにも有名だが、秦さんは舞台袖から写真を撮らせ、足が一本でも下がっていると、その踊り子はただちに降ろされた。

昭和十一年、私が東宝にはいったころのはなしだ。

日劇で三十分「勧進帳」をやることになり、御宗家ともめたことがある。秦さんは、とうとうメンドクサイところは切って、三十分のダイジェスト勧進帳を日劇にあけた。その中に、加藤嘉や山形勲がいたが、弁慶の神田三郎は戦後亡くなった。ちょうど二・二六事件の最中で、雪と剣付き鉄砲と勧進帳が、三題噺《ばなし》のように思い出される。

存命ならば、あのバイタリティーで、今日、先生は私たちに何を見せ、何を要求されたか、惜しいことである。

さすらいの一匹狼

かつて戦前、東宝映画は〝グニ・トラ・マキノ〟という企画がメーンで、先日逝いた森岩雄所長が花の時代を創った。

一月はクニ、すなわち渡辺邦男で、「白蘭の歌」であるかと思えば、二月はトラ、斎藤寅次郎の喜劇で大笑わせをし、三月はマキノ雅弘「湯島の白梅」というふうに——これが一年に四回まわって、この大作がシコタマ金を稼いだと伝えられる。

そして、従来の日本の活動写真がもっていた講談的ドロくささから脱皮しようと、フランス文学やドイツ文学やムーランの作家たちが企画に入り、映画の色合いをハイカラにしたというべきか。しかしこの連中がハイセンスだったからいい作品が続出したかといえば、即座にイエスとは申しかねる。ただ、東宝映画の伝統みたいなものが培われたことは事実だろう。

松竹が下町ふうな人情モノなら、東宝は山の手ふうというか、それらは喜劇作品にも色濃く見えて、撮影所では東宝喜劇と鼻を高くしたのだ。

徳川夢声あり、古川緑波あり、藤原釜足、岸井明、榎本健一。はたまた、エンタツ、アチャコなども吉本興業から動員され、小津調の向こうをハッて花を咲かすのである。

そのころ、私は満州のアナウンサーで、毛皮外套《シューバー》の衿を立てて異国の映画館でこれを見たのだ。

戦後、私が映画界に入ったのも、何となくこの新風喜劇にあこがれていたムキもあったからだろう。新しい喜劇のやれる役者になろう、とあまたのスターたちの間隙をぬった気がする。

藤本真澄氏によって抜擢され「三等重役」に出演し、つづいてサラリーマンものが数本舞い込み、これがのちに藤本氏の唯一の長編成功作〝社長モノ〟に発展するのだが、三十三本の社長シリーズで氏は私を生かし、また抹殺する。これも運命なのだが、いずれ後述しよう。

そのころ、フリーのプロデューサーとして藤本真澄は「青い山脈」を作り、大入りを当てた。勢いにのって藤本プロは成瀬監督で「浮雲」を撮る。森雅之、高峰秀子のコンビがこれまた大当たりをとって、ようやくスト後の撮影所に活気が見られ、藤本真澄氏の名は東宝にクローズアップされる。東宝作品を発展させた氏の功労はおろそかにはできない。

氏はある日、日劇にスターの集まる顔見世の興行に赴いて、客席にノートをひらき、どのスターに一番観客の拍手が沸くか、モデルノロジオをした。そのデータに、いたく感心したのが小林一三社長で、それが縁で東宝の重役の椅子につくのである。美談のようだが、私は、この話が真実とすれば、あまり趣味のいいやり方ではないので、好きではない。

それより前、新東宝で仕事をしていた私にお声があり、スト前の「女優」以来、はじめて割にいい役で東宝に迎えられた。

台風一過というか、ストのあとの撮影所は建物にも人の心にも、何となくあの荒れた日の残映が見られたが、そんなことはともかく、うわずった私は巨匠稲垣浩監督に面会の日がきた。どことなく暗く、硝煙のにおいが残るようなスタッフルームに入り、「これがモリシゲという男です」と紹介をうけた。

「そうか――。これか」という大きな声の男を巨匠と間違えておじぎをしたが、テーブルの向こうにチョコンと座っていた大道具の小父さんのような人が、稲垣大先生であった。

「海賊船」という映画である。やたらペラペラしゃべる軽率な男の役で、チャックと役名が書いてある本を数日後に受け取った。「まあ、あの男でいいだろう」ということになったらしいのだ。

今に見ておれ、うまい芝居をして驚かしてやるぞ――と心の中でつぶやいたような記憶もあるが、これがいきなり伊豆下田のロケーションに始まり、毎日毎日、早朝にたたき起こされ、チャーターの貨物船に乗せられ、何をするでもなく伊豆沖を漂流ばかりしているのである。カメラと監督は別の船にいて、これを撮影しているのだが、ときどき、助監督が「皆さん、起きて下さい。撮影です」で甲板に上がり、鉄砲を二つ三つ撃つのが日課だ。写っているのかいないのか、ただぐるぐる回る船で宿酔のゲップばかりしていた。

毎日、さして芸術的興奮にかられるような撮影もなく、ムダだらけのものだナと監督の胸中も知らず、だれかれにボヤきながら伊豆から一カ月も出られなかった。

三船敏郎や田崎潤たちと毎夜のごとく荒れ回り、海賊は〝買い族〟となりはて、伊豆の女と酒にもあきたころ、やっと砧に帰り、まもなくその映画も完成した。

何とオッチョコチョイの役者だろうと暗闇の中で試写を見ながら顔を赫らめたが、いまだに、どんな筋だったか記憶にない。

佐藤一郎は早大の一年先輩だ。彼がプロデュースして、いうなれば初出演の新東宝の映画は、前述したアメリカ映画の焼きなおし「腰抜け二刀流」だった。ここでは私は主役であったが、それを見た映画の親玉たちはオイソレと次の主役はくれなかった。妙な役者が出てきたなくらいの印象だったのだろう。

つづいて池部良と久慈あさみが主演する「ブンガワン・ソロ」という市川崑の初期の監督作品に脇役が来た。またも三枚目である。粋な喜劇をやろうと思っても、どうもカメラの前にゆくと違ってしまう。三人の逃亡兵の物語だが、私はニッパハウスの高い屋根から気が狂って落ちて死ぬ陽気な逃亡

兵の役で、

「ああ、日本が見える、日本が――」

といいながら、ほんとうに粗製乱造の屋根の骨組みの間に足をふみこみ、ズドンとばかり下に落ちた。この時以来、活動屋のセットなぞ一切信用しなくなったのだ。幸い、下に敷き余った屋根用の葉っパが積んであったので事なきを得たが、ひとが痛いとうなっているのに「ああ、コマイ、コマイ。さあ、ホンバンゆこう」と耳もとでだれかが無責任な慰めをいい、本番をいそいだ。

私はこの映画で、藤田進に習った「五木の子守唄」を屋根の上で歌うのだが、それから何年か経って、この歌が世を風靡《ふうび》する。あんまり哀しくいい歌なので、芸名をつけようと考えあぐねていた矢先だったから、五木ヒサヤにしようと思ったことがある。

でも、その後、「五木」が何人も世に出たので、今では変えなくてよかったと思っているが……。

まもなく大映京都から話が来た。主役だ。認めぬ人、認める人、世の中はいろいろといるものだ。どうやら俺にも運が向いて来たぞと、かつて修学旅行でキャラメルなめなめ回った京都の街に旅立った。

映画はともかく、京都は私を両手をひろげて歓迎していると早合点した。祇園の灯は甘くやさしく、戦争で荒れた心に蜜をぬった。

公私とも私は京都のトリコになり、鴨川の流れはなぜか私を寝かさなかった。ためにせっかくのギャラも自宅には回らなかったようだ。結局は差し引きマイナスで、京都が発てなくなり、思案投げ首のところだったが、大映の所長は、前にも書いたようにそうなることを見越してか、チャンと次の映画を用意してくれていた。二本の映画で諸事もろもろの勘定も済ませ、長逗留の京都から、ザンキ、カイコンの薄ごろもを東海道の風に飛ばして帰京した。

そして、いよいよ「三等重役」に入るのだが、名人と言われたほどの河村黎吉さんが「社長」で、その秘書みたいな情けない「課長」を演《や》ったのが藤本プロデューサーのお目にとまるのだ。そういえば、この時は見さかいもなく随所にアドリブを飛ばした。しかしこれとて勝手な放言ではない。せまじき宮仕えをするヘッポコ会社員の心のウサを口にしたのだ。ところが録音係の人たちは古い形を踏襲しているから、

「セリフが聞こえません。いうならもっとキチンと大きな声でいって下さい」

と私を叱る。が、ガンとして本番では囁くように軽くポイと口に出した。

春原《すのはら》監督はこれが気に入って、

「新しいよ」

といって、盛んにほめたので、とうとうしまいには私の我《が》が通った。

河村さんが毎日、私の顔を見て、

「あんたは不思議な役者さんですね」

「わたしはまだ役者じゃありませんが……」

「それにしても、こういう芝居が上手《うま》くゆくようになると、私らは驚異ですな」

厭みともつかぬほめ言葉をくれた。

話は変わるがちょうどそのころ、病気でブラブラしていた渥美清や藤岡琢也などが、これを見てい

てファンになったと告白したが、他方、私がアドリブ役者というかんばしからぬ尊称をたまわったのも事実だ。

「三等重役」のエピソードを一つ思い出したが、森繁は口から出まかせみたいなアドリブが上手《うま》いので、予告編に何か面白いアイデアをもっているかもしれん、と宣伝部が知恵を借りに来たことがある。早速、河村社長と、お付きの私が、自動車の中でやりとりするところを書いて見せたらお気に召して、予告編ということになった。

「おい浦島（私の役名）よ、汽車が出るまで時間があるな。何か暇つぶしはないか」

「社長！　面白い映画をやってますが」

「どんなのだ」

「日劇で『三等重役』というのですが」

「あれはつまらん」

「どうしてですか」

「あれは俺とお前のことだろう」

当時は、これで十分に斬新だったのだ。〝クニ・トラ・マキノ〟のうち、クニの渡辺邦男監督を知ったが、どうしたことか斎藤寅次郎氏には縁がなかった。芸風あわずでキラワレたか。続いて、マキノ雅弘という名人監督に見こまれるのである。

そのころから台頭してきた日活への牽制もふくめて、五社協定はきびしく網を張り始めた。役者の流通はまかりならぬ。この申し合わせのために、いかにいい企画ができても、他社の俳優を連れてくることは、ますますの難事となって映画も少しずつ面白くなくなってゆくのである。

考えてみれば、いい女優や男優が足止めを食い、ついでにいい企画が何本も流れたのもこの協定のゆえで、役者側からいえば、この恨みは実に大きく底深いものである。カネは社長よりうんと余計にとっているが、何の発言権も何の拒否権もないハナ紙みたいなものが役者だったのだ。

松竹に城戸四郎、東宝に森岩雄、大映に永田雅一、日活に堀久作。新東宝は、引っ張りこむ方だから余りうるさくはなかった模様で、その親方の名も覚えがない。

ニューフェースもうんといたから、貸し借りができぬようになれば、早速、浮かび上がるチャンスも生まれようというものだが、これがまた、この世界の不思議なところで、自社の俳優を足止めさすくせに一向に売り出したりはしない。

「アレどうだ。ウチの新しいの」

「アレか。いつも歩いてるのを見てるが、もう一つ気が乗らんな」

これがプロデューサーと監督の本心である。妙に隣のテーブルの料理を食いたがるところで、それを巧みに利用して、その間をうまく泳ぐとチャンスの確率がふえるのは当然の理、そんな中で私はズルかった。

あまた買い手のついた商品《ワタシ》だ。そんな協定に縛られてなるものか。強い奴が勝つんだ。なあに負けてモトモト。傲慢にして非礼でもあった。うぬぼれも最高潮だ。しかし内心、どこで手綱をしめるか、その機を見逃したくない腹も十分であった。

日活に飛び、新東宝に帰り、大映に行き、東宝に帰り、協定の嵐を一応は馬耳東風と受け流したつもりだったが、月一回の五社会議ではモリシゲ抹殺説も出たと、これはあとで聞いた。

手を焼いた東宝は、こういう役者が他にもうんとあることを知っており、またそれが全部私のようになってはたまらぬので、滝村和男プロデューサーに命じて、目黒にあった小さなスタジオを別会社に仕立てあげ、その傘下にうるさい役者をプールすることになる。これが東京映画だ。

一番小さな映画会社。その東京映画にその後、ゴマンとスターが集まってきて数々の名作が生まれる。スターがいれば監督が集まるのは当然で、これこそ今にして思えば東宝大幹部の四社を尻目にかけた陰謀であったろうか。

私は東宝で、「夫婦善哉」を淡島千景と撮るというので張り切ったが、名古屋の劇場で中止を知った。多分、松竹に属していた淡島が借りられなかったのだろう。涙をのんだが、つづいて有馬稲子で撮るという。そして私とネコ（有馬の愛称）と豊田監督は大阪に下調べにゆかされ、彼女は「紙なべ」という料理屋に、映画のためと理由《わけ》を話して仲居の見習をやる。私も大阪のあちこちをうろついた。豊田監督の「どうやらいける」という返事が撮影所の森岩雄所長と佐藤一郎プロデューサーのところにとどき、いよいよ開始が決定した。が、まもなくこれも中止になった。

頭にきた私は所長室にどなりこんだ。かつて映画界で森先生といえば神様みたいな人だが、私はそれどころではない。

「なぜでしょう。理由をはっきりして下さい」

「上半期で予算をつかいすぎたんで、ちょっと見送ることになったんだ」

「そんな杜撰《ずさん》な予算の組み方と使い方で、よくも所長がつとまりますね」

いわなくてもいいアドリブだった。私が、この温厚な紳士の前で男を下げたのはたびたびだが、これが生涯最大の痛恨事であった。泉下の森先生何とぞ御海容を。

それでも腹の虫がおさまらなくて、再び日活へ飛び、久松静児監督で「警察日記」を撮り、もう二度と東宝などへ帰るものか、と堀久作社長の信望を厚くしたのだ。

この映画が当たらなかったら、私にその後の栄光はまずなかったろう。映画界の無法者は、それを機に抹殺されたに違いない。しかし、運命は皮肉だ。「警察日記」は大当たりして、日活は撮影所を開始して初めて愁眉を開いたのである。

ある日、滝村和男が日活に現れ、あのやさしい貴公子の顔で、

「繁ちゃん、東宝に帰っておいで。『夫婦善哉』も撮るし、ほかにもいろいろ企画が上がってるよ」

私はこの人に弱かった。

そして東宝に帰ったのだが、記者会見が待ち受けていた。

「あんた、ひとり五社協定を無視してるようだけど、たとえば東宝はどうなの」

「東宝は本妻です」

「本妻ねェ。新東宝でもまだ撮ってるね、あれは？」

「あれは大好きな二号です」

「じゃ日活は？」

「これも最近、気移りした三号です」

これを読んだ五社の親分たちは火のように怒ったと聞いたが、この思い上がった言い分に新聞記者

のウケもさっぱりと相なったのだ。

「夫婦善哉」のこと

日活で「警察日記」の大当たりに気をよくしていたころ、名プロデューサー滝村和男が、ひょっこり訪ねてきた。

「どうだ、ぼつぼつ東宝に帰らないか。俺たちは待っている。森（岩雄）さんも淡島千景で『夫婦善哉《めおとぜんざい》』を撮るといっているし」

日活社長堀久作は、「また来ますから」という私の挨拶に、苦虫を嚙みつぶして、何という節操のない男だ――といわんばかりの顔をし、いいとも悪いともいわなかった。

「五社協定破り」をする奴だけあって、俺の約束もすぐホゴにするか、と内心怒ったに違いない。それから半年ほどのち、日活ビルの地下の床屋でバッタリ顔を合わせた。私のことを目に入れても痛くない男よ、といってくれたこともあるこの人が、お互いに鏡に映る顔を見合わせながら、私の微笑に一瞥もくれなかった。

もちろん、私は嘘をいう気はなかった。その後、再び日活に行って「人生とんぼ返り」という「殺陣師《たてし》段平」の物語と、石川達三さんの「神坂四郎の犯罪」というユニークな映画を撮るのだ。いま泣いたカラスがもう笑う――映画界というのは、そういうところで、私ばかりでなく向こうさまも節操は十分ないところだ。

昭和三十年は忙しい年だった。私の記録の中に十七本という数字がある。日活で七本、新東宝で六本、東京映画で二本、東宝砧で二本。ほとんどが大作で、夜の目も寝ずに、すり切れるようなカケ持ちが続いた。四十歳であった。

私は幸いなことに、その年までに、つまり、五年の間に三十人の監督に接するのである。

監督は、私よりもうんと欲張りで、「俺がつかえば、あいつはもっと面白い役者になる」といううぬぼれがあるものだ。私も結構そのうぬぼれを利用した。そうすることによって私を一つの役に固定させず、できるだけ多面的な役者に創り上げようと考えていたことは事実だ。いや、私がそうなろうとしていたという方が正しいかもしれぬ。

喜劇もいける。歌入り映画も、悪役も、サラリーマンものも、青春ものも、また、時には時代劇、チャンバラやくざ、ペテン師、シリアス・ドラマ――と口八丁手八丁を印象づけて、一つの役にこりかたまることを極力さけたのだ。

これが後年、私を「器用役者」から「重宝役者」にし、スターダムへと着実にのし上がらせたのである。

渥美清を「寅さん」ばかりで売るな、もっと広い使い道もあろうじゃないかと書いてキラワレたりしたが、名演技は、アンコールとなり、ともすると役者のカラーをしばりつけて、伸び悩みをさせ、クサらせてしまうのだ。一つ当たれば次も同工異曲となる恐れを、私はいち早く察知した。

これは、ひとえに企画の貧困にある。また、裏を返していえば、映画は何が当たるかだれも分からない、つまり予想のたたない難物だから、一社が当たればその模倣が波のように他社におよぶ。

映画界というのは、そんな暗中模索の投機じみた世界でもあるのだ。

＊

最初、織田作之助の『夫婦善哉』という小説を読んだ時、よし面白い、これでイッパツ古くさい映画界に新風を巻き起こしてやろうと思い上がった。

しかも、長い間、江戸の人間にバカにされた大阪弁を、方言コンプレックスから解放して日本の言葉に入れてやるのもこの時、とばかり張り切ったものだ。が、いよいよ八住利雄さんのシナリオができ上がって、それを読むうち、これはイカンぞ、ただならぬものに足を突っこんだと後悔の念が頭をもたげてきた。

この主人公の柳吉は、お蝶という女主人公をひたすら良く見せるためにあるような役で、うまく演じれば演じるほど、世の中から掃き捨てたいクズ人間になることに気がついたのだ。

非生産的なクズ男もいいとこで、この救いようのない人間を見て観客は呆れはて、こんな男がよくもこの世に生きていたものだ、それがモリシゲだ、と短絡、錯覚する恐れが十分だ。

どこを押しても、男らしさなど微塵もない。

となれば当然、客を唸らすような小気味のいい芝居があろうはずもない。ましてや紅涙をしぼる見せどころがあったら不思議だ。

女のマタグラの中でダニのように生き、飽きれば他の女に移り気し、ただ取り柄といえば、美味《うま》いものを犬のように求める食いだおれで、頽廃をここに極める人間像、アイソもコソも尽きはてる男が書かれてあった。

この柳吉をどんなにうまく演じても、お蝶の淡島千景がますます光るだけで、これをどうこなすか、役者の功利感覚は焦燥するばかりだ。

たまたまそのころ、読みふけっていた本に花柳章太郎の「技道遍路」というのがあった。これは、往年の名優のこぼれ話や名言をあつめたもので、その中に、芳沢あやめの言葉として「荒事《あらごと》は小児の如《ごと》く振舞《ふるま》うべし」というのがあったのを思い出した。

歌舞伎の荒事というものは、すべからく「金太郎さん」のようにやれ――というのだ。

せっかく娯楽を求めてくる客に激しい立ち居振る舞いで、血の臭いや痛みをおぼえさすものではない。なぐる、けるの惨事をリアリズムで見せるな、おかしく、可愛らしく、子供っぽくやれといっているのだろうが、私はハタと膝をたたいたのだ。

もっとも、このあやめの言葉も、それにあきたらず、新国劇を創った沢田正二郎などは、剣劇の劇は激しさを表すものだと解釈して、舞台で怪我《けが》のたえまのないようなチャンバラを創造して当たった。

が、私は、「荒事は」を「イロゴトは」、と置きかえて膝をたたいたのだ。

「艶事《いろごと》は小児の如く振る舞うべし」

よし、これでゆこう。柳吉は子供のように甘え、困らせ、わがまま放題を尽くそう。

ある日、プロデューサーの佐藤一郎と豊田四郎監督にお近づきの一席が渋谷の料亭で催された。

好機だ――。私はここで従来の映画演技をひっくりかえす意味もふくめて、台本をかかえて参上した。

よろしくの挨拶のあと、酒の入ります前に、私がこの本をすべて声色入りで読みあげますからお聞きいただけないかと問うた。面白い、早速聞かせてもらおう――豊田監督はヒザを乗り出された。待ってました。得意の大阪弁、ラジオ物語でみがいた声技だ。一時間半、拍手をいただいて読みあげたが、豊田監督の頬に紅がさし「やれる！」と一言《ひとこと》。

うれしかった。つづいて「先生、柳吉を可愛くやってみたいと思いますが」

「いいですね、それですよ」

賛同を得た。

映画の完成。当たった！　母性本能をくすぐるのか、柳吉の芝居にご婦人たちは妙な魅力を感じたとみえ、「抱きしめて可愛がってやりたいわ」とまでいう客もおり、芳沢あやめは、ここに蘇生したのだ。

実は、この役づくりの中に、もうひと味つけ加えたものがある。

それは、浪花男の憂鬱であった。

私の中学は、大阪の名門、「第一中学」とまでいわれた北野中学である。この名門に集《つど》うものは、一高、三高を志望するのが当然で、その入学率も東京の一中、四中などと肩をならべ、総じて頭のいいエリートの巣であった。だが、その一群のかたわらに、無気力な一握りのボンボンたちがいた。この連中は大半が大阪の名だたる大店《おおだな》の長男どもで、さして大きばりして上級の学校にいく必要のない連中であった。

彼らには、他の生徒に見られるような未来はなく、いうなれば積極性を失ってセツナ主義に生きる、ものうい群像であった。

私はこれを〝甚六の憂鬱〟と喝破した。彼らには、悲しいことに、世界を駆けめぐる外交官の夢もなく、パリに飛んで絵を描く情熱も失せて、無気力をその相に見せていた。

心斎橋の老舗に生まれた長男は、下駄屋は下駄屋、半襟屋は半襟屋で一生を終える。

そこから生まれるふっ切れない憂鬱であったろう。だから彼らは、縦の人生を失い、横の人生に生きる喜びを見つけ出そうとする。より美味いものを探究し、より面白い女にうつつをぬかし、若いくせに骨董《こっとう》をいじり、浄瑠璃《じょうるり》を習って、心の憂さを晴らすのである。

しかも、いささか不可解なことは、親も店もこの遊山の伜《せがれ》を許容するのである。早い話が、お茶屋の女将《おかみ》から、お家《え》さん（女房）に電話があり、

「このたび店《うち》の妓に旦さんのお手がつきました。どうぞよろしゅうおねがい申します」

といってくると、お家さんの方もいたし方なく、

「お世話さんだす」と返事をして、家も店も公認の形となるのだ。

男の甲斐性などと態よくごまかしているが、これが大店の大奥の常習という怪事である。

うっかり「ならぬ」で阻止でもすれば、父親や大番頭を尻目に出奔という事態にもなりかねない。

そうなればお家の一大事、痛し痒《かゆ》しで、見て見ぬふりをする――これが道修町や心斎橋の裏面史ともいえよう。

この長男の末世的憂鬱を、私は柳吉の役の中にとけこませたのだ。

映画「夫婦善哉」の終幕で、ふと柳吉の口をついて出る言葉が、当時の流行語になった。

「オバはん、頼りにしてまっせ」

なかばオドケて蝶子のぬくもりの中に身を寄せ、雪の法善寺の境内を、未来のない世界へと歩いて行く後ろ姿が、すべてを物語るのだ。

元来、働き者だった私は、何ともやり切れぬ気持ちでこの芝居をしたのを思い出す。が、まさかこれが流行《はや》るとは、正直夢想だにしなかった。おそらく世の男たちは暗い映画館の中で、ようやく頭をもたげ始めた〝女性上位〟に思いをいたし、ほろ苦い気持ちで明日を生きていく憂鬱を肺腑にしみこませたのであろう。

そう考えると、やがてやってくる経済成長の時代に、もしこの映画が作られたら、こうまでヒットしたかどうか。いつの世も映画というものは、時代の流れ、風潮の中で生きてゆくもののようだ。

さて、名画といわれるものの中には、必ず名場面があり、名演技が光るもので、この「夫婦善哉」の中でも今も目に浮かぶシーンがたくさんある。

＊

淡島千景の体当たりの芝居ももちろん銘記すべきだが、私（柳吉）の後釜《あとがま》に入りこんだ、いやらしい冷酷な養子を演じた故・山茶花究の内玄関のシーンなど特筆すべきであろう。

「本家《うち》へ行って金もろて来い」の私の命令で、重い足を引きずりながら淡島千景がおそるおそる本家に入ってゆくと、山茶花の養子が電話をかけながら、

「あんた何の用や」

とけんもほろろに応対し、木で鼻くくったようなアシライをする。このシーンで淡島千景は本泣きをし、監督・豊田四郎も始末に困ったのは印象深い。

私の父親の役は、小堀誠という新派の大御所で、そのとぼけた芸風はこれまた特筆すべきものであった。中風でねている父親が私をなじるシーンは、監督の要求で「シビンや」というところから始まるのだが、そのシーンが終わって小道具が尿瓶《しびん》をかたづけようとしたら、ほんとうに三分の一ほどクサイ小便がしてあった。前立腺肥大の長小便で顔をしかめながら、とぼけた受け答えをする妙技は、この老優にしてできる道理でもあったか。

また、強烈なリアリズムで突っこんでくる浪花千栄子も、今は語るすべもなく、嵐山の奥で永眠した。

蝶子の父親をやったのは、田村楽太という老優だった。

顔も体も里芋みたいな人で、曽我廼家の珍優といわれていた。この人が監督の熱望により、場末で一銭テンプラを揚げているシーンに出演したのだ。

「ウチャ（私）活動みたいなモン、見たことおますけど出たことおまへんさかい、よう分かりまへん。一銭テンプラはよう知ってますさかい、あんじょう揚げます。どうぞ、どこでも勝手に撮っとくなはれ」

に一同は笑った。

蝶子の生い立ちをしのばせるどぶ臭い生家の感じを、田村さんはその顔と体臭とで余すところなく演じてみせ、安油の臭いがするようなこのシーンに監督の顔がほころんだ。

「おカネないのんか、蝶子、可哀そうやなあ、うちもないネン、かんにんしてや」――この人の飄逸《ひょういつ》な演技は観客の涙をさそうに十分だった。

蝶子の貯金を使いはたした柳吉（私）が、何日ぶりかで朝帰りするところがあった。表の桶に冷やしてあるソーメンの中に、私はいきなり頭を突っこまれる。はげしい彼女のヒステリーに、なすすべもなく、首まで突っこまれる苦しさのあまり頭をあげると、

「無抵抗です。抵抗しない。そのまま、そのまま」

と監督は叫ぶ。私は、この非道な責めにどのくらい水を飲んだことか。

淡島千景という女《ひと》は、虫も殺さぬやさしい女《ひと》だが、カメラが回ると手加減を忘れる人だ。

その後、彼女と何本も映画を撮ったが、私をぶったたくシーンがどういうわけか多かった。

私が彼女をなぐった記憶は一度もない。なぐられっぱなしだった。それもみな手加減のない強烈さで、目まいがするほどキューンと頭にこたえたものだ。

なぜか、そのたびに、家にいる女房とおふくろを思い出した。

役者も楽じゃない。

私とプロデューサーの佐藤一郎、豊田監督の三人は、大都市をはじめ北陸路、西日本と「夫婦善哉」のキャンペーンに回った。私はその旅で見も知らない人たちに、映画作りの苦労話をさせられたが、だれも本気で聞いている様子はなかった。

そのせいか、むやみやたらと、どこでも酒を飲んだ。北陸の芦原温泉で、ひときわ別嬪《べっぴん》の芸者が、私のいじめられ方の話に涙を流してくれた。有名な雑誌に〝北陸の美女〟として紹介された売れっ子

の女だった。私は夜っぴて歌をうたい、彼女も歌って日本海の夜は更けたが、豊田、佐藤両氏のおめあてであったとか。

蟬やあはれ　芦原の宿の　午さがり

映画が完成して、有料試写会が東宝劇場を借りて催された。

映画など一度も見たことのない、ひ弱な母を連れ出し、二階の一隅に座らせた。監督に続いて私の挨拶である。

「映画ができて、これ見よがしに、こうして挨拶に出てくる役者はバカの骨頂でございます。客席の片隅で顔をかくし、冷や汗を流しているのが本当の役者でございましょう——」

それが、なぜ、この晴れ舞台に皆さんの前に顔を出したか。実は、私はこの映画の主人公の柳吉みたいな男で、青春の日々を無為にすごした、ドシがたい息子でありました。私が何をしているのか、まるっきり知らない母を、今日は、あの二階の席に連れて来ました。実は、悲しい思いをしつづけて生きてきたこのおふくろに、皆さんの前であやまりたいのです。——「母さん、すみませんでした。僕もこんなになったんです」。

耳の中に万雷の拍手が聞こえたが、あとは何をいったか記憶にない。

映画がすんで、母を二階に迎えに行ったら、廊下のソファで映画は見ずに泣いていた。

共演したくない相手

私の家に犬が十四ほどいた。

今もいるが、それらは血族相姦の子孫である。

しかも彼らは、そろって純粋の雑種である。かつて心なき主人に捨てられた浮浪仔、あるいは一枚の荷札を首につけ「お宅は犬がお好きとききました。どうぞこの仔をよろしく」と図々しくほうりこまれてきた連中であり、その子孫なのだ。

彼らは入籍と同時に名前をもらい、一日一回の粗食で、貧しいながらもわが家の仔犬として私に育てられた。

そのせいかどうか、決して病気になったり、どこかを痛めて犬医者に通うようなカネのかかることはしない。貧に耐えながらも吠えすぎるほど吠えて、東西南北の防人《さきもり》をつとめている。

その中に、玄関北の丸を持ち場としている、だいたいが白い牡がいた。彼は気の弱い性《たち》で〝ニイサン〟とあだなされていた。

ある日、三木のり平があそびに来た折、ニイサンはのり平を近所のガキと思ったか、その顔を見たとたん、日ごろ出しもしない声を張り上げて、主人に異様な人物の来襲を告げた。たぶん、あの奇態なのり平の大鼻にびっくりしたのだろう。

「ヘンな犬飼ってるナ」と、彼は軽蔑したようにその鼻で笑った。

「これでも可愛いんだ。おい！　ニイサン！　吠えるな。俺の友だちの〝鼻ののり平〟さんだ」

「オスかい？」

「そうだ。あんたの鼻がでかいんで、洋犬だと思っとるらしい」

「ニイサンか。ニイサン来いよ」

だが、どうやら怪獣ではなさそうだと知ったニイサンは、いつものように尻尾をふりながら後ずさって小屋に入ってしまった。

「なんだ！　大部屋の女形《おやま》みたいなオスだナ」

と、のり平、うまいジョークをとばした。

あいそはいいが妙に腰をふって尻ごみするあたり、何となく、長い間、大部屋でいじめ抜かれた女形のようなところがある。

爾来《じらい》この犬は、ニイサンからネエサンに改名させられた。

＊

だれでも少々の野心のあるヤツはそうするように、私も一本、映画の監督をしてみたいと思ったことがある。

ついでにうぬぼれて、シナリオも自分で書きたいと考えた。

昔、日活で「スラバヤ殿下」を撮った時の監督・佐藤武さんに、「犬」というフランスのコントを聞かされたことがある。

それは女を馬鹿にしたフランス流のしゃれた小咄だったが、このコントを下敷きにして、私はこんなシナリオのシノプシス（あらすじ）を書いた。

——病的といえるまでに仲のいい夫婦がいた。買い物は申すに及ばず、風呂も、便所も一緒という、片時も離れて暮らすことのない夫婦だ。

この女房というのがまれな美女で、口かずも少なく、しとやかな典型的良妻である。それに見惚れて近所にはヨコシマな誘惑をたくらむ奴も多い。なかでも出入りの洗濯屋などは、彼女の洋服や下着の出来上がりに花などそえて届けたり、ちょっと旦那が目を離すとなれなれしい言葉をかけて手など握りそうにするので、夫は不快をきわめ、気の狂ったように家を改造したりする。妻が御用聞きと顔を合わすことのないよう、壁に小さな穴をあけ、そこから用をたせるようにした。

ある日、夫婦は釣りに行くことになったが、魔がさしたというか、その朝にかぎって旦那がひと足さきに出かけることになった。

行きつけの秘密のアナ場にやって来た旦那は、女房を待ちながら、それまでにでっかいのを釣りあげて彼女を驚かしてやろうと糸を投げる。

ところが投げた瞬間に、大きな当たりがあり、ぐいぐい引き込まれて、足をすべらせた彼はついに海にはまって溺れて死んでしまうのである。

話はつづいて天国になる。

そこは、なんと灰色の、さむざむとした殺風景な場所で、ベンチ一つない。彼は長い行列に加わって、来世に生まれかわる生きものの宣告を待っていた。革命か戦争でもあったらしい。やたらに長い人間の列で天国は混《こ》んでいた。

まもなくこれも灰色をした係の者が来て、「目下とりこんでいるので、十三人一組になって班長（男）と副班長（女）を選出して申請してほしい」という。

クジ引きで彼は班長になり、副班長のほうは、ここへ来た時から厭な女だと思っていた太ったババアが選ばれた。

神様は役場の書記のようなショボクレた人だった。彼はそれでも、うやうやしく近づいて丁寧にお願いごとをする。ところが、ババアが何かといえば後ろから頭や背中をこづくのである。

「何をもたもたしてるんだよ。このぼんくら！　早くおし！」

オトコは、そのたびに胸が痛くなるように女房のことを思い出した。

「神さま、私ども夫婦は、お互いに愛し愛され、いっときも離れて……」

「長いお話は結構です。立て混んでますから。ご自分の希望もあるでしょうが、我慢して下さい。お手元のカードに十三の生きものが書いてありますから、それを持って帰り、組の方たちで話し合い、あるいはクジを引いて来世何に生まれかわるかを決めて下さい。決まった組は係の案内で西の門を入って、地図の通り歩いて手続きが終わりましたら、東の門から出ます。その時にあなた方は新しい生命をもらい、カードに書いてある通りの生きものになりましょう。以上」

神様は荘重に、しかもあわただしく宣告した。

カードにはそれぞれ、ノミ、ナマコ、尺取り虫、ハイエナ、ミミズ、ボラ、犬（飼い主なし）、ツツガ虫、シャモ、ｅｔｃと書いてあったが、人間は入っていなかった。彼はすっかりふさぎこんでしまう。

ノミになって恋しい妻のところへ行っても、彼女はノミ取りの名人だから、あっという間に捻《ひね》りつぶされるし、ミミズも釣りの経験からいって、長い生涯にはなりそうにない。

しかし、彼はクジ運に強かった。野良犬を引きあてたのだ。岩藤のようなババアはシャモになった。

そして、いよいよ東の門をくぐり地上に帰る日、門の手前で神様のお付きの一人らしい毛の長い男に、

「あなたはきっと奥さんのそばへ行けますよ、しっかりね」

と囁かれた。うれしくてその手に接吻したら、神の片割れはホモなのか、不思議や顔を赤らめた。

＊

東の門を出ると、一瞬闇がきて、パッと眼前が開けたら、まずは懐かしい市場の匂いが鼻をついた。彼は無性に腹がすいていた。少し歩くと女房といつも来た鶏屋だ。から揚げのいい匂いがした。ふと見ると目の前の大きな籠のそばに、食いかけの一きれが転がっている。早速、口にしようとしたら、籠から頭を出した鶏にいやというほど頭をこづかれた。

見ればシャモになった岩藤のババアだ。足をくくられて、自分を横目で見ているではないか。

ああ、シャモにならなくてよかった、と思いつつパン屋の方へ歩きはじめると、目の前に見おぼえのある靴が歩いている。

やおら顔をあげるとパンツが見え、そのそばに毛の生えた大きなホクロが見えて、懐かしや女房で

あることが、いっぺんで分かった。

彼は前に回ってしきりに尾をふり、

「俺だ、俺だ！」

といったが、彼女はまるで知らん顔をしている。

自分が死んで十日もたたないというのに、なんともケバケバしい口紅をひき、毎日結ってやった彼ごのみの髪型はどうしたことか染めかえて、前にたれた髪の毛は娼婦のような風貌だ。

それでも彼は、彼女のあとをつけて、早く「俺」だと分からせようと、一生懸命にじゃれついた。

だが、そのたびに、

「きたない犬！　あっちいけ！」

買ってやったあの懐かしい靴で、力まかせにアゴのあたりを蹴とばすのだ。

彼は神様を恨んだ。こんなはずではなかった。それでも、いち早くドアの隙から家の中に入りこんだら、どうだろう。

いちばん厭な奴、洗濯屋が旦那ヅラして懐かしい自分の椅子に座っているではないか。われを忘れて吠えつづけた。

「何だ！　このキタネエ野良犬！」

洗濯屋は猛然たる力で、彼の首ネッコをつかんで窓の外にほうり投げた。そこには二人でいつも三時がくるとお茶を飲んだテーブルがあり、その角で、いやというほどアバラ骨を打った。

彼はしばらく気を失っていたが、やがて男と女のいやしい笑い声で気がついた。彼は家の周りを一周した。

何とおどろいたことには、ゴミ箱のそばに、かつて自分と女房が楽しくこしらえた思い出の箱や壁かけやトランプが、全部捨ててあるではないか。かたわらには焼き捨てられた写真もある。半分こげて笑っているあの日の自分があわれだった。

「きゃつは、とうとうこの家に入りこんだのだ！」

にえくりかえるような思いで、何度も家の周りを回るのだが、犬にとっては窓が高すぎる。

そのうち、ドアの開く音が聞こえたので、闇に乗じて飛びこみ、ベッドの下にもぐりこんだ。

やがて夜もふけて、二人の声がその上にあやしく聞こえ始めた。

「あんたは、あのウチのバカよりうんと強いわネ」

「そうかい、もうあの晩から十日だな、まだ思い出すのか？」

あの洗濯屋のダミ声だ。

「ゼーンゼン。あたし生まれ変わったみたいヨ」

やがて、女房のうわずった声がゆれはじめる。たまりかねた元亭主は「ウー、ワン」と、ついに吠えてしまう。

＊

話はまだまだつづくのだが、実はそんなシナリオを考え、わが家のネエサンのたくまざる表情を、毎日、カメラにおさめておいて、犬の物語を撮ろうと思ったことがある。

面白半分に女房に読んできかせたら、

「ずいぶん、女を馬鹿にした話ですね」

この一言で、あえなく立ち消えになったが、その犬の子のまたその子が今日も庭で吠えている。

話が横道にそれたが、実は私がサラッとこれをボツにしたのには理由がある。

私のタブーに、

「一緒に出るな、ガキと畜生とド素人」

というのがある。

つまり子供と一緒に出ると、たいがいの大人は天真爛漫な子供の動きの前に影がうすくなって、どんなに気ばっても駄目だ。

畜生については、山本嘉次郎先生の名画「馬」でも、帝劇の「風と共に去りぬ」でも実証ずみだ。出て来た本物の馬に感嘆の声があがり、帰りの客は馬のことばかり話して、人間の方はさっぱりだった。

かつて谷崎潤一郎先生の「猫と庄造と二人の女」では、どうしたことか猫がとっぴょうしもなくうまい動きをして、しかも名カメラマン三浦光一氏が、それをあまりにも鮮やかに撮っているので評判になった。

内心、自信のあった私が試写会で谷崎先生に、

「どうでしょう」

と問うた。

「うまいね」

低い声だったが、私は血がのぼるほどうれしかった。

「とくにどこがよかったんでしょうか？」

「井戸端がいいな」

「ヘッ！」

「あの猫は、どういうふうに訓練したんだい？」

なんだ猫が上手《うま》かったのか。いまいましくて返事をしぶった思い出がある。

ド素人とは下品な言い草だが、素人と一緒に出ると、「上手く言えよ動けよ」と、そればかりが気になって自分の芝居が抜けてしまう。つまり、役を忘れて応援団になってしまうので、全くの損ということがしばしばだ。下手な碁打ちと打つと手が落ちる、というのと、たぶん同じだろう。

このタブーの中の一つ、畜生の犬、しかも表情たっぷりな哀犬ネエサンなんかと共演したら、私はますます影の薄い存在になってしまうであろうとあきらめた次第だ。

総じて、よく見せようとか、相手を食おうとか、これで出演料が少しは上がるだろう、などという欲にからまることのまったくない子供や素人や動物には、たくまない自然の姿があり、それがなまじ企んだ者と共演すると、違和感を生じ、結局は芝居という虚構の中でこっちがメチャクチャになるということだ。

8ミリのカメラを買って家族の旅行を撮った時、役者の悲しい性《さが》で、ウソ寝のシーンを子供に撮らせたが、できあがったフィルムを見てギョッと驚いた経験がある。子供たちや女房の自然な姿の中で、田舎芝居をしている何とも吐きすてたいような恥ずかしい己《おのれ》を見たのだ。

久松静児監督は、子供を撮る名人だった。「警察日記」といえば今から二十年も前の映画だが、子役の二木てるみは当時四歳だった。

「ハイ！　てるみちゃん。そこの柱のところへ立ってごらん。そう、可愛いね。柱にお箸《はし》もつ方のオテテをかけてごらん。いい格好。ちょっと下を向いてごらん。(カメラマンに)カメラを回して！　てるみちゃん、お腹《なか》すいたかい？　そう。おじちゃんもすいてるよ。晩ごはんは何たべようかな。何がいいか考えてるの？　そうか、何が食べたいか、さあ、しっかり考えて……」

カメラはどんどん回っている。監督はその中で子供が下を向いて考えている五秒ほどの、いちばん気に入ったところだけを使うのである。

その前のシーンは、母親が警察にしょっぴかれて行く哀れなシーンで、そのあとにこの短いカットが入る。子供は何を食べようかと思案しているのだが、その表情が不思議や哀愁の名場面にピッタリはまりこむというわけだ。

大人の役者はたまったもんではない。こうしてみんな食われるのだ。

近ごろ、それがシャクで——でもないが、こっちも赤ん坊や子供のしぐさの中から演技を盗むことをおぼえた。

無心の表情だとか、ほんとに嬉しい時は子供はどうするか、泣き出す前の心理の転移がどうしぐさに表れるか、逆に教わるのだ。それらはすべて、古くからいわれる役者の〝こじき袋〟——気のついたものはみな拾ってほうりこんでおけ——にしまいこんで実践に供している。

ヅカの頂上から来た娘

楽屋の風呂に入って、テヴィエ（「屋根の上のヴァイオリン弾き」の主人公）の赤いヒゲを洗い落とし、帝劇の外に出ると、黄色に染まったイチョウの葉も、どうやらほとんど散りつくし、お堀の上を一陣の木枯らしが吹きぬける。

洗った頭が冷凍されるようにいい気持ちだ。

私の体からやっとテヴィエが抜け去って、モリシゲが帰ってくる。この役は、相当、強力に背中にへバリついているので、なかなかはがれない。

急ぎの用があって、あわてて楽屋を出てくると、必ず長蛇の列が待ちかまえている。今度は次女ホーデルを演っている安奈淳《あんなじゅん》――「ベルサイユのばら」のオスカル――を待っているのだ。この連中が私の通るのを横を向いて〝あんたじゃありません〟というような顔をするので、彼女が帰ったあとから劇場を出るようにしていたが、ある日、若い女性が楽屋口に七、八人まだたむろしている。

座員が中に交じっていて、

「座長、握手してあげて下さい。皆さんズーッとテヴィエを待ってたんですよ」

「そう、それはそれは、ありがとう。どうでした。面白かった。また見にきてね」

いろいろいって、一人ずつていねいに握手していたら、一緒に出てきた女房が後ろから、

「みなさんがお待ちになってたの、安奈淳さんじゃないの？」

「――」

「アンナ・ジイサンでいいんですか」

だなんて、シャレを飛ばしてやがる。口の悪い女だ。よくも、四十何年もつきあってきたもんだ。

楽屋へ女房がついてくるなんて、世話場《せわば》なはなしで、幕内ではタブー視されている。私もキライだし、彼女もキライだが、四十五年もつき合ったこの老人、もしものことがあってはと、健康管理に老妻は一半の責を負うているのだ。こんなバアサンも有り難いとせねばならない。

安奈淳。彼女はいうなれば役者としてまだ一般的ではないが、宝塚では「ベルサイユのばら」の華麗な男役を演じ、一躍、その筋にアイドルとなって、門前市をなすヅカファンのあこがれだ。

ゆえあって（だろうと思うが）、今度、宝塚を退団し、大人《おとな》の芝居のこれが二度目の仲間入りだ。

「屋根の上のヴァイオリン弾き」の娘役も、随分と変わった。

十一年前、初演では、今の母親役の淀かおるが長女ツァイテルをやった。それからピンキーこと今陽子、宝塚OBの江崎英子、そして今回が大空真弓である。

次女は浜木綿子から倍賞千恵子、そして、今回が安奈淳。

三女は西尾恵美子から木の実ナナ、大原ますみ、そして今度は新人が抜擢されて、東宝現代劇から松岡由利子である。

このミュージカルの配役に穴があくと、目白押しに並ぶ希望者の選考で、スタッフは決定に四苦八苦する。大変な難事である。

また、穴があくことの少ないのでも有名だ。

つまり満員のバスに座を占めるようなもの、ちょっと立とうものなら、次のものが座り、これが腰をあげることはまずない。航空券のキャンセル待ちより、はるかに確率の低いものだ。

無理に立たして、他のと交代でもさせようものなら、泣いて、わめいて、その始末に手を焼く大ごと。会社なら転勤とか閑職とか、いろいろあろうが、そんな便法のある世界ではない。

おおむね、候補にあがったものはオーディションをうけるのが慣わしだ。どんなに知名度があっても、適役かどうかを決めるオーディションを通過しなければならない。

ここでは票買いも、金権も通用しない。

そういえば、大臣も、ほんとにできるかできないか、オーディションを受けるようにしたらどうだろう。

また横道にそれたが、日本ではこのオーディションの制度が東宝のミュージカルで、やっと認識され始めた程度で、最初は「私のような（有名な）女優が、なんで試験を受けるの？　バカにしないでヨ」と、ケンツクをくったこと、たびたびである。

欧米で当たり前のことが、権威主義の日本では実らないのだ。だから、ミスキャストの女優が勝手な芝居をして作品をメチャクチャにしている例は枚挙にいとまがない。

＊

安奈淳もオーディションを受けた。

それを通ったと、報告が私のところへ来た。そこで私との第一回の面接となる。

「宝塚では大変だったネ」

「エエ」

「ごめんネ。ベルばら見てないんだよ」

「エエ」

「どうだい、やれそうかい」

「エエ」

「この『屋根……』のミュージカル、見た？」

「エエ」

「どうだった」

「泣いちゃった」

「いやなこというけど、気を悪くしないで聞いてネ。あんたが出ると、あんたの強烈なファンが、毎日団体で見にきて、キャアキャアいうだろうネ」

横から付き人が口をはさむ。

「それはいっさい禁止しましたから、ご安心ください」

「宝塚では、ひいきが出る前に劇場になだれこみ、キャアキャアやって、そのひいきが退場すると、そのファンたちも芝居の最中に客席から退場するそうじゃないの」

「もう、そんなことはありません」

これも、付き人がこたえた。

「そういうエチケットに反するようなお客は、全部シャットアウトしてくれますか」

「そういうことはご心配なく。この人（安奈淳）も困ってますくらいですから」

「ボクは、宝塚の芝居は、あまり好きでないんだよ」

「エエ」

「こっち向いてこういって。二歩下がってこういって。ふりかえってこういって——。あれ、困るんだナ。芝居を理解して、心で演技を創るようにしてもらわないと……」

「エエ」

「あのー、宝塚では、芝居はあまり教えないんです」

と付き人がつけ加える。

「あなたは黙って！　安奈さんと話させてください。安奈さん、あなたは何と呼ばれているの」

「ミキです」

「じゃ、ミキちゃん。君はね、宝塚山のてっぺんに登った人だが、こんど私たちと芝居をやります。つまり私の方の山に登りますが、宝塚山の頂上からロープウエーで、こちらの山の頂上に来ることはできませんよ。わかりますか」

「エエ」

「あなたは宝塚山をいったん下りて、私の方の山を、ふもとから皆と一緒に登ってくれますか」

「ハイ」

美しい声が、私の耳に気持ちよかった。はじめて力強い声が出て、きれいな目がいくらかウルんで私を見上げた。

昔なら、すぐ惚れたところだ。年をとるというのも大事なことだ。

「そう、じゃ決まったらしっかりね」

彼女は、倍賞千恵子との稽古を何度も見にきた。そして、私をはじめ、みんなの心証をよくしたのは、お供をつれずにたった一人で来ることだった。

たいがいは、歌手《うたいて》に八人も十人もついてくる。何する人かわからぬのが。ところが彼女は一人で来て、一人でじっと稽古を見ている。

「どうだい」

と、はじめて稽古場で声をかけた。

「泣いちゃってダメです」

「しっかり見とかなきゃ」

「すぐに客になってしまうんです」

飾らない、実にさっぱりした、いい娘だ。

あとで聞いたが、ファンをまいて、こっそり稽古場に来るのに、涙ぐましい努力をしたそうな。

どうやら女護が島時代の習慣も消えて、今は男たちの中で一年生のように懸命だ。

「ミキ、どうも駅の場の出だしが悪いな。もう少し、甘えた可愛さが出ないかな」

「男役が出ちゃうんだナ。ごめんなさい。こんど見ててください」

一人の女優が生まれつつある。

＊

この「屋根の上のヴァイオリン弾き」で、破格の抜擢が二人あった。その一人は長女の婿になる貧しい仕立屋の青年をやるモーテルの役だ。これは市川染五郎が当たり役のようにうまかった。つづいて津坂匡章（その後、秋野大作と改名した）がやったが、これも染五郎に準じた芝居だった。その時の大入り祝いで、余興に染五郎、津坂の真似をした群集役の一人が、才能ありと認められ、この大役を拾ったのだ。無名だが、この富松千代志という青年は子供のころから歌がうまくて、アメリカ軍の慰問回りをしていたという。しかも、人物が真面目で、熱心なのがオーディションを通った理由と想像できる。

彼はいまも苦心に苦心を重ね、この大役をより素晴らしくしようと、ただただひたむきだ。

もう一人は稽古女優《アンダースタディ》といわれるもので、主役がテレビなどで稽古に出てこられないと、その役を代わってやる女優。これも決まっているわけではない。熱心なのが選ばれるのだ。いうなれば、今日はだれがお休みですか、私にやらせてください、と申し込む者がイニシアチブをとる。

松岡由利子。今回の三女、チャヴァの役に、全くの新人として抜擢の栄冠を勝ち得た一人だ。実は有力な候補が二、三あったが、それを尻目にかけて、彼女はこの役をもらった。

彼女は、どの役も全部おぼえた。といっても、ダンスあり歌あり、セリフありだ。それを自分の役のように一生懸命やっているうちに、「あれもいいいな」の声がスタッフのあいだにささやかれるようになったのだ。

ユダヤの格言の中に、「成功の半分は忍耐だ」というのがあるが、まさしく彼女は忍耐と努力で、今日の輝くスポットの中に命を見つけたといって過言でないだろう。

批評家は、できあがったものを見て、あれこれ無責任にあげつらうだろう。しかし私たちは、一人でも多くの、すぐれた俳優を世に送り出さなくてはならない。その陰に、どんな条件と、どんな将来がひそんでいるかは当事者たちでないと分からないのだ。

「判断することは、何よりも簡単だ。しかし、私たちは昨日より今日、少しずつでも向上しているつもりだ。遅いというのか。ただし確実にだ」

こんな良い言葉が外国にあった。

＊

帝劇の楽屋の入り口に、新聞の切り抜きやファンからのすてきな手紙や写真がはってあるが、これが私たちの大きな糧となる。

ここに立って、送られてきた無名の少年少女の手紙に何度泣かされたことか。

その一つを紹介してみよう。

「パパ、わたしにパパと呼ばせて下さい。テヴィエの娘たちのように。

パパが演じられた『屋根の上のヴァイオリン弾き』を見て、わたしは深い感動をおぼえました。

わたしは高校三年の女学生です。韓国人です。あなたは、わたしのお父さんに違いありません。顔を横にお向けになることはないと信じます」

韓国人の女性から、すでに十数通、これと同じような、涙とともにつづった手紙をもらった。それらは文面の底で、その父がその母が、いかにゆえなく、他国でしいたげられたかを物語っている。

私も返事を書いて、しっかりと友情を誓いあい、父にもなろうと認《したた》めたが、このミュージカルの底を流れる民族の悲劇を、体験するものと、そうでないものとの間には、同じ舞台を見ても大きな開きというか、感動に幅があることは間違いない。

そんな時いつも私は、青春の七年を満州という異国に過ごした自分の経験をどんなにか有り難く思うのだ。

民族の垣根を越えて友になり、友情を誓いあった満人、朝鮮人、蒙古人、ロシア人がうんといる。それは、今日になって私の大きな無形の財産だ。

祖国の敗戦を、異郷で死と直面しながら考えたことがある者は、ある意味で幸せかもしれない。

私が、このアメリカ製のミュージカルを北米西部とカナダに公演したいと願っているのも、実はそんなところからきているのだ。

外貨がダブついているのなら、その雀の涙ほどを、私たちの努力のためにさいて欲しい、と思うのはムリだろうか。

日本古来の文化を海外に紹介する――もちろん、それが文化交流の第一義とは思うが、あちらの国のものを、私たちがあちらの国で演じることにも大いに意義があろう。

ただ、これを単なる興行として持ってゆくには、百人を超える人数では、不安でだれも手を出さない。国にたよるしかないのだ。

移民八十年、百年と騒がれているが、かの地で戦争を迎え、終戦の悲惨を味わったものの悲劇は、はかり知れぬものがあろう。国があっても、国がないのだ。このミュージカルのユダヤ人と大差はない。

キャンプに収容されていったあの日を思い浮かべて、一世、二世、三世は、そのおのおのの心の中に十分のアラームを感じると確信する。

カナダのバンクーバーにも、まだ一世は元気だ。シアトル、サクラメント、ロサンゼルス、ハワイ、できればペルーからブラジルを回って、長い苦労を背負ってきた方々と、感動の渦の中に、日本人であったことを確かめあいたい。

有名を悪用もした。しかし有名を善用することにも、やぶさかではない。

ああ、年が、時が、私の足もとを音もなく舞ってゆく。

早くゆかねば、私は老いさらばえるのだ。師走とともに、私の心はあわただしい。

役者の正月ばなし

若い時分、甲府の劇場に正月公演をあけるために、師走の東京をあとにしたことがある。

学校《ワセダ》をけとばして間もないころだから、生意気の盛りだったに違いない。朝の十時、新宿駅に集合、東宝劇団の旗があるから、そこへ遅れぬように、といわれた。

目が覚めたのが十時半。あわてて駅まで駆けつけたが劇団がいるはずはない。ただ一人舞台監督が待っていた。高木次郎である。

後年、日活のプロデューサーとなり一緒に仲よく映画の仕事をしたが、そのころはテアトル・コメディというシャレた劇団から東宝に入った、これも私に輪をかけた鼻もちならぬ演劇青年だ。

「君はやめてもらうんだね」

「どういう意味です?」

「芝居には遅れる。出はとちる。集合には遅れるでは役者として恥ずかしいだろう」

「さして恥ずかしいとは、思ってないけど」

「勝手にしろ!」

私は勝手にした。自分で切符を買って甲府へ行ったのだ。師走の山脈《やまなみ》が遠く冷えびえとつらなり、田畑が冬枯れした様を見せてくるにつれて、先刻の気負いはしだいに失せてゆく。「おまえがいなくとも、劇団は爪の垢ほども困らんぜ」の一言が生意気の胸をチクリと刺すのだ。

〝小屋泊まり〟は始めてだった。幹部はみんな温泉の出る宿に泊まってぬくぬくとしているようだが、大部屋の役者は劇場の楽屋に泊まる、通称〝小屋泊まり〟である。吹きおろす風が容赦なく窓から入ってきて、白粉《おしろい》の水も凍るようだ。火気は厳禁で火鉢一つない。

明日は元日。家々はトソを祝い、食膳には煮シメやカマボコ、ふっくらとした餅が——。それを思うと、唾《つば》をのみこむどころか空腹が立腹に変わる。

舞台稽古はいっかな終わらず、甲府の山にしらじらと朝の光がさしはじめるのだ。

旅役者は芸よりめしだ。ずいぶん長い間、何も食っていない。もうぼつぼつ、あったかいブタ汁と元旦の祝い酒の一合でも出るかと、大きな声で、

「明けましておめでとう」

と、から元気をつけて酒の呼び水をしたが、さらに何も出る気配がない。

朝の八時ごろになって、ようやく舞台稽古が終わり、午後三時まで休憩とのこと。それからしばらくして、三角に切ったパンが二タ切れとミルクが出た。生まれて初めての、わびしい元旦だった。

一月一日。初日の夜、劇中立ち回りがあり、殺陣《たて》の順番を忘れてウロウロしていたら、シッチャカメッチャカになり、何がなんだか分からぬまま刀をふり回して乱闘するうち、カツラ！　カツラ！　と私の顔を見て主役が叫ぶ。カツラというからには面を一本切って来いということかと早合点し、思い切り斬りこんだら主役に体をかわされて、どっと引っくり返った。

その私の体に足をかけた白無垢の主役が、耳もとで、

「バカやろう！　カツラを飛ばしやがって早く引っ込め！」

と、どなるのが聞こえた。ほうほうの態でソデに入って頭に手をやったら、あれっ、いつの間に——。ふりかえって舞台を見ると、大見えをきってる白装束の足もとに、ちぎれた首のように私のカツラがころがっていた。

その夜、高木次郎から小銭らしいものの入った袋を差し出され、夜行で帰れ、といわれたのを覚えているが、どういう次第か最後までいたことはいた。

思い出のこの高木次郎も、先年あわててこの世をあとにした。

くだんの白無垢の主役とは、前にも触れたが、日劇で〝三十分勧進帳〟をやった神田三郎であった。ひどい近眼で時にはこちらの背中や肩に竹ミツがパシッと飛んできて、そこがミミズばれになる。そのつど、酒代《さかて》をくれて「一杯のめ」と。いい人だった。「神田さん、今日も斬ってよ」と、こちらから頼んだくらいだ。

旅役者　お軽も柿を　くっている

そのころ、知り合った大部屋の役者の俳句だったが、なにがなしもののあわれのつきまとうのが旅興行だ。芝居がはねると大急ぎで荷物をまとめて汽車に乗り、夜が明けて次の土地へ着く。こんどの宿はよさそうだ、と喜んで朝めしを期待していると、まず洗面器に盛ったタクアンが出る。そいつをポリポリかじって待っていると、やがてどんぶりめしが出る。みんなの評定が始まる。


「この白いメシの上に何がくるか当てようか」

「ウナギだよ。デンと二匹、たっぷりタレをかけてな」

「てんぷらだよ」

「台所見てきたのか？」

「見なくたって匂いでわかるよ」

「そんな、めんどくさいものは出ないよ。カメチャボだよ」

「何や、カメチャボって？」

「浅草で食ったことないのか。牛丼だよ。スキ焼きみたいなのが、この上にどろっとかかって……」

「何でもいいから、早く出ねぇかな」

茶碗を叩いて待っていると、奥の方からオバハンの塩から声がする。

「それだけだよ。早く食いな、食わないんなら下げちゃうよ」

〝美味《ウマ》いものを食わすと、芸がのびねぇ〟

昔の芸人は、ハングリーな環境の中で育ったものだ。これを思えば、今の若い芸人《もん》は遊山旅行みたいなもので、文句のいえるスジではないのだ。

そういう私も当時、役者で身を立てようなどとは、正直思っていなかった。親父のくれた小ガネもあり、道楽半分で東宝に入ったというのが間違いのないところだ。

まわりを見渡しても、だいたいが花の歌舞伎の御曹子ばかり。あとは小林一三社長の「食うに困らぬ奴」という基準で選に通った、どうでもいい道楽息子、娘ばかりだった。

台湾総督の伜《せがれ》や外務大臣の息子、大会社の社長のドラ息子――。それがいい格好ばかりして楽屋に入るが、舞台では〝仕出し〟と呼ばれる通行人や、かたまってガヤガヤやる群集に出るだけ。あとは楽屋で、これもどこかのお姫さん女優が、今日は楽屋でホットケーキを焼きましょうなどと、まるで箸にも棒にもかからぬ学芸会集団だった。私も同類の一人だったが、あれからの私に満州の七年がなかったら、とてものことに今日のこの輝きはなかったろう。

これも益田喜頓が話すドサ回り時代のウソみたいな実話である。

若いころ、東北の田舎を正月に回ったが、俺たち下っ端は小屋泊まりばかりだ。夜なんぞ、雪の降る音がかすかに聞こえるだけ、寒さで声を出す者もいない。

暗い裸電球の下で、せんべい布団にくるまって寝るのだが、いまにも、凍死しそうだ。そのうち古参の役者が、

「おい、ちょっと舞台へ行って、芝居に使うフスマを持ってこい」

暗い舞台をつまずきながら探し当てたフスマを二枚、重ねて運ぼうとするのだが、これが意外と重い。せまい階段をやっとの思いでのぼり、寒風の吹き込むところにそいつを立てようとしたら、

「バカ！　着て寝るんだ！」

「えっ？　このフスマをですか」

「そうよ」

「布団になりますかね」

「上から重いものが押しつけてれば、人間寝られるのよ」

なるほど、そうすると布団をかけて寝ているような妙な錯覚にとらわれ、すぐに夢路につくことができた——。

これは笑い話じゃないのよ、とご当人。でも二日目には寝られなかったなと、真顔で話してくれた。

＊

庭の山茶花《さざんか》が、ちょっとした風にもこぼれて、冬の花のけなげさを見せる。

山茶花究といえば、親しい仲間の一人だった。敵役に徹して日常も厭《いや》なことは全部引き受けて敵役

に回ってくれた、わが劇団の至宝でもあった。

この男とは昭和十三年、ロッパ一座ではじめて知り合い、友だちになった。本名は末広、扇みたいないい名前だが、変人の噂が高かった。

何となく二人で酒を飲みに行くことになったのだが、たぶんシャイな彼が、私に近づきのしるしだったのだろう。

二人して大阪の、とある屋台もどきの飲み屋に入った。彼の行きつけの店だったらしい。私はおチョウシを一本たのみ、彼はコップ酒をたのんだ。料理はみつくろいということで、まず酒がきた。飲みはじめる前に、彼はあの爬虫類のような無表情の顔をこちらに向けていった。

「すまんが五分ほど、話しかけんでもらいたい。おれのクセや。おぼえててほしい」

私はうなずいておチョコに酒をついで一人で飲み始めた。彼は一気にコップを飲みほし、うつろな目で宙をにらみ、やがてヨダレをたらし始めた。ほっておけ、という約束だから、しばし見とれていると、目もうるんできた。

どうやら数分経過したろうか。

「おかわり」

と、主人に合図してやおら口を開いた。

「酒はなあ、初めの一杯が肝心や。これが五臓六腑にしみわたるときが、最高の醍醐味や。こんな時、人としゃべったり、ものを食ったりする奴はアホや。陶然《とうぜん》と酒を体にしみ込ません奴は、ほんまもんやない」

爾来《じらい》、私は彼との酒では、厳にこれを守って、よだれをたらそうが、小便をたらそうが、そっとしておくようにした。

私はムシャムシャ料理を食ったが、彼は、いっさい手をつけない。そのくせ主人は私にそうするのと同じように、次つぎと料理を引っこめては、また新しいのを出した。

「これは見るもんや」

何ひとつ食わず、ただ飲むだけである。

そのせいだろうか。後年、栄養失調になり、労咳《ろうがい》というか老人結核で命を断った。

病院に見舞いに行った時は両方合わせて肺が五分の一しかない、と医者がいう。もうしゃべる力もなく、私の顔を見て、あのカメレオンのような目からポロポロとかたまりのような涙をこぼすだけだった。

本を二、三冊もっていったが、「酸素が足りませんから、本を読ませてはいけません」という病院側のお達しだ。活字を読んだり頭を使ったりすることが、それほど肺に関係あったかと、初めて知ったしだいだ。

病院を出る時、ヒョコ曲がった字で、やっと紙片に書いたジョークが、最後のものとなった。

「ひとりでゆくが、道がようわからん。いっしょにゆこ」

私はゾッとした。

元気な時は、あの口から、聞くに耐えんような皮肉が飛びだしたのに、と懐かしい。

稽古場に行くエレベーターにつれだって乗ったら、他の稽古場にゆく大勢のワンサ女優がひしめい

て乗り合わせていた。やおら彼のいわく、
「ああ、女中が減ったわけやな」
私はあわてて降りた記憶がある。

＊

役者に正月はないというが、近ごろは元日初日ということは、まずない。二日とか三日とかが初日だ。昔は大晦日から正月興行だ。戦後、ムーラン・ルージュにしばらくいたが、ここは年中無休である。こんな商売も珍しいのではないだろうか。火葬場だって「友引」には休みと聞く。そうでなくとも二部制で、かわりばんこに帰れる仕組みだろう。ただ一つ、不文律だが、ムーランでは、元旦だけは少々の酒が楽屋にも出て、飲酒黙認だった。

正月のバラエティーで、念願の勧進帳の弁慶の衣裳《いしょう》を着て、新春御挨拶をすることになった。先代幸四郎丈が、何十年か前に着たものだろう、いささかすり切れた衣裳が届いた。が、嬉しかった。さっそく着せてもらい、

「われ、つらつらおもんみるに……」

とやってみた。もっとも、六方《ろっぽう》を踏んでトントンと退場——といっても、狭い舞台だ、三歩もあるけば壁だった。それでも、よし、明日はこの弁慶の顔を作ってと、幸四郎丈のブロマイドを化粧前へ飾って張り切った。

そこまではよかったのだが、明けて元日の朝、家で一杯やるうち、いい機嫌にできあがってしまっ

た。小田急で新宿へ向かう車中、よくはおぼえぬが、その中の客の一人が「俺はヒイキだ」というのに連れられて、劇場の前でさらに一杯ひっかけ、楽屋に入った時はグデングデン。どうやって舞台に出たか、棒立ちでゆれていたら、客席から、

「弁慶の立ち往生か」

とヤジが飛んで、おしまいになった。気の利いたのは客の方だった。

いまや逝いて八年、エノケンこと榎本健一の親父《おやじ》も酒豪だった。

正月の舞台で花道から客席に下りて、客と飲み始め、弟子が往生したという話があるが、ある日、楽屋でポロリとこんな話をもらしてくれた。

——芸者を連れて飲んでいるうち、酔いつぶれて、どこかに寝てしまった。夜中に腹が痛んで這《は》うようにして便所に行ったところ、下の壺から俺のチンをヒュルンヒュルンと引く奴がいる。恐ろしくなって、にわかに酔いがさめた。

「バカ！　冗談するなァ」

と壺に怒鳴って外へ飛び出したら、そいつはすでに壺から出てきて先回りし、ニタリと笑って立っているではないか。

「このお化け！」

と、なぐろうとしたら、

「わたしよ、どうしたの？」

「えっ！　おまえか。何であんなところへもぐるんだ」

「知りませんよ」

とたんに俺の股のところから袋ようのものがポシャッと落ちて廊下が水びたしになった。よく見ると、その水ようのものの中で、しなびたコンドームが残尿を吹き出していたのさ。つまりいつかはめたゴムの中におしっこをしていたということだ。


戸板康二氏の「ちょっといい話」に入れてもらうには、あまりに下品でボツになろうが、そのころのエノケン親父は、稚気満々、劇場でも舞台の外でもあれこれと楽しいことが多かった。


そのエノケン親父の言葉で忘れられないのが、

「俺は陽気に見えるだろうが、実は陰性の男なんだ。いつでも陽気にしていないと気が滅入《めい》るので、それで騒ぐんだよ。ほんとに陽性の男は、喜劇役者に向かないよ。そういうのは、陰鬱な顔をして座っていても常に陽気だからな」

うがった話だと、今も忘れていない。

素人役者横行す

役者に書斎などはいらん——というわけで、この年までわが家には私のおさまる部屋がなかった。それが、ここへきてにわかに〝変節〟したのは年のせいか。書斎とはいえないまでも、「ここでひとつ、書きものをしましょう」という部屋ができ上がった。
でき上がったのはいいが、別誂えのふっくらした座布団に座り、ヤケにシーンとしたところで、机に向かってみると、さらに一行も出てこない。

じっとしていると、なんだか世の中が怖くなって、考えることも千々に乱れ、いたずらにアチコチほかのことばかりに気が散って落ち着かない。

額を掛けかえたり、置物の位置をかえたり、お茶をたて続けに飲んだり、はては久しく遊んでやっていない犬のところへ行って、できそこないの文人のために女房がせっかく買ってきたマンジュウを分けてやっていたら、

「何をしているんです。書くんじゃないんですか」

と、女房に叱られた。その昔、宿題をいやがった子供のようなみじめな気持ちになり、これはほんとうに私の一大事変だと思い始めた。

静かだということが、こうも恐ろしいものとは知らなかった。

一枚ほど書いて読みかえすと、非力も無力もなにもかもが見えすぎて、背中がゾクゾクするようにうすら寒い。下手も見え見え、幼稚であほくさくて、だれがこんなものを読むかと反省が先回りする。何度も書きなおすうちに、間違いなく嫌気がさしてくるのだ。

どうやら朝日新聞という名前に気圧されて、コンプレックスの塊になったか、とまで思いつめたりする。

孤独の淵で原稿用紙と向きあっている文士のえらさに、いまさらながらシャッポを脱ぎ〝本日休業〟にしていると、またもや催促の電話だ。

正直いって、いままでのところはほとんどが、自動車の中とか、休憩時の楽屋とか、喫茶店とか、

座談会に早く出向いて先方を待つ間とか、孫が後ろから飛びつくのをあしらいながらとか、つまり心のセクような多忙な時を選んで書いたものだ。思考の半分はやかましさの中にまぎれて推敲《すいこう》をあきらめさせる。

そんな条件のそろった場所をとくに選んで、箸袋《はしぶくろ》や雑誌の余白に書きつけたものだ。

忙しければ、なお忙しく体を責めて仕事をしたがるヘキがあるが、これがいったんヒマができたら何もできず、グウタラでウロウロと時を過ごすヤッカイ者《もん》だということをつくづく知った。

＊

年とった大工が入って、この書斎を建てたのだが、その間こちらは昼ひなか大工のそばをあっちこっち付きまとって、木を削り鉋《かんな》をかけ、曲尺で寸法をとる堂に入った仕事ぶりを、飽かず眺めるのが日課のようになった。

ある日、口かずの少ないこの職人が、しびれを切らしたのか、

「今日も旦那はお休みかね」

と、問う。

「いや、午後には出かけるのだが」

と、いささかブゼンとして答えた。

「旦那の仕事は趣味だから楽だね」

「いや、思ったほど楽じゃないよ」

ちょっとばかり面白くなかったので、

「なかなか進まんもんだね」と、切り返してやった。

「早く作りたかったら若い大工《もん》にまかせればいい。わしらは自分の気が済むようにしか仕事はできねえから」

「なるほど」

「こんなところ、板張って見えなくなるけど、いつなんどき引っぺがして人が見ないとも限らねえ。そんなとき、あの大工こんなひでえ仕事をしてたか、といわれちゃ、俺も面《つら》がねえからね」

この職人の一言にまいったのだ。

＊

見えなきゃなにしてもいい——みたいなことが氾濫している世の中だ。

テレビなんか、その最たるもんだろう。

時間の埋め草みたいなことが、平然とまかり通る世界だ。すべてがすべてとはいわないが、こんなバカバカしいことを、こんなにカネをかけて、よくもまあ臆面もなくやれるもんだ。演《や》る方も演る方だが、見る方も見る方だ。なにが娯楽だ。天下の公器をもって——と、そこでメシブチをかせいでいる私たちでさえ、恥ずかしくなることがいっぱいある。

素人をつれてきて、学芸会みたいなことをやらせたいのなら、各町内に有志がカネを出してスタジオを作り、公には見えないように有線放送にでもして演ったらどうかといいたくもなる。天下の公器ちゃんとお稽古をして、その段階でより適切な表現を探し、劇的効果、あるいは人物をより鮮明にするために、当事者たちと相談したうえで言った覚えはある。

うぬぼれに聞こえることを承知でいわせてもらうと、随意・任意に私がしゃべっているように、もしも聞こえたり見えたりしたら、それはセリフ回しが上手なんだと心得ていただきたい。

セリフの中のツボといわれる重要な一点を、いかに大事に伝えるか。ひとつのコツとしては、その前後のセリフをリアルにしゃべる。歌舞伎でいうなら世話におとす、のだ。こういう工夫は芝居の常道だ、と思うのだが、サラッといったセリフをアドリブだと間違える人がいるらしい。

もう少し調子に乗っていうなら、作家の書いたセリフに文学的すぎるというか、話語として無理なものがあるときも、私は勝手に変えたことはない。演出家たちと相談して、その言い回しに心をつかうのである。

ただ、テレビや映画でなく芝居の場合に、その日のアクシデントで微妙なアドリブが飛び出すことがあるのは素直に認める。

小沢栄太郎が演出した芝居に出たとき、彼が私に「君は役者じゃなくて、ショーマンというか、エンタテイナーというか、それが邪魔だナ」といったことがあるが、多分、その辺に新劇俳優として面白からぬ理由があったのだろう。

地震で客席が総立ちになった時、いち早く放送局に問い合わせ「今の震源地は××だったそうだが、たいしたことはなかったって。さて、さっきの話だが……」と続けるのだ。

そんな時には、客席から「ホーッ」と安堵の歓声がもれる。

私は、ちっとも悪いことをしたような気がしない。しかし、芝居の邪道に違いないことは、百も承知だ。だから、そんなことをやれとは、だれにも一度もいったことはない。

よく考えてみると、昔アナウンサーをやっていたから、臨機応変、縦横自在が身についているのだと、言い訳した方がいいかもしれんな。

＊

役者とは意地の悪いものだ、とよくいわれる。これは駆け出しのころ、先輩に舞台でいじめられるからである。ウケが悪かったりすると、次のセリフをいってくれない老優が昔はうんといた。

聞いた話では、その最たるものが、故人になった曽我廼家《そがのや》十吾さんだったそうだ。私は一緒に舞台に出たことはないが、いじめられた役者の話はゴマンと聞いた。

「二階のミッちゃんに、この手紙渡しておくなはれ」と、タバコ屋のおばばに扮した十吾さんにいうのだが、横を向いたままなんの返事もしない。ヤケになって若いのがなん度もいう。

十吾さんのセリフで幕切れになり、チョンと柝《き》を打つのだが、いつまでたっても幕が降ろせなかった。こんな話がクサるほど残っているが、十吾さんにいわせると、「あれでは本気で頼んでいるようにワシには聞こえん。そやから、本気でいえるまで待っているのや」ということだったそうだ。

この人は、相手が下手なセリフをいうと、あとは先方のセリフも全部自分が引き取ってしゃべってしまう人でもあったという。

「お前が、ここにこうして来たのは、ワシにこうこういいに来たんやろ。お前のいいたいことは分かっ森繁さんの方が年は一廻り下であるが、当時の少年が持ち合わせていた〝外地〟への憧れ、メルヘンを共有していることにいたく共鳴している。

〝コーヒー屋をめざしていたのに役者になってしまったが、メルヘンは忘れていない。いつか世界放浪の旅に出てみたい〟、という森繁さんと志は全く同じ。

最後の三行を読んで、私は男のロマンというか少年の初々しい夢をそのまま書き著していて、胸がきゅんとなってしまった。

〝いつか私は、森繁君と二人でブラリと日本を出て、森繁君は小型テープ・レコーダーを、私はカメラをもって、世界の名もなき町々、村々をまわって歩きたいという夢をもっている。これには彼も、多分賛成してくれるだろう。そして二人でこの「こじき袋」の続編を書きたい。〟

（おおや・えいこ／評論家）

私と森繁先生

小野武彦

「パパ」「親父さん」「先生」——私が森繁先生にお会いしてからの呼び方である。

「パパ」、これは先生の次男、建《たつる》氏と小学三年から同級生になり森繁家に頻繁に出入りするうちに、「パパ、お邪魔します」「パパ、さようなら」等、自然に定着してしまったからである。

因《ちな》みに森繁夫人、つまり建氏のママの場合は、出会いからお別れまでずっと「ママ」であった。

そんな訳で、親友の父といった関係の間は「パパ」「親父さん」などと気楽に呼べていたのだが、私が俳優座養成所に入った頃からは状況が一変する。

業界の大先輩に対して当然「先生」となっていく訳だが、最初の内は何となくぎこちなかった。

私が先生とお会いするときは建氏の友人達、即ち同級生達と一緒のケースが多く、友人達は「親父さん、お久しぶりです」などとのびのび会話が出来ても、こちらはそうはいかない。

「小野、芝居の感想は?」と先生に振られ、

「はい。先生と山田五十鈴さんのやり取りが素敵でした」

一瞬奇妙な間が流れ、同級生達の「あ、こいつは気楽に親父さんとは呼べないのだ」という心の声が聞こえて

くる。

たまに車座の酒席などは、皆が胡坐《あぐら》をかいてもこちらはそうはいかない。正座していると、しばらく経ってから、先生がニヤッと笑って「小野も足を崩せ」と言って下さった。

その後も変わりなく森繁家や楽屋に出入りしていたが、仕事ではご縁が無く時が流れた。

今思えば先生が喜寿の年、年号が変わった平成元（一九八九）年の春、私にとって思い出深い出来事があった。

それは先生宅の隣に建てた建宅の新築祝いで前述の友人達と祝杯をあげていると、母屋から先生がやって来られた。しばし歓談の後、

「小野は今、何をやっているのだ？」

「はい、井上ひさしさんの新作、『イヌの仇討』の稽古中です」ご存知、「忠臣蔵」を吉良側からの視点で描いた芝居であるが、先生も以前吉良を演じられたので興味を示されたのか、「台本はあるか？」「はい」「見せてみろ」

「はいっ！」

先生が黙読されている間も宴席は続いていたのだが、突然、吉良の台詞の抜粋を朗読して下さる事になった。

「四方の山は桃の花盛りであった……」吉良の命を守る為に家臣が見舞ったあて身で午睡してしまった吉良が家臣や御女中、坊主、そして私演じる炭小屋に紛れ込んでしまった庶民代表・砥石小僧新助といった盗人に至るまで登場人物全員とのほのぼのとした夢を語った後、大石に討たれに行く大詰の台詞である。山あいに立ち上る竈《かまど》の煙、川のせせらぎ……夢を語る先生の表現には鬼気迫るものがあった。家来たちへの愛情、誇りの為に死ぬ無念さ、仕えてきた幕府への複雑な思い、無常観など、我々を吉良家の炭小屋の世界に導いてしまう。

表現もさることながら「俳優の在り方、生き方」を突きつけられた気がした。友人達も皆「親父さん、参りました」と思いがけない素晴らしいプレゼントに感動している。

私は只々、涙が止まらなかった。そんな私に森繁先生は悪戯《いたずら》っぽい口調で、

「小野先生、私もねぇ、いつまで芝居が出来るか分からないので、もしお嫌でなければ、次の作品に出て頂けませんかね」

私は身に余る光栄に息をのんだが、同じ様に建を始め

友人達が緊張しているのが伝わってきた。「先生には甘えられませんだとか、つまらぬ意地を張って断ったりしたら承知しないぞ」――同級生たちの熱い心の声が聞こえてきた。

意地なんか張るものか、俺だってご一緒出来る事をずっとずっと願っていたのだ。

「宜しくお願い致しますっ‼」

初演、平成元年、帝劇十月公演『蘆火野《あしびの》』。

後にも先にも森繁先生とご一緒出来た唯一の舞台である。

（おの・たけひこ／俳優）

唄う人、森繁久彌

伊東四朗

私はこの世界に入る前から森繁さんのファンで、森繁さんが出演された映画は、すべて観ていた。特に新東宝のサラリーマンものが好きだった。

もちろん、俳優、そして喜劇人としての森繁さんのうまさ、凄さは言うに及ばないが、私は森繁さんの唄が好きだった。森繁さんは映画の中で実によく唄う。その唄がとてもよかった。だから私は、映画の中で森繁さんが唄われた歌は、全部覚えようとして、大学ノートに歌詞を書き取り、もう一度観に行ってメロディーも覚えた。

一九七九年公開の久世光彦さんが監督をされた映画「夢一族・らいばる」で二度目の共演を果たしたが、機会を得て、森繁さんが唄われた歌をご本人の前で、唄って聴かせた。

「なんだ、いい唄だな、誰の唄だ？」

「イヤだな、先輩の唄ですよ」

「いや、俺は唄った覚えはない」

「えーっ」

「じゃあ、他にどんなのがある？」

その場で立て続けに、森繁さんの歌を何曲も唄った。どうやら、それで森繁さんに気に入ってもらえたようだ。

京都の太秦での撮影だったが、それからはたびたび、撮影の合間に、森繁さんと二人で歌を唄った。時には、森繁さん一人で私の楽屋まで押しかけ、下ネタばかりの猥歌を披露してくれたこともあった。

ある時、撮影所に行くと、

「伊東さん、今日は森繁さん、熱があるようですから、あまりお話しない方がいいですよ」
と言われた。いつもは横に椅子を持って行って座っていたが、そういうことなら、とその日はちょっと離れて座っていた。

そしたら、森繁さんに「オーイ！」と呼ばれて、「サア、何を唄う？」と言われたのでびっくりしたものだ。

その頃は、喫茶店に行くのも一緒だったし、挙げ句の果てに、

「今度京都に来るときはカセットレコーダーを持って来い、それで俺が全部唄ってやる」と。

後日、太秦撮影所の前でカセットレコーダーをぶら下げて待っていると、大きな車で乗りつけてきて、開口一番「お前、本気だったのか？」と言われ、笑いながらも随分唄って頂いた。

その後、ニッポン放送で、〝森繁さんの唄を聴く〟といった企画があった。その時のゲストは、森光子さんと加藤登紀子さん。私にも声がかかったので、「なんでですか？」ってディレクターに訊いたら、森繁さんが「あいつは俺の唄に詳しいから、横に居てもらいたいんだ」と言っていたという。

森繁久彌という人は、何よりも唄うことが好きだった。そして、詩人でもあった。森繁さんといえば誰もが知っているのは「知床旅情」だが、その元歌は「オホーツクの舟唄」という「知床旅情」とは異なる歌詞だったが、それも森繁さんの作だ。

♪オホーツクの海原／ただ白く凍て果て／命あるもの
は／暗い雪の下／春を待つ心／ペチカに燃やそ／哀
れ東《ひんがし》に／オーロラかなし♪

私は、森繁さんには実に多くの唄を教えてもらった。ご自身で作られた歌、ロシア民謡、シャンソン、満洲のうた。その種類や範囲も実に多岐に及んでいる。森繁さんの口から、ボードレールや萩原朔太郎の名が飛び出てきたこともあった。

♪あの山あの谷／なけなけサラベイ／捨てられ追われ
て／おいらはひとり
捨てられ追われて／おいらはひとり／なけなけうぐ
いす／おいらの友よ
故郷《さと》にも家にも／身よりはないし／他所者《よそもの》おいらは
／きらわれものさ♪

これは、加藤登紀子さんも唄っているようだが、森繁

さんに教えてもらった「サラベイ」というロシア民謡。「おい、唄ってみろ！」というあの声を、今一度聞いてみたい。

（談）（いとう・しろう／俳優）

万能の人、森繁久彌

ジュディ・オング

初めて森繁さんにお会いしたのは十二、三歳の頃。私は子役をしていましたから、出会ったのは早かったです。映画では、一九六八年の『喜劇・駅前火山』でご一緒させて頂いたのが初めてです。振り返ってみれば、森繁さんには随分長期間に亘ってお世話になっています。

森繁さんとの一番の思い出は、『屋根の上のバイオリン弾き』で共演させて頂いたことです。一九八四年のことでした。私はチャヴァというテヴィエの三女（末娘）の役で半年ほど共演させて頂きました。

森繁さんが演じられたテヴィエは、ウクライナ地方の小さな村で牛乳屋を営むユダヤ人。チャヴァはその末娘で、三人姉妹の中で最後まで父親の元にいますから、テヴィエにとっては目に入れても痛くないほど可愛い娘です。ところが、その末娘が、こともあろうにテヴィエが最も嫌うロシア人の青年を好きになってしまう。

当然、そのことが露見した時、テヴィエは怒り、チャヴァを勘当してしまいます。その別れのシーン、森繁さんの怒りと悲しみを湛えた演技は絶品でした。

テヴィエは荷造りをしています。荷物をロープで縛っているのです。そのテヴィエに向ってチャヴァに扮した私は、「パパ、ごめんね」という言葉を、わざと力強く投げかけます。

テヴィエは、それに答えず、無言でロープを縛っているのですが、その所作の中に、テヴィエの中で渦巻くありとあらゆる感情が見事に表現されていました。怒り、悲しみ、チャヴァの気持ちを理解できない自分への憤り、不甲斐なさ、やるせなさ、全てが許せない、というそういった諸々の感情が、そのロープを縛る動きによって過不足なく表現されていたのです。素晴らしい！　と思いました。

そんな森繁さんに演技指導をして頂いたこともありました。楽屋に呼ばれると、非常に緊張しましたが、同時に自分の演技をブラッシュアップする機会でもありました。今でも覚えているのは、その「パパ、ごめんね」という科白についてのことです。森繁さんは、「今の君の『パパ』という言い方は、テヴィエの心をつかみに来ていない。そうじゃなく、『パパ、愛しているのよ。だから、パパ、愛しているからそんなにしないで』という気持ちを込めて、いいなさい」と言われました。

その後、『屋根の上のバイオリン弾き』を、初演の時からずっと取材して下さっていた記者さんが、「この作品を観続けていると、その中でも毎回キラッと輝くシーンが目に付くものだが、今回の舞台では、君が演じたチャヴァとのシーンがとても良かった」と褒めて下さいました。私には、それが本当に嬉しかったです。

今にして思うと、あの頃森繁さんは既に七十歳を超えておられましたが、舞台の上では、そんな年齢を全く感じさせませんでした。スポットライトを浴びれば、水を得た魚のように、実に見事な演技を披露なさっていたものです。

私にとって森繁さんは、大好きな方ですが、それ以上に尊敬と畏怖の対象であったという方が正確かもしれません。誰もが及びもつかないような名優であるだけではなく、自ら歌もつくるし、それを唄い上げる歌手としてのうまさには舌を巻きます。そして、文章も。書いている内容が凄く深いな、字も見事な達筆で、絵も凄く素敵だなと常に思っていました。まさに〝万能の人、ダ・ヴィンチ〟のような方です。

私は、ある時、一枚の色紙を頂いたことがあります。

一つの目は下を見て
一つの目は上を見る

それは、日本菫の絵に添えられた言葉でした。菫の花は咲く前は下を向いていますが、咲くと上に向かうのです。それは、ちゃんと自分の生きている居所をわかって生きていきなさい、ということです。

今でも悔やまれるのは、その後二度ほど共演のオファーを頂いたのですが、スケジュールの都合でご一緒させて頂くことができなかったことです。叶うならば、もう一度同じ舞台に立ちたかったです。

（談）

（Judy Ongg／歌手・女優・木版画家）

意気ごんでこの世界に飛び込んで来たが、折角のいい芽が出たのに、おおかたは実らずに落ちこぼれた群像だ。

この世界は宝くじより確率の悪い世界といわれるが、宝くじに長蛇の列を見るように、未来に賭けて一袋の小豆の中の白豆になろうと、今日も門を叩く若い男女の数は絶えない。

よき時代の〝大物〟たち

かつて映画界で一番ハデだったのが阪妻《ばんつま》さんだとは、有名な話だ。

親父があまりにもハデだと息子が萎縮《いしゅく》するのか、四人ともおとなしい優良児ばかりだ。

親父さんの方は、蒲田《かまた》の撮影所に入ってくるなり、トラックから手拭いを撒《ま》いて、派手な入場式みたいな挨拶をしたことが語り草になっている。

この剣戟王《けんげきおう》のエピソードを聞くにつけ、あさはかにも、俺もどうせ拾った命だ、右へならうかと、バンツマのバにもならぬうちから猿マネのように、それらしい風《ふう》をした。

昔、撮影所ではだれいうとなく「ギャラ三万円とったら、三倍の十万を派手に使え。十万とったら三十万使え。そうすれば所内の人気が出る」というジンクスみたいのがあった。

＊

一本の木もない伊豆の海岸の岩の上で、真夏の一日、六時間ほどにも及ぶ撮影を終わって、水気も失せてフラフラになり、私は一足先に上の道まで出てほっとしたが、見ればそこに氷屋のような雑貨屋のような茶屋が一軒ある。とりあえず冷たいものをくれと、へたりこんだ。

そのうち、そうだ、「阪妻」になるのはこの時だ、三倍使うチャンスだと気がついて、

「小母さん、この店、みんな買ったから」

「へえ？」

「いくらぐらいかね」

「さあ、何がですか？」

「いや、ビールやサイダーやラムネなんか……。あっ、パンもあるな、これ、みんなまとめて買うから」

「そうですか？」

「大丈夫だよ、モリシゲって知ってるかい？」

「知りません」

——?!

大丈夫、金は払うから、と安心させているところへ、どやどやと全員が撮影を終えて上がってきた。

「おい、みんな、のどが渇いたろう。この店、全部買いしめたから、自由にやってくれ」

どっとばかり押しかけて、店がつぶれそうだ。たちどころに飲みものも、パンも、菓子も、ピラニアの襲撃でカラになった。

私は払いもあるので弟子を一人残して財布を渡し、旅館へ引き揚げたが、とぐろを巻いてねばりにねばった連中が、一升びんを何本もあけ、ついでに残ったものをみな持って行ったという。その夜

――

「これを……」

弟子が夕食の時に差し出した財布を見たら、空っぽではないか。

「皆《みな》使ったのか？」

「足りなかったところは、私が出しておきました」

「そんなに飲み食いしたのか？」

と聞いたら、シャツやサンダルやズックの靴まで持って行った者がいたという。

にわかづくりの阪妻は、開いた口がふさがらなかった。

それでもこのクセはなかなか直らず、だんだん昂《こう》じてきた。ある時、当時まだ存在した浜松の遊廓にロケ隊の何十人を連れてくりこみ、

「女将《おかみ》！　大門の閂《かんぬき》をしめろ、総揚げだァ！」

で、上を下への大騒ぎをして、気がついた時は、私は帳場で酔いつぶれていたことがある。

日本の津々浦々、ロケーションで訪れたところは枚挙にいとまがない。そして、若さと酒で流した醜聞も限りないことだ。

「アレが役者か、ダマされンなよ」

と、にがにがしい思いで唾を吐いた土地の人も、たんといたことだろう。今になって、一言のいいわけもない。

雨にとじこめられた一週間、伊豆の山々はただ煙るようにかすみ、ピチャピチャと雨音ばかりがあたりをおおっていた。天城の雲足ばかり見つめてだれきっていたが、夜がくると、だれいうとなしに〝天気祭り〟が始まるのが、当時のならわしだった。

宿の大広間を借りて会食し、酒の余勢をかって演芸大会を開き、目をおおうようなムクツケキ野郎どもの特出しストリップやチン列ダンスが始まる。

若い女優は顔をあからめ、ババア女優は嬌声をあげた。

ある時、宴たけなわの中にドヤドヤと入りこんで来た二、三人の男に、舞台の数人が拉致《らち》され、伊豆の警察に連行されたことがある。

「国民のアイドルたるものが、何たる行為！」

公然猥褻物陳列罪で、いやというほど油をしぼられた話も、いまや伝説とはなったが……。

いずれにしても、活動写真から映画への戦前、そして戦後の昭和三十五年くらいまでは、映画王国といわれたくらいメチャクチャで楽しかったものだ。

＊

それに比例して、監督も、事大主義というか王様気どりであったことも事実だ。

山の上まで、えっちらおっちら百人近いスタッフが器材を運んで来て、一点雲もない天気なのにカメラはいっこうに回らない。

おそるおそる助監督に、

「どうかしたの？」

と聞くと、

「監督が、向こうの空に横に流れる雲が一つほしいというので、待っているんです」

という。普通の人が聞いたら、このバカ、大金をかけて出るか出ないかの雲を待つなんて、どういう気持ちだ。頭がおかしいんじゃないのか——とうそぶくだろう。

もう一つ、有名な監督の話で、

「どうも気にくわんな」

「切りましょうか」

「あそこの三本だけ倒してこい」

何の話だと思われましょうや。山頂に立つ白ぬりの三尺者《やくざ》のはるか彼方に展開するマッチの軸ほどの電信柱が三本、気に入らぬという話なのだ。

こんなわがままをいっている時が、監督の天下なのだろう。

巨匠・溝口健二には残念ながらこの私はご使用いただいたことはないが、この匠《たくみ》の方も逸話の絶えない人だったと——。

通称「ヨロイもの」。これは大変だ。しかも三百人も出るとなると、朝の三時からエキストラが集まり、一人ずつ甲冑を着け、馬が何十頭、これも遠いところから撮影所に連れて来られる。女優は十二単《ひとえ》、真っ白シロで、それが十人も出ればてんてこ舞い。大セットは万全の備えをして、九時にご来所になる大監督をお待ち申し上げるのが習慣だ。ところが、昨夜から巨匠いずれに雲がくれされたか、お好きな人だから探すのが大変だ。

ようやく十時ごろ現れた巨匠は、どこかご機嫌があまり上等でない。昨夜《ゆうべ》の相方が悪かったのだろう。おそるおそるチーフ助監督が、

「先生、ではお願いします」

「うむ」

やっと重い腰をあげ、それがクセの片方の肩をあげてセットへ。そのあとを、スタッフの面々が葬列のごとく静かについていてセット入り。

三百何十人は、朝の三時から七時間も、セット前で待っているのだ。腹もすくし、眠気もある。うつろな顔で閲兵指揮官の通り過ぎるのを待つうち、巨匠は、やおらセットに入ると、立派にできたあれこれを見て回り、ちょっと壁をなでて、

「これじゃ駄目だ。本壁を塗ってくれ。本日は中止！」

私も男と生まれたからには、一度こんな無法なことをいってみたい。

溝口、衣笠、小津、黒沢、このあたりの巨匠は、「お前の芝居はそんなもんか」と役者をとことんクサらせて、ダメにし、もうこれ以上できないところまで追い込んでからいよいよ本番。これならいいのが撮れるわけだ。

枚方《ひらかた》の山奥までロケに行った溝口大先生、田中絹代が草むらの中の野仏に一輪のスミレをいれて祈るシーンで、その花入れのヒビ割れ茶碗が気に入らぬとゴネだされた。やむなくスタッフは京都の博物館に国宝を借りにゆき、貸せ貸さぬで大もめとなり、ついに役人二人が付き添いで現場に運ぶという大騒ぎをした話がある。それでも、これを、行きすぎとハヽヽヽノシル者が不思議といない世界だ。

衣笠貞之助。この人も一世を風靡《ふうび》した巨匠だ。

戦前に撮られた「川中島」を先年見る機会があった。教科書に出てくる飛び立つ鳥に敵を知る有名なシーン。これに一週間かかったそうだが、使った馬が何百頭、相馬の野馬追いから集め、それに馬具を載せ、鎧《よろい》、冑《かぶと》の武者数百が葭《よし》の中をザブザブと水に入ってくる大モッブシーン。今日これを撮ったら、おそらく億の金はかかるだろう。

しかも、それがなんとタイトルバックで、貴重な画面の上を演者や監督やらの字幕が次々に出てくるのだ。モッタイナイといえば、これほどのことはない。

＊

一方に阪妻あれば、一方に嵐寛《あらかん》こと嵐寛寿郎が大御所であった。目下はいい好々爺で、おどけたおじいさんだが、当時は飛ぶ鳥を落とす嵐プロのドンである。

若き日の山中貞雄。

伊丹万作（伊丹十三君の父君）と並んでシナリオも監督も抜群に優れた人、存命ならば日本の映画界は大きく変わっていたろうといわれる至宝だ。

この山中貞雄が嵐プロに迎えられ、「一つ作品を作ってみんか」と嵐寛から慫慂《しょうよう》された時の話を聞いたことがある。山中貞雄がおもむろに、

「御大《おんたい》が、まず落とし差しで後ろ向きに歩き、これを取り囲む捕方《とりかた》三百人」

「うむ、ええなあ」

「ジリジリ寄ってくる捕方のアップ、アップ、アップ。つづいてロングにひいて御大の足が止まる」

「うむ、ええなあ」

「アップ、御大が刀を抜きます。その刀からカメラは空へふり上げます。捕方三百人の饅頭笠《まんじゅうがさ》が花のように空へ舞い上がります」

「うむ、ええなあ」

「笠が落ちるのにつけて、カメラをふり下ろします。捕方は全部死んでいます」

「…………」

「御大が懐紙《かいし》で刀を拭いて、パッと紙を散らし、鞘《さや》におさめて、一節《ひとふし》、謡《うたい》をうたって、そのまま後ろ姿で去ります」

「アホ！」といったかどうか――。

それにしても、見事な映像の世界である。

＊

伊丹万作の「国士無双」であったか、若い日に見たので記憶はさだかでない。これを、もう一度やっ

てみたいと欲求しきりなものがある。

忘却した部分もあり、勝手に脚色しているところもあるようだが、かいつまんで書くとこういう話だ。（この当時は、主役の老剣聖を、「アノネのおっさん」で有名な喜劇王・高瀬実乗がやった）

――剣客として向かうところ敵なき若き修行の武士が、ついに方々の道場をうちまかし、もう相手がいなくなって困っている時、茶店の親爺《おやじ》から「この山を七里入ると一軒家があり、そこに剣聖といわれる老人がいる」と教わる。千仭《せんじん》の谷をよじのぼり、滝にうたれ、やっと着いて、「お頼み申す」というが、返答がない。中からはほのかに明かりがもれる。武士はなんと五日五晩、「お手合わせを」と懇願するのだが、何の返答もない。飲まず食わず、雨あり風あり。軒端《のきば》にたたずむうちに、今度はいよいよオレも敗北か――と悟りはじめる。やがて六日目の晩、奥から一声、声がかかる。

「明朝、日の出を見ずして、一本杉に来い！」

と。

彼は眠れぬその夜を軒に過ごすのだ。

暁闇《ぎょうあん》をついて、向こう鉢巻、山の一本杉に向かうと、すでに老剣聖は来ている。ハッと胸を打たれ、仕損じたな！　と全身が硬直する。やおら近づくと、白髪美髯《はくはつびぜん》の剣聖は、何とも素晴らしい人品。その眼は鷹のごとく、痩軀《そうく》鶴のごとしといえども筋骨たくましい。

荘重な声が、その口からもれた。

「真剣か？」

「いずれでも結構でございます」

「よし」

老剣聖の手から木刀が彼のもとに投げられる。彼は拾って正眼にかまえたが、老剣聖は木刀を構えるふうもなく、だらりと下げたまま、ずずっと坂を二、三歩。

すでに十分気圧されてしまった。

長い時が経つ。ようやく太陽が、老人の背にその燃える一片を見せようとする時、彼は一気に剣聖の頭上に打ちこんだ。

と、どうだろう。「アイタッタッタ」と、白髪は頭をおさえてふらふらと倒れる。

「まいった。まいった。ゴメン、ゴメン」という映画であった。

ヒゲもいい頃合いに生えているのでぜひやりたい。なんとなくフランスの喜劇を思わせる作品である。これが四十年も前に作られたとは、映画もあれからさして進歩していないのではないか。

＊

日本の映画を二つに大別すると、子どもっぽいというか、青くさい趣味や思考の中で作られるものと、大人が見るに耐える大人の映画とに分けられるような気がする。

今の映画人口は、九〇パーセントが若手の客だ。

日本には、ほんとに大人向きの映画が不毛ではないかとさえ思われる。

シナリオも監督も役者も、人生の駆け出しばかりでロクに人間の探究もできぬのが、気どって作っているムキがあるように思うのは老いのヒガミだろうか。

要するに、映画がいつまでたっても大人にならない原因は、どうやら古い有能な監督の不要な老成のせいだろう。

俳優もそうだ。私なんか、映画俳優としては、とっくに登録からはずされている老優ながら、実はこれからと思っている。さっぱりお声がかからないが、「役者は男四十歳から、女三十五歳からだ」と、いつかもらしたことがある。

そのくらいの年までは、映画を見ても筋なんかどうでもいいようなもんだし、芝居が上手くても、別にその芸なんかに惚れこんでいるのでもない。

あんな女優とどうしてみたい――

あんな男とデートしてみたい――

すべてはセックスの対象で。

それを上回るのは、若くてはなかなかのことなのだ。

社長より座長

近ごろ、「社長」というものに会うと、何となくシャクにさわってしようがない。社長はいいなア、と思う気持ちがどこかにあるのだろうか。

「まかり間違って役者なんかにならなかったら、私も今ごろは中小企業の社長ぐらいにはなっていたろうナ。おい！　聞いているのかい」

というと、

「いや、東宝の社長ぐらいにはなっていましたろう」

と、ゴマをするヤツもおれば、

「倒産何回ぐらいでしょうかね？」

と、ウガったことをいうものもいる。

そこで「しかし、社長になる率より、座長になる率のほうがキビしいぜ」というと、「へェ、そんなもんですかネ」というから、長講一席に及ばざるをえん。

だいいち、日本全国に大中小の社長は百万をくだらないだろうが、座長となると、劇団はドサ回りの一座を入れても百か二百くらいなもんだろう。

社長なら、風邪をひきゃ、お年ですからどうぞご自宅でご静養を——ですむ。帰ってのうのうとヘタな小唄でもコタツでうなっていられるが、座長が家でのうのうと寝てようものなら、それこそ劇場は裏も表も大騒ぎだ。

「何！　モリシゲが今日は休みだと。それじゃあ、今日の切符はどうしてくれるんだ」

臨時休館ということにでもなれば、後日その客をどういうふうに処理するか、劇場は蜂の巣をつついたように大事件となる。

代役を立てて今日の幕だけでもあけよう——それはいいとして客への言いわけはどうする、誰がやるんだ——で、てんやわんや、なんてもんじゃ済まされない。

座長は、おおむね、座員より長時間、しかも最も重い荷物を背負って歩くのが宿命だ。そのためには、当然の話だが、健康が要訣《ようけつ》であることは申すに及ばぬ。

知り合いの医者が、「有名な奴はみな健康だ」といったが、なるほど、名を売るというのは大変なことで、行く手には健康でないと耐えられぬ超人的な労働が待ちうけている。早い話が、ピンク・レディーの二人娘など、人間とは思えぬ強さだ。

ギックリ腰も鼻風邪も許されぬし、飲み過ぎて今日はもう一つハッキリせん……など論外だ。おまけにマスコミにツケ狙われるのは社長より座長のほうだ。私生活まで覗《のぞ》こうという、いやしい目と闘うためにも、花街柳巷なんぞでうかつにハネやマタをひろげてはいられない。ご存じのように〝見出しで殺す〟が日常茶飯事の週刊誌洪水。車内にレイレイしく、人間抹殺みたいな見出しが躍り(記事は当たらずさわらずだが)、まことしやかに人目を引く仕掛けになっていては、いかんともしがたい無力非力の役者群だ。俳優の俳は人に非ずと書かれるが、誰が考えたのか。

ゆえに、座長は人間くさい歓楽の巷をだんだんに避けるようになり、社会見学、課外授業、臨床実験もおろそかにし、脱兎のごとく家に帰り、仙人のごとく門を出て劇場の奥深く入山して一日を終わる。口惜しいじゃないか、社長が料亭で芸者をはべらせたり、バーで「湯の町エレジー」なんかを調子っぱずれに歌っている時にだ。

これでいい芝居は、チト無理と申すもの。もしも座長の芸が日ましに落ちてゆくとしたら、その原因の大方はこの辺にある――などと、言い訳すれば、

「何をぬかすか。料理屋やバーやトルコがキサマらの学校か!」

と、ヤジが飛んできそうだ。南無三《なむさん》!

でもナ。野球はあれほどきびしくても、ピンチ・ヒッターもいりゃあ、ピンチ・ランナーもいる。ついでにいうが、映画撮影中でさえ盲腸になれば一週間は休むこともあるのだ。テレビの場合なんか、録画という便利なものができ、ご都合主義がまかり通るようになった。病気と称したり、てっぱり（二本の作品に出演がかぶっている時）なら、「次の週は、どこかに旅行してることにしましょう」になったりする。もっとひどいのは、交通事故にあったことになったりして、いよいよ出られなくなると殺されて消えてしまったりする。すべて「本書き」さんが筆を曲げて配慮してくれるのだ。

しかし、芝居は違う。世の中に、いうなればこんな過酷な商売はない。目下の日本の主役の世界に、ピンチ・アクター、ピンチ・アクトレスは存在しない。バカのように元気でなければつとまらぬのがこの商売だ。

＊

四十数年、飲みつづけ、ひたりつづけた酒を、四年前にプッツリと断った。

人は驚いたが、私はちいとも驚かない。誰のためでもない、己《おのれ》のためだから。

毎夜、一升酒というか、ウイスキーもボトルを一本以上あけて、しかも酔いを殺してつとめあげる幇間《ほうかん》酒。半分は家へ帰って眠りたいのを我慢して、ピエロのように路地から地下へ——こんなバッカス四十有余年にピリオドを打ったのだ。

実は、酒にひたりきっている昔から、「こんなもんは、いつかやめよう」と思っていた。国が、あれだけの高税を私からむさぼり取っていながら、決して私の老後の保障をしようとは考えていないことに気がついた時からだ。お国に金をクレといったおぼえもないが、お国が金をヤルといったという話も聞いたおぼえがない。

政府を置屋にたとえるのもどうかと思うが、芸者、女郎が泣いた昔でさえ、食って寝るところぐらいは、遊廓のオヤジや置屋のババアが面倒みてくれた。腰が痛けりゃ医者にも見せたのだ。

それがどうだ。収入の八割以上もムサボリとって、年をとりゃ勝手に死ねというのか。蟹工船よりひどい仕打ちだと、やらずぶったくりもいいとこだと、密かに思う。

総理をやめた福田赳夫さんが大蔵大臣の時、テレビで対談をしたことがある。さりげない話のあとで、八割以上もとるのは、チト取り過ぎじゃないでしょうか、ともち出したが、ハナで笑われた。頭にきたので、

「今までお国に納めました税金の総額の、利子の、わずか三分の一だけでも、六十歳を超えたら返してくれませんか。あなたも年金とかがおありでしょう?」

と、たたみこんだが、例のホーホー、フーフーでごまかされ、いつのまにか話は別のところへそれていた。あの人が民《たみ》の声に耳をかたむける人とは、あれ以来思ったことがない。

加えて、役者には退職金というものがない。東宝株式会社のもとでは、ずいぶん働いたつもりだが、役者に退職金をくれるという話は会社の定款にもないし、シキタリにもない。てめえを守るものはてめえ以外の何者でもないと気がついたころから、せめて酒税だけにでもソッポをむいて、元気な体になり、人民の方々に御奉公しようと決意したのだ。

バーのトイレで、方向の定まらぬ小便に狙いをつけながら、前の鏡にうつる己《おの》が姿に、四六のガマ

のごとくタラリタラリと脂汗を流したことがある。実は少々ションベンの出が悪いのだ。フト下をみると、黄色い小便が便器の穴にチロチロと消え去る。ああ、ここにたれて今日が終わる。一日は重労働にして、一日は小便なり、何をもって生甲斐《いきがい》とせんや。それにしても小便まで少ないな。

それから間もなく、背中に激痛が起こり、息も絶え絶えの悶絶《もんぜつ》。のたうち回った末に、医者の所へころがりこんだ。診断によると、本人が見たこともないジンゾウという袋からボウコウという袋への管に巌石《がんせき》がハサまっているという。

今、腹を切られては芝居はどうなる。中日《なかび》を過ぎたばかりだ。

次の朝には小康を保ったので劇場へ行ったが、役者の痛みや苦しさに満員の劇場が同情に傾くはずがない。

「大丈夫ですよ。座長は、ちょっとやそっとで死ぬ人ではありませんから」

「バカ、俺だって……」

「そんなことより、お客が満員です、さあ」

芝居の最中に尿意をもよおし、せっかくのラブシーンが、もひとつ乗ってこなくて弱った。幕が下りるやいなやトイレにとんでゆく。

と、小便が出ない。気張ると血がタラタラとチン頭から出るではないか。

そうこうするうちに、

「座長、出ですよ。早くおトイレを――」

ヒトの苦しみをよそにはげしくドアを叩く音がする。出ぬションベンをあきらめて舞台に出た。普通の人間なら、救急車に乗っているところだ。暗転になると、またトイレにかけ込む。またも血潮にぬれて激痛が全身に悪寒《おかん》をさそう。

何回目かに、チリリンと小憎らしいほど可愛い音をたてて、血小便の中から異様な小物体が便器にホトバシリ出た。

奇妙な病気もあるものだ。それからは忘れたようにさっぱりして、幕切れの大詰めなど、冴えた芝居をした。

しかし、私は不思議でならなかった。何でこんな石ころが体内に製造されるのか。ある日、フトこれは東京都の水道のせいではないか、と思い始めた。というのは、わが家のストーブの上に置いてある水桶の底に、白いセメントのようなものが一面にこびりついているのを見つけたからだ。水分が蒸発したあとに残った、まさしくこれは鉱物の一種に違いない。この水を飲んでおれば、やがてはこの体中にも石となって蓄積されるは理の当然じゃ——と。

許せ、水道局。これはあくまで素人考えだ。痛さのゆえの素人考えだ。

＊

さて、そんなころから、医者のすすめもあり、酒を断った。

一週間、酒なしの晩めしがつづいた。別に、何ということもない。ただ、いささかの味気なさがつきまとったが、それとて死ぬほどの思いでもない。ただ、泣いたのは古女房だ。

早めしのせいもあるが、いよいよ料理が出てくるころには、めしが済んでいるのだ。

「おそいよ」

「もう少しゆっくり食べて下さいナ」

「酒もないのに、これ以上ゆっくり食えるか」

することがないので、部屋の中をアチコチほっつき回る。

「少し飲んだら？」

泣きそうな顔で、こんどはすすめるほどだ。飲まぬと、なんと余分な時間のあるものよ。こんな時間を、今までいったい何に使っていたんだろうか。人生とはアレグロではない、優雅なアンダンテだ。振り返れば貴重な落とし物をしてきたような気さえする。

断酒は徐々に効を奏し始めた。

毎朝、対面する顔にムクミがとれ、目がきれいだ。手先のフルエも止まった。

「おい！　どうだ。三つ四つ若くなったろう」

「いや座長、十は若返りましたよ」

見えすいたオセジでも嬉しい。奇態なことに、はげしい舞台を終わって袖《そで》に入って来ても、息切れがしなくなった。ときどき「休憩！」といっていた心臓が、機嫌をなおしたに違いない。

ためしに一杯のビールを飲んだら真っ赤になって、頭が割れるように痛んだので、あわてて水を飲んで酔いをさました。

「人が変わりましたね」と、しみじみいうヤツがいる。それもそのはず、それまでは見向きもしなかった大福餅を一度に三つも食うようになったのだ。

私は生来、酒のみではなかったのかもしれない。悪いヤツがいて、花柳病みたいにウツされたのかもしれない。そう思うようになった。

爾来、酒席へのお誘いは、なんと誤解をうけようとも頑《がん》としてお断りすることにした。それでもノッピキならずつき合うことがあるが、そのつど砂を噛《か》む思いをする。あんな利口そうないい男が、愚にもつかぬことをくどくどと――ジュースを三杯も飲んで見ている仙人は内心、死ぬ思いだ。この人類阿呆《あほう》図の中で、営々とつとめるホステスはさしずめボサツかと思えてくるほどだ。この時はじめて、呑み助が法外なカネをとられる意味も了解した。

とはいえ、断酒のデメリットもあった。

昔撮った社長モノといわれる一連の映画の面白い場面、あれはバーやクラブやお座敷めぐりのタマモノだった。伊達《だて》や酔狂で酒など飲むか、酒席こそ人情の機微に触れる道場だ、と称して、さかんに面白いことをし、あげく身を細めて家路をたどる。このあたりがまた演技研鑽《けんさん》の場だった。それらを上手に映画の中に生かして名場面を創る、はたでみるほど容易な業ではなかったのだ。

「あなたは、ウチの恥や表の恥を売りモノにしているんですか！」

女房の一喝でシュンとしたおぼえがあるところをみても、確かな話だ。

喜劇にもいろいろあるが、私の喜劇は誰もがそうするだろうことをエッセンスにして、それに味つけする手法だ。

客は笑いながら、まるで自分にはカンケイないという顔をする。だから笑うのだが、そのうちにフト自分が自分を笑っていることに気づく。こうした哀しい人間の弱性が、喜劇を生んでいるのだ。

いい例を一つあげてみよう。

昔、五所平之助監督の二巻モノとか三巻モノの喜劇があったが、その一つと記憶する。

定年間ぎわのうだつのあがらぬ万年課長が、なんとかして社長に自分を認めてもらいたいと考えるが、その機会がない。

たまたま、会社をあげての箱根一泊旅行が計画された。この機を逸してなるものか、彼は考えに考えるが、生まれながらのブキッチョの芸なしときている。出発の前夜、律義モノの子だくさんにかこまれ、父の苦衷《くちゅう》を話すと、一人の子どもが、「父さん、手品やったら」。そして、愛する父のために、その子は一生懸命教えるのだ。

——社長さま、ちょっと百円札を拝借いたします。(当時の百円札は今の百万円ぐらいだろう)

それを、まるめて、火をつけ焼いてしまう。あっと驚く社長のポケットに手を入れ、

——ハイ、ここにありました。

と出す、アノ手品だ。

向こうが霞んでみえるほど、お膳のならぶ箱根の大料亭の宴会。末座の万年課長は、今か今かとチャンスを待つが、同僚が「まあ一杯」とつぎつぎに酒を飲ますうち、ついにホロ酔いを通り越す。宴はたけなわ、「かくし芸をやれ!」の声に、酔眼モウロウと立ち上がった彼は、社長の前にチン座して百円札を拝借する。

が、万雷の拍手と酔いでボーッとして、昨夕の子どもの手順がさっぱり出てこない。モタモタしているうちに百円札が、替え玉と間違って本当に燃えてしまい、紫色の灰になる。(昔のお札は燃える

と灰が紫色になったそうだ）
烈火のごとく怒った社長は「バカめ！　その灰のまま、そおっと電車に乗って東京へ持って帰り、日本銀行にいって換金して来い！」とどなる。
てのひらに百円札の灰をささげもって一夜を明かした彼が、人にジロジロ見られながら電車に乗り、富士をあとにして、哀しく、その一巻は終わるのである。
笑って笑えぬ素晴らしい五所喜劇が、五十年を経てなお私の頭の中に残っている。人間の弱さを人間が笑う。喜劇の神髄がそこに脈々と生きているからだろう。

＊

やはり、どっちにしても酒はやめた方がいいようだ。そして、それにしても社長はシャクにさわるものだ。座長はそれにくらべて、うんと人間的だと、もう一度思うのだ。

八丈島の正月――田宮二郎の死のあとで

〽沖から見れば鬼ケ島
　来てみりゃここは情け島
本土から遙か洋上三百キロ。
大洋に浮かぶ、ここは東京都。

この八丈島の片すみで、島の太鼓を聞きながら正月を送った。

風は少々強いが、都内よりは、あきらかに四、五度は暖かい。流人の歴史を埋めたこの島に、真紅のハイビスカスがゆれている。

年の明ける前に、悲惨に絶句するような事件がつづいた。

なかにも田宮二郎の急逝は、同業のせいもあって心を暗くするばかりだった。彼とは一緒に仕事をする機会がなかったが、二度ほどわが家を訪れてきて、たくましい彼の仕事ぶりに耳を傾けたことがあった。

なかなかの人物で折り目も正しく、その如才なさの中に利発さがひらめき、役者ならざるものを感じたことだ。

死者に鞭《むち》うつ気はさらにないが、この才があるいはわざわいしたのではないかと、そんな思いがよぎる。才の陰には、ともすれば虚栄や過信がひそもう。そしてヒトはこれをセーブすることに非力な面を見せる。また、才人はおのれの力に甘えがちだ。ついつい役者の道だけに落ち着けず、才能におぼれて夢のような話に手を出すことがある。

こういう私もその一人だが、おのれをふりかえって転《うた》た感慨にふけるばかりだ。

道ならぬところでたびたびつまずき、苦悩の中であえいだが、哀しいことに今にして思えば虚栄は友をしりぞけ、無慈悲にもおのれを独りボッチにしてしまう。

田宮にも、本心を打ちあけたり、いいアドバイスをしてくれる大事な——いいかえれば厭な親友が少なかったのではないだろうか。

元来、役者というものは孤独なものだから、それが裏目に出るとヤリ場のない自分が宙に浮いて、どうすることもできない状態になることがある。考えてみれば、役者の出世は虚栄の醸成と利己の坩《る》堝《つぼ》にはまりこむ危険をはらんでいるから、才あるものも下手をすればおのれへの凝視がにぶるのだ。いうなれば、決して自分に冷酷になれない落とし穴のようなものがあるのかもしれない。

あえて恥をさらすようだが、この非才の匹夫も道ならぬ道に足をつっこみ、ものの見事に二進《にっち》も三進《さっち》もゆかなくなった阿呆の見本を見せたことがたびたびある。

バカでかいヨットを造り、一つ世界をかけ回ろう——も、庶民役者の思い上がりとののしられ、羨望はまたたくうちに罵倒に変わった。

青少年よ海に帰れ——と借りられるだけ借金してヨットハーバーを作ったが、こんなものは個人が作るものではありませんと、えらい人が来て祝詞《しゅくし》でのたまい、施主の俺は下を向いて往生をコイたことも忘れられぬ。

そのほかにも、瀬戸内海に島を買ったり、行けもしない、また、やりもしないゴルフ場を造ったことがあるが、それらはすべて迷惑の種で、親切な友や善人に思わぬ苦労をさせた。

それにしても、世の中には悪い奴がウンといるものだ。役者のオロカサをいいことに、その有名をおのれの欲心の基礎に利用する。また、こっちもバカに辶《しんにゅう》だ。助平根性に輪をかけて、まんまとその口車に乗り、有名は虚名と化して、砂を嚙むような浮世の辛酸をなめる最後となる。

第一、車引きのように、手前がやらなければ商売にならぬ役者が、リモコンで遠隔の事業を操縦できるはずがない。こんな道理すら分からなかったのだ。

ユダヤの格言に〝舌には骨がない〟というのがあるが、骨のない舌がペラペラと回転し、赤い業欲をチロチロそそると、温室育ちの世間知らずは、難なくだまされるのだ。

役者やタレント諸君、私のこの話や、田宮二郎の死を、どうか他山の石と心得られよ。

＊

暗い気持ちを吹っとばすように、風の強い八丈島の元旦は日本晴れだった。そこには私をかこむ二つのグループが待っていた。

その一つは、私を仲間に入れてくれた八丈ラジコン・グループの面々。素朴で楽しい、いい奴ばかりだ。もっとも、それが当たり前だ。いい年をして、模型飛行機に夢中になる連中なのだから。

彼らの丹精をこめた可愛い愛機が澎湃《ほうはい》と打ち寄せる大洋の波しぶきを眼下に、八丈富士の蒼《あお》い空をバックにして、見事な曲技を見せる。

実は、つい二、三年前から、断酒を機に凝り出したラジコンである。この世界に入ると、またこの世界の友だちが一杯いるのには驚いた。せっかく作った飛行機だが操縦能力が零《ゼロ》で、飛ばせば落ちるに決まっているから、この道十年十五年のベテランの指導をいただかないと道楽の道に入れないことも知った。去年の正月、孫をふくめた家族が八丈に正月を送ったとき、紹介をうけたラジコンの先生方だ。

老成役者最後の趣味としては、ヘタな事業と違って何となく分相応。今年は私をかこんでの初飛行への招待である。

もう一組は、港にいる漁船・第八住吉丸の一家で、これも去年、この港で進水式をやっている時、「森繁さん、あんたも船が好きじゃろう。こっちへ来て餅まいてくれ」

の一言で友だちになったわだつみの勇士たちだ。

もう一人、古き良き友、團伊玖磨の八丈仕事部屋を訪いたかったが、これはあいにくの留守だった。

八丈富士の山麓はサカキ（榊）の森で、いまやこの枝がつみとられ、東京都の神棚への需要七〇パーセントをまかなうという。その鬱蒼《うつそう》とした森の中に、小さなラジコンの飛行場があるのだ。

幅五十メートル、長さ百メートルほどの広さだが、クラブ員たちの労作でキレイに整備されている。

役場の職員、お菓子屋さん、電話局に勤めている人、電器商、くさやの卸屋さん――色とりどりの連中とその家族たちの、森の中のピクニックだ。

薪がもえて雑煮ができ上がる。くさやを焼いて、アベカワをたべて、酒こそないが、奥さんたちが甲斐がいしく飛行士たちのためにサービスをしてくれる。

可愛い科学の粋は、生意気な爆音をたてて、それこそ透明に近いブルーの空に美しい線を描く。宙返り、背面飛行、キリモミ――。教官の指導で数かずの妙技をみせ、そしてその何機かは、あえなくサカキの森に突っ込んでバラバラになるのだが、彼らはとんと気にしない。考えてみれば、この道楽もモノ入りだ。

一機十万、二十万もするのが、一瞬にしてブッこわれるのだから、奥さんは内心、ああ着物が一枚スッ飛んだワ……と思っているだろうといぶかったくらいだ。

何年か前、ここにストリップ劇場が作られようとして島の住民が驚き、それをやろうとした暴力団らしき人間を追い出した話がある。この八丈を清潔な、美しい島にしておきたい――それが島の人たちの悲願と聞いたが、娯楽の乏しい離れ小島に、夜なべの模型作りが盛んになる道理もこの辺にあるのかと推察した。

ひとりこの高原で、悠々《ゆうゆう》と流れる一きれの冬の雲を見ながら、雑煮の餅を頬ばり、次つぎに空に舞う飛行機を見ていると、おおぜいのお客の前で対決していた昨日までの舞台の張りがゆるんで「これでいいのかな」と、何だか気の遠くなるような錯覚をおぼえる。

その夜は町長宅に招《よ》ばれたが、日本一のラジコン飛行場を八丈に作る話に花が咲き、はてはラジコン自動車の競走場もと話は発展した。この趣味は、いまや大人たちのメルヘンで、子供だけの遊びではなくなりつつある（聞けば、日本ラジコン・クラブの会長は園田外務大臣とか。目下、中国やアメリカ行きで忙しいのか、このところ現れないそうだが、時折お手ずからなる機を飛ばされるそうな）。もっとも都会では、危険だとか、小公害だとか、騒音問題で環境庁から白い目で見られ、マニアは泣いているという。

日本人は遊ぶことに下手だ。人生の大事な骨休めの時間の使い方にも、意欲的でない。これは勤勉の裏返しだろう。バーやトルコばかりが栄えて、おもちゃの飛行機は禁止される。妙な話だが、女と酒には寛大な国なのだ。

＊

次の日、餅まきで友だちになった第八住吉丸を、正月だが、あんたのために出すから釣りに行こうということになった。

大きなうねりの中に二日酔いの長男と末子の二人が船を出してくれた。

この船で遠くスミス岩礁やマリアナ付近まで漁に出るそうだが、船艙をのぞくとマグロが砕氷の中にごっそり入っている。元旦の初漁だということだ。

ものの一時間も走ると水深二百から三百のタナに着いた。

縹渺《ひょうびょう》たる大洋の真ん中に釣り糸をたれたが、釣れても釣れなくても、そんなことはどうでもいいような爽快な気分だ。

やがてドスンと大きなあたりがきた。電動リールを巻いたが、あまりに棹がしなうので、兄貴の方が「手であげな」といった。案の定、深い藍の中で白いものが踊ったとたんブツリと糸が切れた。

そのあとは、さっぱり魚信がとだえ、場所を変えてようやく一尾赤いブダイが揚がった。

「海の底も正月だ。真っ赤に酔ってるよ」

と、一同大笑いした。実は八丈の銘魚といわれる〝尾長〟を釣るつもりだったが、そっちも二日酔いか全然食いがない。

夕陽が落ちる美しい流人の島の景観に見惚れながら、正月の殺生はこれくらいにして、と帰途についた。

茫洋たる碧の中で、たった一人の得がたい時間との戯れ。釣果《ちょうか》はなくても、これが釣り師の醍醐味《だいごみ》であろう。

今年の夏は、ひとつ俳優の皆さんに鮫《さめ》狩りのご案内をしようと思っています。「ジョーズ」が売れてますからな、と町長はごきげんだ。

この島の周りには三メートル余りの鮫がウンといて、そいつがトビウオの刺し網を網ごとガブリと食うので、漁民はまいっとるんです。マグロ以上に引きが強いし、壮絶なスポーツです。イルカは国際問題になりましょうが鮫は大丈夫。ぜひツアーを組んで宣伝してほしいという話だ。

帰京後、釣りの好きな連中にその話をしたところ、それは釣りじゃない——とそっぽを向かれたが——。

その夜は住吉丸の一家にご馳走になった。その家の奥さんが、鮫は沖ばっかりじゃない。陸《おか》にもいますぜ。しこたま儲けて飲みこんで一銭も吐き出さんのを、島じゃ鮫旦那という——には笑った。

ここも東京都の金ケツで赤字財政、港も道も飛行場も大事なところが思うようにできないと、有力者たちが嘆いているそうだが、それにしても歓楽にただれていない八丈は洋上のパラダイスに違いない。

＊

あまりに見たくもないテレビだが、ここでは海の上のせいか、画面がいたって鮮明だ。

そのテレビが元旦から三日まで、どういうわけか私の主演映画の乱映で、これが静謐《せいひつ》な八丈の正月をかきみだすのにはまいった。

ＮＨＫは元旦の昼間から二十何年も前の「夫婦善哉」をやるし、深夜に至っては「社長モノ」と「駅前ナントカ」が二局から放映された。これは一体どうしたことかと思っていたら、何と二日目にも二つ、よせばいいのに三日目にも二つと私の映画ばかり放映で、八丈の夜はいたたまれぬ煩悶《はんもん》の夜となった。

あれを見て、あるいは面白がられる向きもあろうが、本人の私は直視できぬやり切れなさ、崖の上から飛び降りたい気持ちなのだ。

私にも些少《さしょう》ながら進歩があるつもりだ。〝古〟はやめて〝今〟を見てくれといいたい。しかも、いつの場合も当人の私に一言の相談、挨拶もなく、突然の放映だ。いくらこっちに拒否権がないとはいえ、あまりの仕打ち、道義をはずれた許しがたいことと腹を立てっぱなしだ。

不思議なことに、あの放映にもスポンサーがついている、ついているからには金も入っているはずだ。聞けば、監督と脚本家と音楽家には、なにがしかの謝金が送られているそうだが、役者への金はどこにどう消えているのか、これもロッキード並みの不可解さだ。

銭をくれるから、恥を我慢できる、というものでもないが、私にも嫌見権《ケンケンケン》がある。それじゃ、スイッチを切って布団かぶってりゃいいじゃないか、といわれるだろうが、人に見られるのも嫌だという権利だ。私は過去が嫌いだ、昔の自分なんかにちっともミレンなんかない。今日を生きることしかない男なのに。

どうして、同じものを、ああヒッコクやるのか——とあるテレビ局の人間に聞いてみたら、放映料がバカ安い上に、今日では集められぬ豪華メンバーだ。それに家庭向きの喜劇といえば、当たらずさわらず、アレが一番無難なところだからでしょう、と涼しい顔をしくさるではないか。

映画館の上映権は契約にウタったが、テレビでの放映は許したおぼえがない――と、あらためて声を大にしてドナリたい。

私のひなびた正月は、ここにおいて青天の霹靂《へきれき》となる。

考えてみれば、昔の役者はよかった。

その日、その人だけに見せて終わる。芝居とはいさぎよい芸術だとつくづく思う。

私は舞台芸術を燃焼芸術だと信じて疑わない。次つぎと網膜に映り消えてゆく――即ち〝芸術する〟という動詞の作業がたまらない魅力なのだ。

映画もテレビもなかったころの役者は、今の俳優諸君のごとく安モンの天プラみたいな見バばかり気にするいやしさもなかったし、ごまかしだらけのコスッカラサも持ち合わせてはいなかったろう。

文明は記録という醜悪なメカニズムを生み、私たちを無惨にも奴隷にしたのだ。

「うまい人だった」

「いい姿だった」

昔の役者は祖母の語り草に残ってこそ、役者の最高の幸せであり、姿だったのだ。

人の噂《うわさ》も七十五日、やがてほとぼりがさめれば、田宮二郎の映画やテレビが、再び私たちの前に出てくるだろう。それを残酷に思うのは、私一人ではないはずだ。

流人の島に打ち寄せる太古の波音を聞きながら、寝つかれぬまま横になっていたら、けたたましいベルの音。

「ボッボッお帰りねがいたい。テレビの仕事が始まります」と。嗚呼《ああ》。

芸能界いろはガルタ

男の役者をみんな丸刈りにさせたらどうだろう。

最近「熱い嵐」という高橋是清伝を三時間のテレビで演《や》ったが、この中でいよいよ話が二・二六事件に向かって白熱してゆくにしたがって、兵隊が出てくる。

その兵隊の髪の毛がすべて長髪で、見るものが見たら、せっかくの話も大ウソと見える。軍帽のうしろからハミ出た毛が行進してゆく様《さま》は、うしろから見たら男装の女軍というか、在郷軍人の集会とさえ見えない。

プロデューサーも演出家も、学校の剣道部とか柔道部に丸刈りのエキストラをたのむつもりでいたが、徹夜に近いロケ現場で、一夜づけの教練だけでも大変だし、いたし方なくエキストラの口入れ屋に頼んだという。

ウンと銭をはずめば、涙をのんでザンパツしてくれないこともなかろうが、予算とにらめっこではそれも意のごとくならず、目をつむったという話だ。

もうこれをおかしいと見る視聴者も五十何歳以上だといえばそれまでだが、俳優は違う番組にも出ているので、そっちが急に丸坊主になってては困るといわれれば、フンといわざるを得んのだろう。

俳優諸兄は、外で俳優でありたいのか、仕事場で俳優でありたいのか。外ならば、デートもあり、見知らぬ人にもふり向かれたり、サインをといわれれば、いい男とささやかれるためにエエ格好をしなくてはならないだろう。が、もし仕事の場で俳優でありたいと願うなら、今日の流行とて頭に限っては許されんのが当然だろう。

兵隊やお巡りさんばかりじゃない。時代劇でチョンマゲをつけても、背筋のところまで毛があってはカツラ屋さんは泣くばかりだ。

さて、そこで私の提案だが、長いものを短く見せることは到底できない相談だから、この際、役者たらんとする者はすべて丸刈りにし、外へ行くとき、あるいは家でも長髪のカツラを使用する。今や好みでどんなカツラでもできるのだからそれをカブって歩いてりゃいいと思うが、どんなもんだろう。

そんな馬鹿ナ！　というかもしれんが、そのうち「あっ丸刈りだ。あれは俳優だ」とかえって相撲取りのチョンマゲのようにモテるんじゃないだろうか。

もっとも、巧妙にウソをつくのが役者の技であることは、いわずと知れたことだから、その役者が化け損ねたキツネみたいに長い毛をうしろに見せていては、何ともしまらない。

こういう話を俳優のたくさん集まるところで一声大きくやったら、

「あんたは、どうなさる」

ときた。

「いつでも短く刈りますよ」

といったら、

「ヒゲも早くそりなさい」と。

なるほど、その通りだ。しかし有り難いことに、このヒゲで、芸はともかく、よく似ていると高橋是清翁の役が回ってきたのだから痛しかゆしだ。

＊

波乱の中に一生を送ったダルマ宰相は、演じて十分手ごたえがあった。

今日を生きている青年たちばかりではない、政治家にもあの伝記は必読の書だ。業績の是非はともかく、命を張って政治をしていた明治人の気概だけでも伝えたいと、人間くさい人物の中に、その烈々たる熱い血の色を見せるべく焦点をしぼったつもりだ。

思えば、（すでに書いたが）二・二六の日、無為徒食のこの風来坊は、同じ年ごろの青年が第一種軍装の死装束に身をかため、剣つき鉄砲で日比谷を巡察していた中を、フラフラと野次馬根性で歩いていたのだ。

テレビの録画で最期のシーン。七発のピストルの弾丸をうけて死ぬところに、実は四時間もかかった。

監督もねばったが、私もねばった。全身全霊が高橋是清になり、森繁久彌など何処《どこ》かへ吹っ飛んでしまった。

でき上がって見たら、その場は一分とない短い時間だ。しかし、あの四時間、一代の傑物、高橋是清の中にズッポリとはまりこんでいられたのは、誇らしくもあり、役者冥利に尽きることでもあった。

＊

年寄りというものは、だんだん体の自由をもがれてゆくのか、その分だけ口がうるさくなる。よせばいいような憎まれ口をきいて冷水をみずから浴び、風邪をひくようなバカだが、ここまできたついでに書いてしまおう。

（この〝芸能界いろはガルタ〟も、こんな職場をご存じない方のために少しばかり注釈を入れておく。）

㋑いい台本《ほん》でいい役者になる。

㋺労力と金がムダみたいなＣＭ。（たった二十秒のＣＭの制作に、何人も外国へ行き、空から海底から大騒動だ）

㋩恥じらいは戦前の夢。（今のドラマで、恥じらう風情など見たくてもない）

㋥憎まれ役者えてして上手。（八方美人より、なんとなく付き合いの悪いのが名演技を見せる）

㋭惚れてる女優にシッコイ演出家。

㋬減るもんじゃない、と口説かれてる。

㋣撮ったら切るナ、切るなら撮るナ。（だれかがいったが、撮り終わった一本が何分もオーバーしてる。切られたところで実はいい芝居していたのもいるのだ）

㋠近目《ちかめ》は美人。（昔からスターの三大要素に近眼の女性というのがあった。どこを見てるのか分からんような目が色気があっていいという）

Ⓡ理屈っぽい下手クソ。（論より稽古だ）

Ⓝぬきさしならぬ泥沼だよ、芸能界は。

Ⓡルックスばかり、あと皆目《かいもく》ダメ。

Ⓞ女に男三分、男に女三分。（とくに舞台の男の色気は、女らしさが三分必要という。ホモ気《け》か？）

Ⓦワメキ散らすやかましいＣＭ、スポンサーだけか喜んでいるのは。

Ⓚ歌手サマに七人もついてくる。何する人か。（顔寄せにお出ましの歌手スターは大変なものだ）

Ⓨよせばいいのにあんな奴と――と周《まわ》りは知っているのに――。

Ⓣタレントといわれれば天下をとった気か。

Ⓡレズだったか、あの女優。（分からんもんだよ）

Ⓢ損した人生、役もつかずに間もなく五十だ。

Ⓣツキアイ麻雀、監督のお声なら。（麻雀で負けて思わぬ役がつき）

Ⓝ根っからの下手でも御曹子。

Ⓝ泣くな小鳩よ、親バトも泣いている。

Ⓡラブシーンもたれる、視聴者トイレの時だ。

Ⓜ娘役まだ演《や》りたがる老女優。

Ⓤ売れるのは、ウンといい顔、悪い顔。

Ⓝノッピキならぬ記事が出ちゃった。（週刊誌も殺生だ。ホドホドにしなきゃ）

Ⓚ苦労して育てた息子が馬の足。

㋳ヤケになって、娘はとうとう脱ぐ。(売れなくなると女は強い)

㋮マイクが切れたら蚊のなくような声。(昔の歌手は声量が命だったが、便利な世の中だ)

㋘結婚式はあげたが、内心別れるつもりもある。

㋫フラれた腹いせ、週刊誌へ売る。

㋙婚期は過ぎる、ああ役はつかない。

㋓演出凝りすぎて筋不明。

㋢てめぇだけ良きゃいいのが役者の常か。

㋐飽きられるころ、ちゃんと次のタレントが出てくる。

㋚さわらぬ女優にたたりはないのに。

㋖近景にヤタラとモノを置きたがり。(当節のテレビは、顔の前に必ず花や瓶《びん》があるが、のぞき見の趣味か)

㋴夢を子役に托す。(テレビ局の廊下にバカ親がバカじゃりを着飾らせて、バカ番組の出を待っている)

㋱メキメキ上達はゴルフと麻雀。芸そのまま。

㋯見捨てられてゆく運命とも知らずに。

㋛真相は付き人だけが知っている。

㋽エロなら視聴率が上がると思うのか。アホ!

㋪開きなおって告訴してやりたい――と皆いう。

㋲モリシゲもタダの奴。
㋝成功は忍耐だ。でも忍耐にも限度がある。
㋜素顔を見てびっくり。へえ、コレがあの娘か。
㋛運九分、努力一――では文化よ何処へ行くだ。

＊

旧満州の新京放送局時代の仲間でもあり、尊敬する友でもある作家の小尾十三さんから、昨年の暮れにこんな手紙をもらったが、氏はそのあとまもなく他界された。

ちなみに書いておくが、昭和十九年「登攀《とうはん》」という小説で芥川賞を受賞した人だ。郷里の甲府に近い楽園で趣味のブドウ作りなどをして悠々自適の生活をしていた人だが、この手紙は、実は非常に珍しい数種のブドウを頂戴した中に、添え書きとして入っていたものだ。

〝九月の初旬に穫るべき品種を、わざわざ木に残して置いたもので、甲州のブドウ作りだけが試食できるものです。

では美味《うま》いのか、と申しますと必ずしもさに非ず。品種によっては親木が旱天《かんてん》で苦しむのを知り、自分の味を親木に返してしまい、元の酸味すら失って白痴のような味になってしまうのもあります。

中には水分を親木に返し、萎《しな》びて落ちてしまうのもあります。

旱天に苦しむ親木からなおも養分を吸って、市場には絶対に出回らない、コクのある味となるものもあります。

また、親木の苦しみを、どうしてやることもできず渋柿に似た味となってしまうのもあります〟

文中の一節をここに転載したのだが、この話がどうしたことか頭から離れず、自分は一体どのブドウだろうと、実は沈みこんで考えたりした。

思えば私は三歳で父の死に逢ったのだから、その点ではまだ堅い実のうちに親木から離れたブドウともいえるが、実は親の残した水を十分に吸って母木に甘え、なかなかもぎ取られなかったブドウでもあるようだ。

二・二六で株が暴落した。

この暴落で、私は二十何歳にして木から離れたといえるだろう。

実は、当時の東宝劇団には、楽屋で株が流行していた。分かりもしない短期の株を、毎日「売った」「買った」などといって、オイジキ（追敷と書くのか）という、保証金をつぎこんで、三つか四つに一つくらいは儲けたのだ。

つまりバクチみたいなもんだった。実際に株券を買うのではない。その上がり下がりの利幅だけ儲けたり、損をしたりする仕掛けで、その金額の幅だけの金を保証金として株屋に納めるのだ。

ある日、ちょっといい実入りがあったので調子づき、親から貰った株券が当時の金で二万円ほどあったか、それを保証金の代わりに株屋に預けた。

忘れもしない、薄っぺらな紙に実印をついた。これが白紙委任状であったのだ。

ところが、この株屋が取引所の近所に事務所をもつノミ屋とは、世間知らずのこのヘナチョコが知る由もない。

二・二六の暴落で、ノミ屋は取引所との清算が優先だ。なんの働きもしないまま、私の金は、あの日の雪のように瞬時にして消えてなくなった。

ここでブドウが落ちたのだが、そのあとはたった一人の力しかない。とはいえ力はまるっきりない男だから、親木の苦しみをどうしてやることもできず、しがみついた白痴のようになって親子とも枯れる運命とも見えたが、ついに意を決し、満州へ行ったことは、当時の私としては大出来だったのだ。

裸で帰ってきたが、もう怖いものはなくなっていた。ピストルの筒先を何度もくぐった。お前はあきらかに対ソ放送のチーフだとロシア兵から背中をロウソクで焼く拷問もうけた。

しかし、拾った命のおまけに、経験という無形の財産を得たようなものだ。

芸能界は出る杭を容赦なく打ったが、さして苦痛も感じずボツボツ歩けたのも、大陸での人生体験のお陰に違いない。

この経験を今日のすべての若い仲間に要求したって、それはナンセンスだぐらいのことは分かっている。ただ道は遠いから息切れしないように、着実に歩けということぐらいだ。

芸能界なんて、簡単にいうなら幻惑の世界かもしれぬ。

それを承知するとしないとでは大いに違う。振り向いたらおしまいだ。過去は幻惑の蜃気楼《しんきろう》を見せるだけで、何のクソにもならない。

私は父が五十三歳の時の子だ。よくも晩年に私をつくってくれた。父は文久元年の生まれで、高橋是清は安政元年の生まれだ。父は明治二十一年、仙台第二高等学校の英語の先生をやってたから、仙台藩の高橋翁ともなんとなく因縁があるようだし、教え子に井上準之助があり、テレビの中で論じあうところがあったが、これも縁《えにし》の糸かと妙に興奮をおぼえた。

二高を辞して明治三十一年、日銀に入ったところを見ると、いよいよ翁とどこかで逢っていたかと思うが、それはどうやらないようだ。

とうとう、こんなことを書いたが、私は正直、この過去の話が好きでない。親も泉下でこの不肖の馬鹿息子を嘆じていることは確かだから。〝あなたは、あなたの時代を、精一杯生きたのでしょう。私も私の時代を私流に精一杯生きますから〟と墓に向かっていうほかない。

ただ、その木になったブドウであることだけは間違いはないが。

芸と人と

森繁劇団の思い出

「森繁劇団」——最近はもうこの看板は使わなくなったが、今年で十八年目だ。

菊田親父から事務室に呼ばれ、

「おい、どうだ。劇団を作らんか」

といわれ、いやあんな煩雑なものはマッピラです。たのまれて出演している方がどれくらい楽か、せっかくですが、とお断りした。が、

「お前一人の劇団だよ」

と、不思議な話である。

「どういうことでしょう?」

「そのつど、台本によって必要な役者を集めて演《や》ればいい」

「ということは?」

「座員は、お前さん一人だ」

一見、それならと腰の浮く話だが、よくよく考えてみると、責任のいっさいはお前一人が引き受けるのだ、ということである。

「生涯に一度は、座長というものをやっておくべきだよ」

「何という名前にするんですか？」

「いろいろ考えたが、率直に森繁劇団というのがいいと思うが……」

「そりゃ、お断りします。第一、おかしいですよ」

「なじめないうちは、何でもおかしいんだ。三、四回も公演をもってみろ。これで良かったと君も思い、他人《ひと》も思うよ」

「東宝喜劇――なんかが意味が見えていいと思いますが」

「ダメダメ。昔はロッパ一座とか、エノケン劇団とかチャンと名前をつけたんだよ」

とうとう強引に押しまくられ、たった一人で劇団の旗揚げということになった。

「まず、相棒として山茶花究と三木のり平をつけよう。どうだ」

「いいですね。女は？」

「女は決めるとうるさいから、そのつどがいい」

「そうですか。じゃ下座《しただ》はどうします？」

「お前がこれというのを選べばいい」

参謀格は決まったが、この下座という幹部、準幹部がなかなかの問題である。芝居が良くなるも悪くなるも、このへんの力で決まる。そのまた下の大部屋というのは、これはどうにでもなるもので、幹部の人選にほとほと頭をひねった。

*

いよいよ第一回公演が決まり、劇場は宝塚劇場、年あけの二月をいい渡された。演《だ》し物は、序幕に加東大介が『文藝春秋』に書いた「南の島に雪が降る」で私の演出、二番目が、村岡伊平治の「女を売る船」、これは菊田一夫みずからの脚色・演出と決まった。

そして出演ゲストに、加東大介、伴淳三郎、それと当時ようやく頭角を現してきた渥美清。女優陣は山田五十鈴、八千草薫、森光子。第一回でコケては大変と会社は気を使った。

序幕の芝居は男ばかりの兵隊もの、女は一人も出ない芝居だったが、次は、からゆきさんの物語で、女を売りとばす話だから女優はうんと出演する。

座長――ひびきはいいが、一城の主でもなく、団体の総帥でもない。力なき雇われ社長みたいなもので、これには最初びっくりした。

まず、押せども動かぬ東宝という大会社との折衝が、何かにつけ起こる。話をツメるのが座長である。しかも烏合の衆を一つにまとめて――というが、これがなかなかまとまるものではない。そのどれもが一国の主《あるじ》ヅラをしているし、お前が駄目ならいつでも取って代わろうと、魂胆が見え見えだ。

つづいては、客を入れる責任。これは座長一人が負い、その他は、たとえ看板がトメにきている大物でも、われ関せずえんだ。入らないのは森繁の人気が原因では、の一言で片づけられる。

つぎが台本だ。

どういうものを演《だ》すか。だれが書くか。早く書いてもらわなきゃ稽古に間に合わない。すべて座長の責任である。しかも恐ろしいことに、ワタシこんな役ですか、これじゃいやよ。お断りするワ……。こいつをまああと納得させるのも座長だ。

舞台で一見、美しく見える女優も、裏へ回れば我欲むき出し、どろどろの確執に柳眉をさかだてる。看板の順位でもめ、衣裳の色でもめ（あの人が紫を着るのを止めて下さい。私が紫でゆきますから、とか）、そんな「出」じゃたたないからいや。正面をパッと割って出たい——と「出」でもめ、舞台の位置でもめ、楽屋の順位でもめ、力なき座長はただおろおろするばかりだ。

座長は責任ばかりもたされ、座員みんなに気を使う世話役でなければつとまらない。これもイヤというほど知らされた。

その心労もあってか、初日の数日前に痛風という難病におそわれた。風が吹いてもこたえるという痛さであったが、負けるに負けられず、松葉杖をついて初日をあけたのだ。

加東大介の「南の島に雪が降る」は、それでも好評だった。そして千秋楽には、彼が宇都宮から大病でふせっている本モノの部隊長を呼び、アンコールカーテンで涙の対面をした。私の演じる部隊長、その実のご当人が家族に抱えられ、舞台はなまで出向いてきて、私たちの花束を受けられた。客席も、ドラマの中のドキュメントの展開に、深い感動をおぼえたようだった。

いまは亡き加東大介は、この当時のことがよほど懐かしかったらしく、いつも枕頭の語り草にしていたと伝え聞く。

＊

こうして森繁劇団は呱々《ここ》の声をあげた。ついで東宝劇場、新橋演舞場、明治座、と矢継ぎ早に芝居を打った。

成功する芝居もあれば、悪評しきりなる芝居もあったが、森繁劇団という名前がオカシクなくなるにつれて、私もある程度の統率力を持てるようになった。

が、座長に対しては面従腹背もあり、さらには、この小さな劇団にも政治と同じように派閥ができはじめる。わけへだてなく取り扱ったのに、どういうわけか日本人はセクト好みの人種だ。これもどうやら役者という常に孤独な人間が不安の中に生きているせいかもしれない。幹部は一人一人自分を中心に徒党を組むのだ。大部屋のメダカもやはり群れたがった。

そのメダカたちに、ある日、お前たちはこの一カ月、いくらもらっているのだと聞いたら、一万五千円です、という。これにはびっくりした。

世間の相場をみても、十七、八歳で最低三万五千円は取っているご時世に何たることか、と本社にかけあったが、先方は、かれらはあくまでも研究生、金をもらえるだけでもしあわせで、本来ならこちらが払ってもらいたいくらいだという。

一万五千円じゃ、一カ月、明治座に通う交通費だけでスッとんでしまう。それが朝の十時半に楽屋に入って、夜の九時半までメシも食わずに舞台に出ろというのか——。私はやりきれぬ気持ちになり、せめて腹だけは一杯にしてやろうと、楽屋に「森繁飯店《はんてん》」なるものをつくった。

出演者の一人で、今はもう他界したが、谷晃という役者が芝居より食い道楽で、これを炊事長にし、これに子役のおっかさんをつけて台所をあずからした。この二人が早朝、私の渡す小銭で魚河岸へ買い出しにゆき、新鮮な半端物を安く手に入れてくる。〝鰈《かれい》のから揚げレモン添え〟といったふうにその日のメニューを発表するのが一同の楽しみになった。

手のあいた女優がこれを手伝う。ドサ回りの一座とさして変わらぬにぎやかさだ。

タクアンをきざんでいる女優に、

「淡島さーん、出ですよ」

彼女は大急ぎでエプロンをとってお姫様になり、舞台に出てくる。その手をつかみ、「いざまず、これへ……」。そのとたん庶民の匂い、タクアンのかおりが、姫のたもとのあたりからプーンと立ちのぼるのである。相手役も気分がこわれたことだろう。

「谷さん、二場がとれました。出ですよ」

「なんや、また、出えか。いま油煮えてきたところや」

こうなると、どっちに熱をいれているのかわからない。

ファンファンこと、岡田真澄が出た時、彼は多摩川べりの養鶏場を探し、そこだと、新鮮な卵を安く買えるからと、なくなるたびに二千円ずつ買い出しに行ってくれた。メシ代についていうと、タダはいかんから、十円ずつこの籠に入れよ――と張り紙したが、それも三日ほどでウヤムヤになった。でも、全員が芝居そっちのけで、いじらしいほど働いたものだ。

その話が、やっかみもあってか、間違って本社の重役陣の耳に入った。

「役者に、そんなミミッチイことをさせるナ！」

菊田親父からきついお達しがきた。それなら東宝芸能学校が、〝頼む〟といって送りこんでくる研究生たちに、通って食えるだけの金を払え、と応酬してケリがついた――かどうか知らぬが、その後、音沙汰がなくなった。

＊

次に思ったのは、劇団員の間に人間的交流が欠けていることだ。そこで私は、当番制をしくことにした。

芝居というものは妙なもので、千秋楽まで逢えない同士ができる。Aは二場に出てBは三場に出るというふうに、ついにめぐりあえない連中たちができる。仲よくなる暇もなく、また、幹部に顔も知られないうちに芝居が終わるというのも不本意なので、毎日六人、昼夜三人ずつで当番をやることにした。別に何の用もないのだが、当番は自由にだれの部屋にも顔を見せ、

「今日の当番山本でございます。何か御用はありませんか」と挨拶して回る。

確かになにがしかの効果があった。

「おう、山本はお前か。入れ。どの場に出ている」

「三場の群衆と、二の四場の駆け込んで来て急を報らせる男です」

「うむ、アレか。ちょうどよかった。注意しようと思っとったんだ。あれはマズイぞ」

と、ここで幹部の目にとまって、いい駄目出しを頂戴する。ついでに、人柄も見てもらえる。

が、なかには面白半分に当番にパンツを洗わしたり、タバコを買いにやらせて舞台をトチらせたり、しまいには、幹部が自分たちも当番をやるといい出して困った。津川雅彦などは、女優の背中にお白粉を塗るのが楽しみとなり、先方が裸になっているところを狙って入ったり――。あげくは、当番の売り買いまで生じたりした。

宇津井健も初舞台が私たちの劇団だった。彼はみんなと友だちになれると喜んで、率先これをやった。ちょうど彼のテレビ番組「ザ・ガードマン」が評判だったころで、当番の赤ダスキが急に、ザ・ガードマンふう、ブルーのタスキになったのもシャレた懐かしい思い出として残っている。

赤木春恵が「飯店」でめしの準備をしているところへ、ボサッとした新人の当番がやって来て突っ立っているので、

「どうしたの、お腹すいたの？」

と、やさしく聞いたら、

「赤木さん、トチってますって……」

「バカね、早くいいなさい！」

真っ青になって飛んでいった話も、いま思い出すとおかしい。

不思議なことに女優さんというのはメンスの時に、絶句したり、出トチリしたり、声が出なくなったり事故が多いので、座長命令で、

〝女優諸君は生理の時は、相手役と舞台監督だけにはこっそり知らせること〟

と書いて張り出したことがある。が、陰で、あれは座長の陰謀だと、あらぬウワサをたてられ往生し

たことだ。

部屋割りの改革にも意をくだいた。どうもみんなに新人を養成する姿勢が乏しいので、部屋っ子制度を復活し、彼らを大部屋に入れず、座長から幹部十人ほどまでの各部屋に二、三人ずつ同室させた。メーキャップの方法から、着付け、小道具の使い方、礼儀作法などを教えることにしたのだ。

何日かたって、山茶花究が血相をかえてソデへ入って来た。大声で若い役者を呼びつけ、

「お前のメーキャップは何だ！　だれが顔を作った！　ハブタイ（時代劇のかつらをかぶる前に自毛をおさえ、剃りあとのように見せるために頭を包む布）と額の間から毛が出てるじゃないか！」

「ハイ」

「お前はどこの部屋だ！」

「座長です」

「クソ……。座長、首にせい！」

シャレたジョークだと今も語り草だが、私も忙しくて、言い出しべえのくせして、手が回らなかったのだ。

まだまだ懲りずにいろんなことをした。公演中に二回開くセミナーも、みんなの思い出にある。終演後、舞台にゴザを三角に敷いて、上下の区別なしに全員が座る。作者も、照明も、効果も、美術も、劇場側も来た。

楽屋に届けられる酒や菓子を出し合って、無礼講で自由に討論する機会を与えたのだ。

「小野田先生に伺いますが、どうしてあんなにギリギリにしか台本《ほん》ができないんですか？」

新人は率直だ。爾来《じらい》、小野田勇はセミナーはゴメンと出席しなくなった。

「座長におたずねします。座長は貧乏な役をするのに、なぜ、新調の衣裳を汚して作るんですか？」

「三木先生が、最後までセリフを覚えないのはワザとですか？」

「山茶花先生は、楽屋でも怖い顔をしていますが、家庭でも同じですか？」

「座長は、台本にないセリフを時々いって女優さんを困らせますが、あれはいいことでしょうか？」

ばかばかしい話だが、一生懸命汗をかいて、その場をつくろった私たちに、とうてい「名優」の面影はなかった。

そして、公演中に一回、のり平の「パーッとやりましょう」で、どんちゃん騒ぎの大パーティーをやる。もちろん、親睦の意味も十分あるが、その夜の余興のために全員は一週間も稽古をするのだ。

そして日ごろ、全く眼に映らぬ新人たちの中に、隠された素晴らしい才能の芽を見つけて、次の機会に抜擢する。

「屋根の上のヴァイオリン弾き」でモーテルの役をした富松千代志も、それで世に出た男だ。

座長部屋は芝居がはねるとバーに早替わり、無礼講の「一座評論《セミナー》」の場となった。

昼だけの一回公演の日には、一座をボウリングにも連れて行ったが、ナンボ銭をとってもこれでは座長は赤字であった。

〝飯店、バーにボウリング、合間に芝居もやっている〟——さっそくこんな落首が壁にはられたことである。

功罪なかばした森繁劇団のもろもろの行事だが、思いかえせば、ガヤガヤと面白半分に日を送るだけのもののようでもあったが、欲さえあれば芝居の急所をいくつも発見できたことは間違いない。すでに帰らぬ日々だが、青春の息吹も、涙も、カゲリもあり、懐かしいことだらけだ。

おかし哀し魔性のオカマ世界

今をはやりの、つかこうへいの芝居を、またまた見にいった。今度はオカマさんの芝居で、私のひいき役者平田満がそれこそハダカで奮闘していた。この芝居についての私見はさて置いて、私が何故つかこうへいの劇に魅せられるのか、雨の道道考えながら帰ったことだ。

つかの芝居は例のごとく、私たち年とった者にはめくるめくような早さで、ほうりなげて、振り捨ててしまうような芝居だったが、弱冠三十歳の奇才、つかこうへいの魅力はそれでも十分であった。

この魅力をフト、いつもゆれている魅力だナと感じた。そしてこの人は極度にカタまることを避ける作者だナと思ったのだ。あるいは避けるというより作者自身がカタまらぬ物体とも見えたのだ。ことさらテーマを見つけようとする私などをアザ笑うというか、翔ばない奴に用はない、とでもいうか、歩いている奴のそばをオートバイですりぬけてゆくようだ。

お客は、日ごろのムセかえるような若い群像に加えて、大人もチラホラ見えた。はじめのころは白いヒゲを生やした私などは座っているだけでもテレ臭いものだったが、この日なんか驚いたことには外人もいる（私たちも外国で芝居を見るのだから別に驚くに値せぬことかもしれぬが）。いずれにせよ私はヘエーと思い、あれはオカマ外人かも知れぬなと女房にささやいたくらいだ。

　これもまたカタまらぬ素材とでもいえそうな観客が、劇の進行につれてはげしくゆれるのだ。その中でゆれる力のない老人は時に疎外された痴呆のように口をあけて、ボウ然としている。

　不確実性の時代などという。これもカタまらぬ時代の意と勝手な解釈をしているが、その時流に乗って青春を思うがままに展開し、「今」という時空間をかき回す——そんな、つかの芝居の不思議な在り方に、こちらはあるいは羨望にも似た魅力を感じていたのかもしれない。

　そういえば、今日このごろ、各劇場に見るカタまった古めかしい芝居は正直つまらない。また、中には古くカタメようとして、カタメそこねた芝居などあり、なおつまらない。演劇は古いコピーではないのだ。これはひとごとではなく、私などについてもいえるのだ。即興演劇の昔から、芝居は常にカタまらぬものであったに違いない。

　しかし、いずれ、つかこうへいも何かにカタまって、あるいはカタメられて大成し大御所となる時が来るであろう。もしそうあれば、それは一番つまらない人間になってしまった時といえるのかもしれぬ。

　この芝居の中でどこが面白かったか。名答はない。たとえていえばあれはボディー・ドラマとでもいうか。カラダの芝居で、体中にヒロポンを打ったような、人間の躍動する劇だ。しかもテーマをオカマの心理とするなら、倒錯の上につかこうへいの輪をかけた倒錯が折り重なって、老優は目がくらむのである。

　彼は稽古中もそうだが、頭の中に台本があり一見口だて芝居のような演《や》り方で、しかも毎日劇場にきて急にカットしたり書き加えたり、また、すっかり変更したり、カメレオンのように日ごと変わると聞いた。もちろん、彼らにいわせれば、それが日ごとの進歩というに違いないが。

昨日見た芝居と今日見た芝居とは違うのだ。違って当たり前、私たちの場合でも違うが、その違い方に大きな差がある。

彼はどんな時にも、役者を活魚料理みたいに生かしておきたいのだ。私はいつも客席から、そのつかの欲望をかいま見て、ただならぬ男と思うのだ。

も一つ。彼はひょっとして陰性であるから極力陽性に物を作るのだろうか。芝居は明るい。オカマ話でも彼一流の陽気な悲哀が見える。パゾリーニの「ソドムの市」みたいな陰湿な倒錯劇とは大いに違うのだ。

近ごろ、渋谷やその他に有名なオカマ宿が出来たそうだ。残念ながらのぞいたことがないので、オカマの実態はつまびらかではないが、オカマは常人の眼にはおかしいもので、本人の悲劇は、こっちには喜劇だ。この芝居を見ている客の中には深刻に受けとめて、あるいは客席の隅で泣いている同調者がいるかもしれぬが、少なくとも私には、男たちの女ゴッコで、たわいなく楽しいものであった。

＊

映画に盛んに出演していたころ、古い活動役者と呼ばれる仲間が大勢いた。

この連中の昔ばなしや、アケスケの映画界譚が面白くて、ロケーションの宿などでは、かれら活動の古参兵を集めてよく酒を飲んだ。

へえーそんなメッチャクチャなことをやったのかい——とあきれかえるような昔ばなしは、とうてい、ここには書けないが、活動役者の中で、いつも悪の手下で出る、いかにも顔のすごい頭のハゲ上がったAという男と親しかった。惜しいことに、四、五年前脳梅毒で死んでしまったが。

その彼が、ある日、オレは一人部屋にしてもらえる男なのに今度も二人部屋よ、とつむじを曲げて私の部屋に入って来た。

——よりによって若いチンピラの新劇の奴と一緒よ。タチ回りもロクスッポできねえのに毎晩、理屈ばかりこねやがって往生こいているんだ。おまけにこいつが寝るやいなや、大いびきをかきやがる。毎晩オレは寝そびれて参っているよ。昨夜も飲んで帰ったら、ブーブー豚みたいないびきをかいてるんで、とうとう蹴とばしてやりましたワ。でもいびきをかく奴はそんなことではヘコたれんね。すぐまたかくんだ——。

このAが、ついにたまりかねて一案をしぼり出した話を、数日後聞いて私どもは抱腹絶倒した。

Aは、女中の長襦袢を借りて、そのムクツケキからだにまとい、くだんの若い役者の寝入っている枕もとに座ったという。そして、ダミ声で「モシモシあんた」と、いびき男を起こした。起こされた方は、はじめうす目をあけて見ていたが、次の瞬間、ド肝《ぎも》を抜かれてフトンの上に飛び上がった。そこでAは静かに陰にこもった声で、相手の耳もとにささやいた。

「おい兄ちゃん、おどろかないでョ」

「ハイ！」

「あんた。可愛いね」

「どうしたんです。甚さん！」（Aの呼び名だ）

「あんた約束守れるねぇ。みんなにいわないでョ。ワタシね、顔はこんな敵役だけど、心はやさしいのョ」

「酔ってるんですか？」

「バカね。本気よ。ネェ聞いて……」

「甚さん、明日にしましょう。僕のいびきでしょうか。それならあやまります」

「いいのよ。いびきなんて……、それより、ほんとに秘密守ってくれるわネ。他人《ひと》にいったら殺すわョ」

「何ですか。……しっかりして下さいよ先輩、僕は若くてまだ……」

「その若いのがたまらないのよ」

「…………」

「ワタシね、分かるでしょ。あっ、ちの方なのョ、分かるでしょ」

「分かりません。ゴメンナサイ。先輩！」

「あんたの体が欲しいのョ」

「先輩は男じゃないですか？　僕は……」

「今日の今日じゃ、あんたも返事出来ないでしょ。考えといてネ、欲しいのョ。このロケーションの間に仲良くなりたいの、好きなのョ、明日でも明後日《あさって》でも。いいわネ」

——オレ、そういってから長襦袢のまま自分のフトンにもぐりこんで寝たんだ。奴はよっぽど怖かったんだろうな。いつ襲われるか気が気じゃないから、どうやらそれから一睡もしなかったようだ。

こっちはありがたい。いびきが無くなったんでグウグウ白川夜舟さ。いや、ゆんべはよく寝た――。可哀想に、その若い役者は、睡眠不足なのか、ロケの間じゅう、ヒマさえあれば草ッ原などでひるねしていたという。

＊

昔は、なんとなく隠していたホモセクシュアルも、このところだんだん大っぴらになってきたような気がする。

実験によると、小さな所にたくさんのネズミを飼っておくとネズミもホモになり、レズになるという。これ以上、繁殖したら、お互いに食えなくなることを、本能的に知っているからだそうだ。だから今や世界は、人口の爆発的増加を恐れて本能的にホモとレズが盛んになってきた――とうがったような話を聞いたが。

ある男は、文化の程度が高いほど、そうなるのです。ごらんなさい、ニューヨークやパリやロンドンの芸術家たちはほとんどがホモですよ。ホモになりゃ、あの世界で世に出ることは可能ですと、これもうがち過ぎた話だが、聞くところによると、私たち役者の世界にも極秘にホモリストとレズリストが作られているそうな。

森繁さん、あんたも入っていますよ――と私をおどろかした男がいる。こっちもトボけて、へえ？　じゃ相手はだれですか。竹脇無我も松山英太郎も、最近では西田敏行も可愛がられて世に出ましたネ――こっちが絶句するような返事がかえってきた。彼らのためにも、それはございません――

とこの際、キッパリお断りしておく。そういえばホモ人たちは、党勢拡張のため、その陣営に一人でも多くの仲間を引きずりこもうとする傾向があるようだ。

さて、そう見られる原因は何だろうということだが――。昔から役者の色気ということが、しばしば巷間に囁かれる。

「年とったけど、色気があるね」とか、「女あそびをしないから、も一つ色気が出ないなあ」とか、「あれで色気が出たら日本一ね」とか。

昔から、男役者に女心三分といって、少しカマっ気のある奴がなんとなく舞台に色気があるものとされていた。

女形というのは、そうした男の色気を「女」という形の中に圧縮したようなものかもしれない。この際、女形の話は預かりにして、男役者の色気についていえば、女のやさしさとか、女の心やりみたいなものが舞台から客席に流れて、はげしい男を演じている中で、ところどころにポッと紅がさすのではないか、などと考えるのだ。

役者の作業の中には、相手の気持ちを洞察するという大事な一項目がある。

相手の心も洞察できない粗雑な男にいい芝居はできないし、客も沸かないことは確かだ。この細かい心づかいが、ハタ目にあの男とあの男は怪しいというふうにうつるのではなかろうか。

＊

戦後まもなく、上野の森に夜の老花というか、お富さんという五十を過ぎた男娼が出ていた。上野界隈ではちょっと鳴らしたオカマさんだったそうだ。この話は私が直接聞いたのではなくて、モノ好きが一夕、彼のカマ談義を聞く会を催した時の話である。

このお富さんというのが、よりによって、頭の薄いヒゲ面、おまけにブラブラの前歯が一本しかない歯ぬけときている。女装してもとうてい追ッつかない顔だが、これを真白白《まっちろちろ》に塗りたくり、どこで拾ってきたか赤犬みたいなキツネの毛皮に、大正ふうの耳かくしのカツラをかぶってのお出ましだったそうナ。その毛皮だが、あまり乱暴に扱うと毛がポロポロ抜けるし、おまけにキツネの尻尾が荷札の針金でしばってあるので、ご当人も気が気じゃない。

――わたしゃ、一番暗い所に立って下を向きながら獲物を待つのよ。お客は泥酔したのしきゃ捕えない。オカマの戒律は〝明かし〟をやらぬこと。つまり安宿に連れこみ、手っ取り早くスマタをくわせ、疲れたところで、そっと抜け出し、ポケットの財布からお宝をぬいてさっと消えること――。

つまり朝まで同室する明かしは絶対禁物だと、お富さん、一本歯を抜けそうにふるわせて強調したそうな。

――ところで、こんなプロカマの私でも時々ヘマをやるのよ。こないだもね、いいカモ引っぱり込んだんだけど、どっかもう一軒飲みに行こうとしつっこいの。わたしこの通りだから明るいとこなんか行ったら一ぺんに駄目でしょ。で、屋台の酒買わしてお山（上野）の暗がり道をラッパ飲みしながら歩いたサ。その時、私、ろくすっぽ、おまんま食べてないから腹もへってたのね。宿へ入ったらグウッと酔いがきて、ガタンと眠っちゃったのよ。ぐっすり寝たのね。急に胸の上が重いのよ。ハッと気がついてウス目あけたら奴の顔が目の前にあるじゃない。おまけに雨戸の隙間から朝日が差しこんでいる。

「しまった、明かしたな」と思ったけどもうおそいわ。奴は私に馬乗りになって私の顔をじっと穴のあくほど見てるのよ。そしたらね。急にふりしぼるような声出して、

「なんだ！　男か！　わァーッ！　いやだョ！」って飛びのいて、頭を抱えて泣くじゃない。そりゃまあビックリするわよね。ハゲチョロケのお白粉の間から、ヒゲが少しのびているし、あいた口から、この一本歯がブラブラしてるんだから……。

　わたしもヤケになって、ファ、ファッ、ファッて笑ってやって、急いでキツネ巻いてフスマあけて出ようとしたら、

「おい！　シッポが落ちてるぜ」

「あら！」

「ギョウッ！」

って。ほんと、化かしそこねたのね——。

　屈託のないお富さんの話は、笑いながらも、いっそスガスガしかったという。

＊

　オカマとは何だろう。男と女じゃつまらなかろうと、神様がおはからい遊ばしたのか。この道に、きびしかったアメリカも、そろそろ解禁とか。

　オカマ。おかしくて、かなしくて、魔性のひそむ……の謂《いい》か——と、つくづく思ったことである。

役者が甲羅をぬぐとき

海底深く、テレビカメラがもぐって蟹《かに》の脱皮を見せる、素晴らしい生態の神秘に挑む番組があった。おろかにも私は、蟹は甲羅ごとだんだん大きくなって、ついにはあのタラバのようになるのだとばかり思っていた。まさかあの甲羅をぬいで成長するものとは思っていなかったのだ。人間のお産も驚くべき自然の業ではあるが、それにも増して、あの複雑な顔や爪、そして八本もある長い脚を持つかれらが、身体の膨張にともなって、ある日、やむにやまれず硬い殻を己の力で割り、そこから脱け出し始めるものとはおそれいった。

成育への道とはいえ、蟹たちのこの苦行はまさに同情おくあたわざるものと、しばし頭が下がったのである。

ユダヤの諺に、〝大人というものはない。子供が大きくなっただけだ〟というのがあるが、脱皮をしない最たるものは人間であろうか。年ふるに従って己の甲羅を一層厚くし、コケを生やし、その中にとじこもって、いっかな成長の気配を見せない。そんな己を恥ずかしく思いながら、蟹の脱皮に見惚れたのだ。

歌舞伎、新派、新劇——と、それぞれの殻の中に新人が入ってゆく。ウイウイしいからだを引っさげて、新生の意気に燃えながら入っていくのだろうが、いつの間にか固まってその座風というか、芸風というか、劇団のパターンという甲羅ができる。周りも、ようやく馴染んできたとそれを喜び、本人もその甲羅で他の一切を遠ざけてわが身を護り、哀しいかな生涯これをぬぐこともなく終わるようだ。

さて、その殻とは何だろう。長い年月をかけて築いた劇団のスタイルだろうか。無言の誓約に忠実に従って、先代を見習い真似る、いわばコピーのような仕事が続くのだ。時にコピー以上に振る舞う者は、禁断の園を荒らす者としてツマハジキされる。しきたりは根強く、容易な業で脱皮などできるものではない。新しいパーソナリティーも芽生えはしたが、習い、覚え、やがて固まり、籠《こも》ってしまう。これをくりかえすのだ。牢固としてこれを破ることなく芸能悔を泳ぐのが、常識とされている。

これは余談だが、先ごろ、猿之助の奮闘を見て、何とか脱皮しようとする心意気が見えて、頼もしかった。だが、風当たりもさぞかし強かろうとお察しした。今、この是非論などに耳をかたむけるよりは、今日という風の中で闊達《かったつ》にあなたらしく思う存分おやりなさいと、ひそかに声援を送りたいのだ。

劇場に入れば、すべてそこは旧の世界だろう。その土壌の中で、いささかでもコピーをさけて、新しい時代に新しい自分を発見する。これは大変なことだが、実はそれこそが一番大事なことではないのだろうか。早い話が、表へ出れば今日の風が吹き荒れているのだ。劇場という大きな甲羅の中では生きてゆけても、外へ出れば、息する間もないリズム、ハネ飛ばされそうなテンポに身も心もまきこまれる現実があるのだ。

若者は百キロのスピードに乗って走り、ロックの騒音の中で現代を感じている。これが現代のリズムで、容赦なく君をつつむものなのだ。

「屋根の上のヴァイオリン弾き」も、親と子の人情劇だけでは、ああまで若い観客層は動員できなかったろうと思う。酒場での激しい踊りや、結婚式での乱舞、そしてボトルダンスや、迫力にあふれた合唱《コーラス》が若者のハートをゆさぶったに違いない。

そんなことは百も承知していながら、なぜか役者というものは、現代の時流に乗りそこねるものらしい。舞台に上がると、急に古いことをして、アンティークみたいな古臭をただよわす。

役者には、蟹のような脱皮は永遠に無理なのだろうか。

＊

森繁劇団が結成される少し前、淡島千景とともに、大阪の新歌舞伎座に自由劇団と銘打って旗上げしたことがある。

何か一味違ったことをやりたいと話しあったすえ、織田作之助の「わが町」を脚色し、「佐渡島他吉の生涯」と題名をかえて舞台に乗せた。いっかいの車引きの生涯を芝居にしたもので、淡島千景に嫁、娘、孫の三役を演《や》ってもらった。これは後年、私の演《だ》し物の一つとして、磨きに磨いたものだが、目に一丁字もない裏町の一人の男の物語は、主人公が名だたる人間でないだけに、大方の共感を呼んで初演から今日まで大入りであった。

ほかに序幕は中野実さんにシャレた喜劇を書いてもらうことになり、序幕と二番目狂言のインタバルには、キャバレーで唄っていた、不思議な男を見つけて出すことにした。何ビトとも分からぬ風貌だが、ギターも声も上々。大阪では彼の流しを客が追っかけたというほど、人気があった。

その男をアイ・ジョージという。二つ返事で彼はひと月間劇場に出ることになったが、舞台は時間で開《あ》くのに彼は時間にトンチャクない男だ。穴があいて往生したが、これがアイ・ジョージの世に出るキッカケであったろうか。

さて、「佐渡島他吉」の方の台本はでき上がったが、中野さんの「ある女の影」というのが、なかなか上がってこない。

(中野先生逝いて七年。ご存命ならば、この話はお断りしたうえで書くところだが、在天の霊よ、乞う御寛容を)

先生も、疲れておられたのか、あるいは私どもの常ならぬ意気込みが気にかかったか、初日の早朝にやっと台本ができ上がった。グズグズいってはおれん。あと数時間で幕が開くのだ。さっそく稽古に入ったが、凝りに凝った舞台で、出入《ではい》りが七個所もある。一つ間違えば、収拾がつかなくなる難物だ。しかも次の狂言は車引きが主人公なのに、こちらのほうはどういう皮肉か、私も山茶花究も「殿下」と呼ばれる華族役である。セリフを忘れてアドリブをいうにしても、華族サマのアドリブなど想像もつかない。

一夜漬け、いや一朝漬けの荒稽古、筋もよくのみこめぬうちに、客入れとなり、いよいよ開幕である。

度胸を決めるのもいいが、ほとんど一睡もしていないし、ボケた頭に筋は難解、役は宮様《みやさま》ときている。さすがの私も不安が胸にこみ上げ、衣裳をつけながら本を読みかえすのだが、まるでウワの空だ。

セリフをつけてくれるプロンプターが、ソファのうしろと上下《かみしも》に三人入った。が、このプロンプターたち自身が、たった今、本を読んだばかりでは、耐えがたい頼りなさだ。

開演のベルが、刑場の鐘の音のように聞こえた。それでも、殿下の私はひるまず堂々と登場することはした。

三方からいっせいに囁《ささや》きが聞こえる。これではプロンプターにならない。セリフがかぶって、聞きとれないのだ。まもなく山茶花が登場してきた。

何となしにホッとした。この隙に、手近の扉から一度裏へ入って、台本に目を通そうと、やにわに退場したまではいいが、ついてないことには山茶花以外、舞台にはだれもいないじゃないか。

「おう、みんな留守かい」

山茶花の独語《ひとりごと》が、舞台から聞こえる。ほっておいては申しわけない、と再び出てみたら、こんどは山茶花がいない。

「だれか来たような声がしたが……」

と、ひとりごとをいいながら別の扉を押して退場したところ、彼が戸のワキにしゃがみこんで、目を充血させながら台本を読んでいる。

「おい、究さん、どうしたらいいんだ。だいたいのスジだけいえ！」

「しらん！　しらん！」

顔も見ないで、知らん知らん、とは冷たい男だ――と思ったが、しかたがない。舞台はカラッポだ。また堂々と出ていった。そのうち彼も出てきたが、今、裏で大急ぎでおぼえてきたらしいセリフを勝手にシャベッてこちらを見向きもしない。こっちは興奮していて、馬の耳に念仏だ。そのうち、ソファのうしろのプロンプターが「飛ばして幕切れです」という。さあ、何で幕切れになるのか、全然頭に浮かんでこない。すると、プロンプターが、

「セッコー、セッコー」と囁く。あ、そうか。とっさに、

「いや、君と中支だったか、あの戦線で斥候に出たね。あの時は大変だったナ」

よし、これなら何とか話が作れるぞ、できるだけシャベろう。そのうち何とかなる。ところが、

「うむ」

と、山茶花は受けたが、厭《いや》な顔をしてソッポをむくではないか。ソファのうしろからも、

「違う、違う、セッコー、セッコー」とまたも囁く。そうか、人の名前だったか――。

「いや、それはそうと、セッコウ君はどうしたかね」

とうとう山茶花は沈黙して、何もいわなくなってしまった。するとまた、プロンプターの声だ。

「階段のとこの、石膏の像です。持って入って下さい」

あ、そうか、そうだったのか。この女の石膏像が作品のテーマだったのだ。何という失態。

「そう、そう、君、これだよ、この女だよ」

石膏をかかえて舞台から消え、やっと幕になった。何ともこれは人にも言えぬ恥ずかしい思い出だ。

これでは蟹の脱皮どころではない。ナメクジのように、塩の一つまみで溶けてなくなりそうな一幕だった。第二場がどうなったか、覚えはない。ただ、いよいよ終幕の三場で、二人が老人になって入れ歯を落としっこするところがあったが、不思議や、ここだけはおぼえていた。

その日、初日を見にきた知り合いの女が、済んでから私にいうことに、

「何だか分からなかったけど、面白かったワ」

役者がセッパつまって、あれこれ穴のあかないようにいろんなことをやるのを、客席で冷静に見ていれば、これはまさしく喜劇に違いなかろう。

＊

プロンプターといえば、井上正夫さんを思い出す。戦後、有楽座の「鐘の鳴る丘」でご一緒したが、千穐《しゅう》楽まで、このひとにはプロンプターがついていた。

「わしは、おぼえが悪うてのう」

物陰から囁かれるセリフを聞きとるまでは、舞台の上で身動きもせず、聞きとったとたんに、ビックリするような大きな声でセリフをいわれるのが印象的だった。

「セリフをトチって分からぬ時は、森繁君、動いたり、やたら方々を見てはいけません。客席の一点をにらんで、じっと動かぬことじゃ。そうすれば、客はだまって私を見てるからね」

その後、ある芝居で、舞台監督の卵がフスマのうしろに入ってくれたことがある。この男、よりにもよって、ひどいドモリ。ちょっとセリフをいったかと思うと、あとはだまっているので、「次！　次！」とせかすと、なお興奮するのか、長い沈黙のシジマがきて、ホトホトまいった。役者のセリフとセリフとの間に、チョコチョコと次を教えるプロンプターの腕も、特殊技術であることに間違いない。セリフ覚えの悪い三木のり平は、ある時、小柄な付き人を二宮金次郎の銅像に仕立てて、台本をもたせ、プロンプターにしこんだことがあったが、彼は終始その像の下を動かなかったのも、今や楽しい笑い草だ。

＊

名古屋で公演中、休演日にも仕事のある役者は、新幹線のお陰で大阪、東京へと飛んでかけ持ち仕事をする。

ところが、そんな時に限って折悪しく新幹線が故障したり、暴風雨で何時間も遅れたりする。そのたびに、急遽《きゅうきょ》代役を立てて穴埋めに大騒ぎする。

大阪へ帰った芦屋雁之助が、米原から、「汽車が動きまへん。すんまへん、間に合いそうにもないので、何とか一つお願いします」

と電話をかけてきた。朝の九時だ。

私は、急ぎ、須賀不二男のホテルへ電話をして、雁之助の代役をたのんだ。昔の役者はよくしたもので、「いいよ」と二ツ返事で引きうけ、大急ぎで楽屋入りしてくれた。

衣裳が合うか、かつらが合うか。持ち道具は……と舞台監督に聞きながら、台本片手にあらましの筋と動きと、出入りを聞く。一時間ほどの早業だが、彼ぐらいの古手になると、ちっともあわてない。

「こういうことが、できなきゃ、一人前の役者といえんぞ」

と、若い者にハッパをかけ、プロンプターを決めて舞台へ出る。こういう時のプロンプターは、いつも芝居を見ていて、セリフをよくのみこんでいるのが選ばれる。その時は、私の弟子で石見《いわみ》栄英というのが選ばれた。

序幕の芝居を全然見ていない須賀は、動揺の色も見せず、花道を出ていったが、その花道の途中で長セリフがある。ややこしいセリフだし、遠いので幕袖からの石見の声もなかなか届かない。

「もっと、大きな声でいえ！」

また、客が笑い出した。たまりかねた須賀は、
に、客席がドッと笑う。そこでプロンプターが声を大きくしたから、今度は客席に丸聞こえだ。

「よし、よし、分かった。イワミ！　もうこうなったら、出てきていえ！」

芝居はメチャクチャだ。が、それもあろうかと、私が開幕前に舞台からお客に、新幹線に乗りました芦屋雁之助がかようシカジカ——と、あやまっておいたから、かえってご愛嬌になったというしだいだ。

昔、明治座に出演のころは、昼、夜、新作四本の狂言。稽古も不十分、初日はそれこそ大変なさわぎである。幹部役者には、それぞれ付き人や弟子がプロンプターをやる。声で聞き分けないと、他人のセリフをいってしまうからだ。

民間パイロットが主人公の芝居で、「空に真赤な雲の色」という芝居であった。そのポスターは、凜々《りり》しい飛行服姿の主人公（私）が画面いっぱいに映っているものだったが、だれが書いたか、その横にこんな落書きがしてあった。

「プロンプターの声聞きとれずただ睨《にら》む」

怒るに怒れないイキな川柳だった。

えらそうに蟹の脱皮論などを書いたが、その私にしてからが、こんなことばかりで殻も破れず、ゴ

キブリのようにチマチマ動き回り、陽にさらされたモグラのように、あきらめ顔で、馬齢を重ねてきた。気がつくころに年はなし——で、いまさらながら砂を噛む気持ちだ。

＊

先日、来日したイタリアのピッコロ座を見に行った。終演後、主役のフェルッチョ・ソレーリと深夜まで話しあい、たがいに、今日を生きる即興劇に全身をぶっつけたいと大いに共鳴した。

彼は四十九歳。その彼が、先代が演じて一世を風靡したアレルッキー（主役人物）を、その緩慢な動きをやめて目にもとまらぬ早業に仕立て変えて演じた話には、胸のつまる思いで聞き惚れた。そこには明らかに新しい人物の創造があり、蟹の脱皮した姿があった。

そこは六本木の中華料理店だった。ちょうど、蟹の料理が出たので、それをしおに、

「あんたは蟹だ」

と褒めたが、彼は分かったような分からないような顔をして聞いていた。

春の京都にて——おそるべし勝新太郎

春の京都を久しぶりに訪《おとの》うた。

勝新の「座頭市」に出るためだ。様変わりしたように見えても、さすが京都は古都のたたずまいがあり、せっかちな私の心をゆるませる。ロケで行った北山の池のほとりや、伏見に近い淀の河原も、

なにがなし〝あんさんも日本人やおへんか。ちいとゆっくりシオスヤす〟と問いかけているようで、ひさしぶりに春の中の春の風を吸ったような気分になった。

桜も、あわてて咲き、あわてて散ってゆく東京と違って、京都ふうに優美ランマンと春を飾っているようで、その下を歩く男のテンポも、どこかのどかさが見え、チョンマゲをつけていてもおかしくない風情であった。

勝新という男は才気あふれる役者であり、また監督で、しかもとことん世話人である。図太くて繊細で、大いに勉強させられた。

心を画に撮りたい――と、彼はしきりにいう。下阪を前に、脚本を送れと催促すると、京都から長距離電話をかけてきて、あらましの筋を自分だけ分かったように話したが、まるで片線通話だった。

「大体のみこめたと思うが、筋はまあそんなとこで、いいセリフを方々にちりばめたいが、あんたも考えておいてくれ。現場でとくとディスカッションしながらいい画を創ろう。自信は十分。料理の美《お》味《い》しいところも、ちゃんと用意してある」

とつけ加え、私の返事を待たずに電話を切った。

さて現場だが、こっちもよほど研ぎすました鋭敏な神経を用意していないと、彼のねらいにはまり込めない。

彼は私に椅子と毛布をもってきて河原の一角に座らせ、私のタバコに火までつけて、何をどう撮るかも告げず、「熱いお茶を先生にあげろ！」と怒鳴って一目散に駆けだすのだ。

遠いカメラの場所まで飛んで行って自分でのぞき、カメラマンとあれこれ打ち合わせをしたかとおもうと、こんどは、自分が私の代わりになって何遍も歩く。そうやってポジションを修正して、また飛んで帰ってくる。大変な精力家だなと見惚れていると、今度は私にセリフをくれて、二、三度たき火の前で合わすのだ。そのあと「もっといい言い方はないかな」と、しきりに私の知恵をしぼらせたあげく、テストもやらずにいきなり、「本番いくぞ！」と怒鳴るのだ。

　こっちがあわてて、一度くらいセリフを合わせながらカメラの前でテストをやろうじゃないか、といっても、いきなり本番の方がいい、とガンとしてきかない。

「あわすと段取りになって会話が死ぬ」

というのだ。人間なんて、そんなにキチンと書いてあることをいうモンじゃない。ギクシャクしていても、生きた会話がほしいんだ。これが勝流の映画手法である。

一見、荒っぽいようだが、実に細かい神経をつかう。私が説明不足を補おうと思って、ちょっと丁寧なセリフに直していうと、「カット！」と声がかかる。

「それはいらない。それいうと古い映画になる」

私は再三、手きびしい批評を頂戴した。

結局は大ザッパなように見えて、実は自分のねらうところへきちんと画も話も、ついでに私ももってゆく。大した才量である。

彼はスッとぼけたような顔をしながら、実はするどい聴覚で貪欲に人のムダ話まで聞いて、またたく間に牛のような胃袋で消化してしまうみたいだ。そして頭の中でいろんなものが複雑に膨脹し、セレクトされ発展して休むことがない。そんな時の勝新は、決まってうつろな目をしている。

私は今度の仕事で、少しばかりこの天才を解剖したつもりだが、つまり複数の人格がベニヤ板みたいにくっついている重層性格のような男とみえた。

なんとなく私の中に「よし、いつかこの男と、とことん血みどろになって仕事をしよう。素晴らしい映画が出来上がるな」——正直な話、そんな期待がこみあげてきた。

近いうちに勝の俳優養成学校が開校する(私も講師の一員として名を連ねているが)。こっちは老いのメンドクササが先に立って、情熱はあっても実現おぼつかないが、彼ならやりぬくだろう。

世人がびっくりするような役者をつくりたい——それが彼の念願なのだ。その意味からでも、この男は貴重な存在、と私は畏敬の念を覚える。

*

四月号の『文藝春秋』。

「日本の映画監督は今?」というのを興味深く読んだ。

私もお付き合いした沢山の素晴らしい監督さんたちは、今、何をしているのだろう。日本映画は観客を日増しに失いながら、凋落の一途をたどりつつある。しかも奮い立ってくれている監督はほんの数人で、あとは何をしておられるのか、実は私も知りたい話であったのだ。

アンケートは、一見酷なことのようにも見えたが、真摯な私見や率直な憤懣《ふんまん》や逼塞《ひっそく》の理由が述べられていた。しかも、これからの展望についても、悲観の中に相変わらず「俺はやるぞ」という映画の将来に対するポリシーも見え、映画一途に生涯をかけてきた人らしい意気が感じられ、うれしくもあった。

が、どうも答えは、なべて二、三の問題に集約されているように読んだのだ。簡単にいうと映画作家それじたいとしての衰退、ひいてはそれを惹起した映画製作会社の無能失態、サラリーマン化、経済的な理由などだが、日本映画の衰微に歯止めをかけるような名案は、確然として浮かび上がってはいなかった。

そんなわけで、ご意見はいちいちごもっとも、と受け止めながらも、読後、私はもう一つすっきりしないものを感じた。それは一体何であろうと、折にふれて考えているうちに、ふとこんなことが頭に浮かんだのだ。あるいは傲慢な言い分に聞こえるかもしれぬが、あえて勇を鼓して書いてみると──。

監督さんも不勉強ではなかったか──ということだ。

テレビが出現した時、これに一斉にソッポを向いたのは、ほかならぬ監督さんではなかったか。役者は平然と──あるいは商売商売と心の中でいいわけしながら──映画からテレビに移行したが、移行しなかった者の大半は監督であった。心中に、あんな子供だましみたいなもの──と、いささか軽侮の気持ちもあったのではないかと勘ぐるのだ。

監督の中には、極端にいうなら、セルロイドのフィルムとミッチェルあるいはアリフレックスというような一台のカメラでしか映像は撮り得ない、という観念がこびりついていた。いや、いるのではないかと推察するのである。

ところがテレビでは、おおむね四台以上のカメラを同時に駆使しなければならないし、セルロイドのフィルムは磁気テープとなり、フィルムにおける繁雑な編集は、スイッチャーという一人の男の指先で瞬間にできてしまう。しかも現在では、一台一億円もする便利な編集機が発明されていて、どんな困難な作業も子供だましみたいだ。フィルムで一番めんどうなオプチカルという特殊映像技術も、難なくできる時代だ。

しかも、撮影と同時に、その画面を現物で見ることができるメリットは、三日も四日も現像のあがってくるのを待つ馬鹿馬鹿しさと比ぶべくもない。お化けのように進歩した、このテレビ機構に足を踏み入れそこねたのが、ひいては大きな衰退の原因になったかに思い至るが、監督の大方はこの言い分にご不満もあろうか。

年も食ったし、いまさらテレビを初めから勉強するのは面倒だった、そんな気持ちも分からないではないが——。

しかし、今日では、アメリカのＩＴＴ社と東通という会社が技術提携したＥＣＧという機械は、昔、キネコといってテレビを16ミリのフィルムに焼き直した幼稚なものではない。驚くべき鮮明さをもって磁気テープから35ミリのフィルムに移しかえ、大劇場での映写が可能になったのである。

フィルムを入れた一台のカメラでなければ、いい映像は撮れないという、かたくなな考え方を一度すてて、食わず嫌いのテレビに入門してほしいと私は望むのだが、これはドダイ無理な話なのだろうか。

いままで一度だって、大監督がテレビ局に顔を出したのを見たことがない。半年でも一年でも研究されたら、おそらく、かつての監督たちの技量が、もう一度そこに花咲くことを、私は信じて疑わないのだ。

＊

映画の歴史は京都に始まるといわれるが、これにはいろんな理由があったのだろう。京都という町は、時代劇を撮るにはもってこいの街並みがあり、神社仏閣にめぐまれ、山にせよ川にせよ文明におかされながらもまだまだ様《さま》になる場所を提供してくれる。映画に最適なロケ地が、歩いて一足、いたるところにころがっている。

それだけではない。京都というところは産業都市ではないから、なんとなく閑人《ひまじん》が多いのだ。その人たちが、〝何ぞおもろいことはないかいな〟と、考えるに十分な余裕と時間が、いろいろな文化を生んだに違いない。

あの古い町には、古さの保存に意をつかう心の裏に、きわめて新しがりやの欲望がひそんでいるようで、たとえていえば茶室でステレオを楽しむ気風が昔からあったようだ。

　ロックンロール
　　踊る芸妓や　今日（京）美人

とでもいうか。三高―京大からノーベル賞の泰斗が輩出するのも、あるいは、これに似た現象であろうかとも考える。

ロケーションにしても、まだまだ協力的だ。世界で一番、映画に協力的なのはアメリカとイギリスだそうで、かの地に行った日本の撮影隊など、「交通を止めても一言も文句をいわない」とびっくり

して帰ってくる。それに比べて東京、大阪というところは、

「ちょっと、すみません。撮影です。しばらく止まって下さい」といおうものなら、

「バカ野郎！　なにをのんきなことをいってるんだ。俺は時間で商売してんだ。その損をお前が引き受けるか！」

と怒鳴られて、今や下を向いてしまうのである。

「おじさん、歩かないで下さい！　本番中です」

「なにいうてんネン、ここは天下の大道やでェ」

　ストライキで電車、汽車を止められても黙って辛抱している人民とは打って変わって、血相をかえる群衆に、撮影はたびたび中止の憂き目にあうのだ。ちょっと大きな道で交通を止めようものなら、一斉にクラクションが鳴って、おちおち役者が芝居なんかできないのが都内ロケだ。

　しかも、テレビのロケなどになると、小人数だから人よけもできない。馬鹿にしているのか、いやがらせのつもりか、わざとカメラの前に出て来るのもいる。そんな中で、やっとかくし撮りをした上出来のワンカットが、

「すみません、もう一回やって下さい」

となる。どうしてだ、と理由をきくと、あんたのむこうを走った自動車、あれを作った会社はうちのスポンサーの自動車会社と犬猿の間柄だから、という。

　まず映画ではメッタにない、このスポンサーの権力に参ってしまうのだ。そのスポンサーの金でテレビを撮っているのだから致し方ないといってしまえばそれまでだが、近ごろは目にあまるクレーム

で、ほとほと泣いているのが製作側だ。

ときどき、耐えかねて、宴会で会ったを幸い、大スポンサーの社長に、おタクの宣伝部も一生懸命だが、あすこまで口をつっこむのはちょっとやりすぎではないでしょうか、というと、社長は、

「いや、うちじゃ、そんなコマいことはいいません」

上層部は物分かりがいいのだ。

結局、シモジモは上司が恐《こわ》いし、中間にいて橋渡ししているエージェンシーはスポンサーという顧客のご機嫌とりに目がないし、放送局の営業マンはスポンサーさまさまだし、すべてのシワ寄せが私たちの上にくる仕掛けになっている。

酒のスポンサーは、夏の日盛りでもビールを飲むとイチャモンをつける。ビールのスポンサーは酒や水割りを嫌うし、自動車製造屋には劇中の交通事故はタブーだ。「薬なんか飲むよりうまいもんでも食え」という名医のセリフは、薬屋のスポンサーから大目玉をくらう。テレビスタジオの中には、ドラマ作りに全く無用のような人間がウロチョロするのだ。某製薬会社のコマーシャルをやっていると、別の薬屋のプロには出してくれない。これも視聴者はご存じか。

当節、差別用語というのがうるさいが、それ以上にこのスポンサーも、金の力で圧力をかけて、作品をねじまげ、天下の役者を束縛する。

いずれにしても窮屈な世の中になったもの。こちらとしては先方にヒジの当たらないよう身を細めて仕事場にいるのだが、これでは作品を良くし面白くし、今日の息を匂わせて世に問うのは至難の業だろう。

独断的な意見だが、映画を作る撮影所というところと、これを配給して映画館に売る機構との縁を切って別々にしてしまうのが、最後の手段だと考える。

テレビでも、テレビ局が直接テレビ番組など作らずに、別会社に作らせてしまうのがいい。そして、でき上がった映画は、毎月開かれる映画市《いち》にかけて、あるいはテレビはテレビ市にかけて、入札とか、セリで買い上げるようにしたらどんなものだろう。

その市に、映画館やテレビ会社やスポンサーが顔を出して、これがいい、これが欲しい——競争で惜しみなく銭を投じてもらったら、少しは作品の質も向上するのではないだろうか。

撮影所もテレビ制作所も俳優も、いっさいの銭の亡者どもや視聴率狂と縁なき場所で、自由にモノを創るのが最上だと考える。

いちいちひとの腹の中をさぐり、目の色をうかがって、良い作品など生まれるわけがない。また、プロデューサーや作家や監督や役者にしても、不明なところで必要以上のピンをはねられ、制作費が三割も四割も減り、キュウキュウとしている——そんな愚もなくなるだろう。

しょせん、制作と営業の二つは別々の山だ。そっちの山もこっちの山も一挙に登る芸当などできぬのが、モノの道理ではないだろうか。

芝居は客席がつくる

「屋根の上のヴァイオリン弾き」の公演も、六ケ月の長期だが、どうやら山を越して先が見えて来た。

思えば七百回、日本全国を廻って随分と広範囲な地域で演じてきたものだ。

その間、私たちには忘れられぬ数々のエピソードがある。

昭和五十七年六月には、帝劇に青森の八戸から聾《ろう》学校の生徒たちが、先生に引率されてやってきた。表の事務所からの報告では、終演のカーテン・コールに代表が舞台で花束をくれるという。

「ともすれば社会の片隅に置かれがちなこの子供たちのために、それはどんなにか励ましになることでしょう」と開演前に、ひたすら奉仕のために身をつくしている女の先生は涙とともに語った。「子供たちは、この芝居と鎌倉を見るだけで帰ります。県からの助成金も大した額ではありませんので全くの短時日の旅行ですが……」と言葉少なに話したが、折目正しい話しぶりを聞いて、私も胸にこたえた。

さてカーテン・コール、拍手の波の中、「青森からお見えになった聾学校の生徒さんから花束の贈呈があります」とのアナウンスの声で、二人の中学生の女の子と男の子が舞台に現れた。

私はひょっとして聾学校が客席の皆さんに徹底しないといけないと思い、幕間《まくあい》にちょっと手話を習っておいた。胸をさすって手を出す(わかりましたか?)。両手を甲の上で十字にする(ありがとう)。

女の子はいくらか落ち着いた風情だったが、男の子は耳が聞えないから、必死で相手の口を見ている。その目の澄んだ美しさが今でも忘れられない。私の手話が分ったのか、可愛く頭を下げた。私は頭をなで、それから力一杯抱いてやった。

客席からは万雷の拍手が起る。そして二人の子を両脇に抱いて、客席と一緒に「サンライズ・サンセット」を歌った。

私は溢れる涙をどうしようもなく、口だけ動かしていたようだが、見れば客席にも全員ハンカチが見えた。

昨日までは小さな子が
喜びも悲しみものせて流れゆく

私は両側の子供たちの顔を見た。すると男の子の鼻の下に血が流れ出しているではないか。余程緊張したのだろう。私は舞台のソデで泣きじゃくる女の先生に子供たちをお返しして鼻血の始末をお願いしたが、夜、気になるので宿舎へ電話をした。大丈夫です、みんなまだ興奮しています、と先生からの返事があった。

かつて鹿児島にロケーションへ行った時、半日の休みをさいて皆で聾唖学校を訪問したことがあるが、挨拶に立った私たち俳優は、「ミナサン、ヨクオイデクダサイマシタ、アリガトウゴザイマス」と、しっかりした言葉で全員から歓迎をうけた。みんな明るい顔をした子供たちだったが、立たされたスターは涙でクシャクシャだったことを思い出す。

私は口を大きくあけ分り易く挨拶した。

「カゴシマに来て、あなたのところだけに訪問しました。頑張って勉強し、よく遊びましょう」

実は校長からこういう話があったのである。

「この子たちはどこか常に社会の吹きだまりにいるというコンプレックスがあります。そんな中で有名なあなた方が来られることは、恐らく皆さんには想像も出来ない程、大きな誇りを感じることでしょう。〝オレントコロへ、モリシゲガキタ〟これは、社会が自分たちを見捨てていないという暗黙のうちの優越感で、どんなにか子供たちの将来に力を与えることでしょう」

有名を悪用さえしている私ども役者が、こんな有名の善用をしたことは正直はじめてだと、最初はしぶっていた連中も、その日一日、何ともいえぬ爽快な気分で過したことはいなめない。

九州の或る劇場で、前列に最後まで頭を上げない少女がいた。

些か不快になった役者どもは、あの娘《こ》はねっぱなしだ、起こせ、と彼女の前でわざと声を張り上げたり、足を踏んで、起きろといわん許りの芝居をした。幕がおりて、再びアンコール・カーテンが上ると、何とその少女ははじめて顔をあげた。その彼女の両眼はとじたままだった。ひたすら熱心に聞いていたのだ。

私たちは申し訳なくて、彼女の前で大きな声で「ありがとう」をくりかえしたおぼえがある。

話はまた帝劇に戻るが、犬をつれて入って来た客があった。見れば盲導犬だ。早速支配人が飛んで行って「犬は大丈夫でしょうか、一幕が二時間かかりますが……」と尋ねたが、「絶対大丈夫です」という答えで、それでも出やすいように通路寄りの席に替って貰った。時々、客席を見に行ったが、犬は人間の客よりも遙かに行儀よく、静かに主人の足もとにうずくまっていた。後日その方から手紙がきた。

『風とともに去りぬ』で華やかなこけらおとしをしました帝国劇場でしたが、私はそのとき突然の眼病のため東大病院のベッドの上でございました。あれから十四年のこんにち『屋根の上のヴァイオリン弾き』を上演していることをテレビで知りました。早速、問い合せた結果、連日満員とか、六月分がこれから売り出されると知りました。その日の朝、わたしはマーロン（盲導犬）といっしょに前売券を買いに行きました。

帝国劇場にはいったことのあるお友達に電話をかけ、盲導犬のはいれることを確認してありましたが、係のかたが客席にはいることは出来ませんとのこと、いっしょうけんめい説明いたしまして、席をかえてとのことではなしがつきました。

席に着き、落ち着きましたところで拍手がおこり、開幕だとわかりました。最初はアレだれかな？　森繁さんとわかるまですこし時間がかかりました。そのうち、わたしまで舞台の上の登場人物になったような気持になり、うっとりと聞き入っておりました。

かえりに係のかたからカーネーションの花束をいただきました。すばらしい舞台を見せていただき、それにまたお花までいただき感激いたしております。

点字でかいておりますことを、失礼します。

埼玉県越谷市　沢田　清子

或る時、終演と同時に外国人が花道へ飛び上り舞台の上の私に抱きついて泣かれたのには往生したが、内心はどんなにかうれしかった。

外人は自分一人で芝居を見る、日本人は隣り近所と一緒になって芝居見物をやる――という違いがあるようだ。自分が面白ければ必ず手をたたき、悲しければ人前をはばからず泣く。これが入場料を払った団体の中の個人の原則だが、まだまだ日本人は見巧者《みごうしゃ》には遠い。客席は暗くしてあるのだから、見て泣くことは一向に差支えない筈だ。どうも、近所の席の他人に注意を向けすぎるキライがあるのではないだろうか。

毎日数十通の手紙が劇場に舞いこんでくる。すべては観劇の興奮を語ったもので、中には未だに強く印象に残っている手紙がある。それもここに掲げよう。

パパ！

パパと呼ばせて下さい。他のテヴィエの娘たちのように……。そうお呼びしても貴方は決して横をお向きにならないでしょう。

私は韓国人の女学生です。家は大阪の郊外で、お風呂屋さんをしています。父や母は、このユダヤ人たちのように日本でいじめられ行くところさえなかった話を子供の時に聞きました。わたしにも、心のどこかでそんな日本人に対しての感じ方がいびつになって付いていることを認めます。

その私の心が、このミュージカルを見て、味方を得たような快い気持になり、それらは私のこれからに、又人間としての成長に大きな力を与えてくれました。

あなたは永遠に私どもの父です。

私はこの手紙を読んでグサリとつきささるようなものを感じた。このたった四時間のミュージカルが、いろんな人に違った克明な印象を与え、そしてその生活にも何らかの役に立っていることを思うと、今さらながら恐ろしい程の自己凝視をせずにはおられない。

私も、神ならぬ身ゆえ、時には寝起きが悪くて、劇場へ着いても、もひとつスッキリせぬことがある。老人は早起きだというが、まだ私は若いのだろう。

ああ、これから舞台か——と、ボケた頭で些か嘆息しながら顔にドーランを塗っていると、十五分前のベルが鳴り、やがて五分前、舞台に降りて準備体操をしていると、客席の大きなザワメキが聞えてくる。急に意識がハッキリとし、よし演《や》るぞと、どこからともなく元気が出てくるのだ。

昔、機関士の映画を撮《と》ったことがあるが、その時、機関士たちと座談会をした。

「私どもとて、どうしても睡気がつきあげてくることがあります。そんな時は、駅で停車中、プラットフォームを歩いて客車を見て歩きますが、雑誌を読んでいる人、赤ん坊に乳を与えている母親、眠る人、一杯やっている連中などを見て、この安心しきった人々を私が引いているのかと思うと、一ぺんに眼がさめます」

と彼らは語ったが、私どもも、今日のお客と何時間かを一つ場所で過すのだ。かたや演じ、かたや観賞する。しかしその作用は、一つの大きなドームの中で同じ思考の中で統一されている。

故にこそ、〝芝居は客席がつくる〟という諺が身に沁みて感じられ、沢山の観客という大衆と一緒に動いてゆく芸術、それが演劇だと、つくづく憶《おも》うのだ。

笑った客

商業演劇——という言葉がある。

一体何だろうと時々考えさせられる。

コマーシャル・ドラマでもなし、商業上成り立つ芝居の意か。

私は或る時、演劇担当の識者に聞いてみた。

「商業演劇といわれてますが、これはどう解釈したらいいでしょうか」

この人はやや考えて、

「まあ、商業演劇は大衆演劇という意味でしょうか」

と、これまた凡常の返事をした。

では、商業演劇とは儲けるための芝居か……。しかし、私たちは営業上のためにのみ芝居をしているのではない。この芝居なら営業上やってゆける、という考え方なら納得も出来るが。

或は、プロフェッショナルの芝居の意なら、あとは全部アマチュア芝居なのだろうか。もっとも、今やプロもアマチュアも区別のつきにくいのが現状だ。

調べてみると、イギリスに“COMMERCIAL THEATRE”といういい方があったそうだ。今は使っていないという。金銭的なことが芸術性より重んじられる風にとられるのをきらって、廃れていったらしい。劇団制などはなくて、いわゆる独立した会社がプロデュースしている公演を指したのだそうだ。

まあ、だいたいは日本も近い。蛇足だが、コマーシャル・シアターに対して、レパートリイ・シアターといって、短期興行で幾種類もの劇を替えて上演する劇場があるのだそうだ。これも日本に似ているが、いずれにしても商業演劇というのはよく分らない。

今の現状は、東京都一千万人のうち一日一万人、つまり〇・一パーセントの客を集めるのに、各劇場の営業部というかセールスマンが八方走り廻る仕掛けになっている。ところが、この大人口を擁する東京都だけでは駄目で、近郊都市や遠く他県から団体を組み、バスで劇場に送り込む。どうやらそれで劇場側も食いつないでいる。

これでは、どう見ても凋落《ちょうらく》の一途をたどっている、といわれてもしようのない有様だ。勿論、それらの人の中に熱心な客もいるが、劇場の玄関でお土産《みやげ》の袋だけ貰って立ち去る人も大勢いる。最近はあまりひどくないが、ちょっと難解なところにくると、それらの客は一斉にセロファンのせんべいを食い出す。これが二百三百と集まれば、大騒音で芝居などやっていられない地下鉄のような状態となる。

美空ひばりは唄をやめて客席に怒ったそうだが、私も明治座に出ていた時にこういうことがあった。芝居用語で雪かぶりといってイ列、つまり一番前の列の前にもう一列補助椅子を出すことがある。そこは舞台とは一尺も離れていない雪をかぶる席だ。ふと見ると、お客のオッサンが土産の弁当を食べながら、二合瓶を置くところがないので、舞台の上に、つまりフットライトの前に並べている。それこそヌレ場など演ってられたもんではない。

これは古い歌舞伎の風習から出て来たものだろう。祖母の話でも、星のあるうちに大弁当を下げて芝居小屋へ行ったそうだ。いうなれば観劇ピクニックをやったのだ。そして自分の贔屓の役者が出ると、そこだけ熱心で、あとは飲みかつ食らっていたのだそうナ。

そういえば今の宝塚もどっちこっちで、贔屓が出るまではロビーにたむろしていて、いざ出番という前に大挙入場しキャーキャーとやる。贔屓が引っこむと、芝居の最中もへったくれもない、またぞろゴソゴソ退場するのである。客席でこうしたグループの入れ替りが無作法にも始終あっちこっちでやられるのだから、何でもない客はまったくの迷惑である。

これは同劇場の支配人の話だが、ヅカファンというのは若い子が多く、舞台に近い一列から二列三列のいいところと、三階の席をペアで買うんだそうだ。そしてお互が自分の贔屓の時に替るがわる上と下とに別れて見るのだという。これだけはどうしようもない、とお手あげである。連中はきまって食堂などへは行かず、パンをかじって備え付けの水道の水をのんで済ますという。

しかしこれを笑ってもいられない。毎月オシャと称して新聞記者の招待日がある。歌舞伎などは昼夜通しなので、見る方も苦痛に近いことは分るが、心なき批評家は出された弁当だけ食って、あとは見て来た批評家の話を聞いて書くと、わざわざ教えてくれた人がいる。そんな芝居も概ね団体客で支えられており、月の何回かは全館貸切りである。

長谷川一夫さんはそんな時、楽屋のインターホーンのボリュームをあげて、開演前の社長の御挨拶を熱心に聞かれるそうだ。そしてその演説の中からとくに面白そうな一事を芝居の中に折り込み、観客に爆笑のサービスを忘れない。ところが或る日、と或る社長が「それでは、これから余興です。粗末なものですが、どうぞ充分ごゆっくりと」という挨拶が聞えて来て、急に出演する気がなくなったという笑えぬ話もある。

ついつい俗な話が長くなってしまった。

ブロードウェイやその他アメリカの演劇は、大体が貸し劇場である。つまり客席とカーテン（緞《どん》帳《ちょう》）が一枚あるきりで、他に何もない。廻り舞台が必要なら舞台に盆《ぼん》を切り、またそのスピードも芝居に合わせて劇団側が作る。照明器具は勿論、緞帳その他必要なものは何でも借りるシキタリだそうだ。

そして、その初日の具合で、ダメなら翌日から板が×印に張られて、長い努力を一気に終ることもある。

「屋根の上のヴァイオリン弾き」も作るのに七年かかってブロードウェイに出てきた。地方都市やオフ・ブロードウェイで研鑽に研鑽を積み、カットし、作り変え、これでOKとなるまでに、私たちが想像も出来ぬ努力と日時をかけたと聞いた。

或る日、私の楽屋に横浜に住んでいるというジューイッシュの小父さんが現れて、私は「屋根の上のヴァイオリン弾き」のプロデューサーだという。私はどうにもその意味が飲みこめぬので、アメリカからやって来た「屋根の上のヴァイオリン弾き」のプロデューサーに聞いてみた。するとその返事はこうだ。演出家のジェローム・ロビンズが次回作にかかるということが知れると、ジューイッシュの金持ちたちが、方々から大金を出し合う。そしてその金を持ってスタッフと世界のいろんな国に旅行し、想を練るのである。それが何と三年ぐらいかかる。十人余りのスタッフは一見のんきに一つの題材をとらえ毎日ディスカッションするかと思えば、急にパリの絵画展を見に行ったり、やがてシャガール展の絵から「屋根の上のヴァイオリン弾き」という題名が決ったりするのだそうだ。つまり、その時に金を出した男の一人でしょうということだった。日本では考えられない準備期間と費用をつかって、一本の作品が生れるのである。

さて、そんな「屋根の上のヴァイオリン弾き」の芝居にまつわるエピソードの一つを紹介したい。東京の郊外にある有名な精神病院に、病気のことでなく、付き合いが出来た。誤解があるといけないので書いておくが、日本精神科看護技術協会に講演をたのまれたことがキッカケでH氏と知りあったのである。

そのH氏が或る日、楽屋を訪ねてこういう話を私にした。

実は同氏の病院に三十年以上入院している自閉症の男の患者がいて、誰とも口をきかず、また相手にもされず、三十年間殆んど壁を向いて生きてきた。今は六十を越えている。或る時一枚の新聞をもって事務室に来て、「私のたった一つの望みですが、退院したらこれを見たい」と「屋根の上のヴァイオリン弾き」の広告を見せた。なみいる事務局員や医者や看護婦は、どうしたことかと目をうるませて、この自閉症の患者を見た。

私は「もしあなたが連れて出られるなら、切符を手配するから、観せてあげてほしい」とH氏にお願いした。間もなく、いついつ彼を連れて帝劇に参りますと返事が来た。

さて当日、私ども劇場の表方も些か緊張して待った。その日の話だが、H氏から来た手紙で紹介をしよう。

（前略）さて、患者さんのその日の様子ですが、駐車場からロビーまで張切って入ったのですが、緊張に顔を硬ばらせておりました。

（中略）始めの内、目を閉じたり、身体を深く椅子にかけ、とまどった心を落ち着かせるのに努力している感じでした。私は強いて無関心をよそおい、彼の様子をそれとなく観察しました。彼の今回までの人生の大半は鍵の中で、精神病院の生活は長い重苦しい哀しい自分との闘いの中に生きてきたのだと思います。そして自分との闘いにも破れ、喜びも哀しみも感動する心も見失い、冷く心を閉し、ただ生きていたのだと考えます。三十分程、無動の状態でしたが、しばらくたつとクスと笑い声を感じました。そっとのぞくと顔に笑みが……いつの間にか彼に笑みが戻っているのでした。それだけでなく、一時間もすると、観客と一緒になって手を叩いているではありませんか。始めの内はオズオズと、終りの頃は私よりも力強く。そして頰に涙が光っていました。彼の三十余年間閉ざされて冷くなった心に皆さんの優しい暖かい情熱がひたひたと伝わっている感じでした。人間らしい感動にひたっている彼を見ている私は、舞台の感激と共に涙がとめどなく流れてなりませんでした。プログラムに森繁さんのサインを頂いて病院に帰った彼は、英雄のようでした。今まで部屋の隅にうずくまり、他の患者さんからも無視され、自分自身の存在感まで見失っていた彼にとって、今回の出来事は自分も一人の人間として生きているのだという実感を取り戻せたのだと思います。（後略）

それもこれも、商業演劇、帝劇の出来ごとであった。

人間の退化の中で

人間はそろそろ退化しつつある——

これはさる学者の話で、正しくいうなら、「文明による退化」ということなのだが、文明人の絶滅を予告されているとは恐しいことだ。

溺れている人を見ると、あと先かまわず衝動的に飛び込んで助けようとする、これを衝動性救助本能というのだそうだ。飛び込んでみたら本人が金槌で溺れて死んだり——という古いジョークがあるが、これが今はどうだろう。飛び込もうとする気持を逆におさえる力が働いて、ボヤッとしているのが現代なのではないか。都会では経済やら利害意識などが働いて、この本能が薄れつつあるようだ。これも退化の一現象だろう。

私の家には私（祖父）、息子（父）、その子（孫）の三代が一緒に生活しているが、この三代にしてからが、徐々に変化を見せている。たとえば日々の食物が、私の育った時と今とではまるで違っている。自然食から遠ざかっている孫などは、ビニール栽培の野菜やブロイラーなどで育って、いかにも大きな図体になってはいるが、どことなく虚弱《ひよわ》で、よく骨やら節を痛めてくる。何とはなし昔の都会の子と田舎育ちの子供の違いのようで、身体にも精神にも少々以上の変化があるとわかる。

今話題の遺伝子（バイオ）テクノロジーをテレビなどで見ながら、そぞろ恐怖を感じるのは私許《ばか》りではあるまい。試験管ベビーも笑えぬ怪奇小説だし、男女の生み分け、ビニールの心臓など、生命の神秘もそろそろ底をついて来たか。

先夜、私が担当したテレビに、シード・ウォー（種子戦争）というアメリカからのレポートがあった。やがて種子のために世界はメチャクチャになるという話だ。

日本の米が世界一美味い米というのはウソで、アメリカの農業試験場では、もっと美味い米が作られているそうだ。しかし、今やそんなことに驚いてはいられない。そのアメリカの農業試験場が、日本の一番悪い（肥沃《ひよく》でない）熊本の土地を選んで既に試験場を建て、絶対に育たぬ筈のトウモロコシなどを作っているのである。実を見て私はびっくりした。普通のトウモロコシの三〇パーセント程も余計に実がぎっしりとつきアッパレな作品であった。その種をアメリカで植えれば、どんなところでも育つという。もっとも、その実ったトウモロコシの種を次の年に植えると、こんどは全然ダメらしい。皆さん御存知のものにポメト、つまり枝にトマトがなり、根にじゃがいも（ポテト）が出来るという不思議な種があるが、このバイオテクノロジーの産物も二代とは続かぬ仕掛けである。

こういった進歩の中に、いつの間にか何かが退化してゆく――というのだ。年々増加する世界の人口、その食糧問題を解決しようとする文明の発達には驚くべきものがあるが、同時に人間の勘は衰え、足腰も脆弱《ぜいじゃく》になり、臭覚も味覚も方向探知の力も徐々に失われ、歯もぬけ、ＳＦに出てくる不思議な人間に変貌しかねないといわれても、さしてウソとも思えない。

現代社会の中で、あいもかわらず昔のままというのは、もう早数える程しかない。

その一つに演劇というものがあるが、これはまるで文明に縁遠い、つまり冒《おか》されていないものの一つと感じる。

演劇らしいものが生れて三百年にもなろうか。日進月歩のあとなど、それこそ照明のロウソクが電燈になったくらい。その他強いていえば、桟敷《さじき》が椅子になり、建物が木からコンクリートに変り、綱場にモーターが入ったくらいだが、作り方もその様式も、びっくりする程古いまま、プリミティブな仕掛けである。

いまだに昼や夕方に楽屋入りして「お早うございます」とスッとぼけた挨拶をするのも世人の解せぬところだ。狂言方が劇作家になったが、大して変りはない。メトロ（地下鉄）や自動車でやって来る客も、ここに入ればタイムトンネルのように逆もどりさせられて、何の不思議も感じない。拍子木で幕があき、御簾《みす》内からお囃子《はやし》が聞こえ、古い芝居が古いテンポで展開してゆく。新劇も大衆劇も大同小異だ。

このプリミティブな芝居が、それでも延命息災、今なお大衆に支持され、また次から次へと劇団が生れ消滅しているのは、不思議といえば不思議なことでもある。

芝居作りは手織木綿を織るようなもので、糸をとり、染めて柄を考え、手と足を使って織りあげる。その手織木綿はもはや田舎に博物館の展示品のようにしてしか残っておらず、老人や好事家《こうずか》によって僅かにその姿を見ることが出来るだけだが、芝居の方は相変らず盛んである。これは一体何としたことだろう。

人と接して初めてなり立つ演劇という芸術は、やはり人間社会から捨てさることが出来ぬということなのか。フィルムとか、光とか、電気やブラウン管を通じて見せるものとは本質的に違う。演劇の中にはスキンシップというか、皮膚をふれさせなくても、お互がより近く接近し得ることが、映画もテレビも遠く及ばぬことがらなのではないだろうか。

　話はかわるが、最近の少年群の非行の虚しさには目を覆うものがある。家庭も学校もお手あげというありさまだ。これには識者たちの色々の御意見もあるが、かくいう私の友人にも、不良息子に手を焼き、悩みぬいているのがいる。

　或る日私に「一度来て伜《せがれ》にとくと意見をしてくれ、君の話ならきっと聞くだろうから」と要請されたことがある。しかし、そんな親も先生もへとも思わぬような悪童に一体何が出来よう。私の説教など聞く耳などさらになく、あべこべに鉄ケンが飛んでくるだろうとそのままにしておいた。ところが二年程たって、街でばったりその友人に逢ったところ――

「どうした、坊主は少しおとなしくなったかい」

「いや、聞いてくれ。奇蹟のようなことがおこった」

「学校でもやめたのか？」

「いやいや、学校は真面目《まじめ》にゆくし、勉強も一所懸命だし、ガラリと人間が変ったんだ」

「ほう、どうした」

「実は、或る晩、たまりかねて、これではアレコレしゃべっても駄目だと思ったので、夜の更《ふ》けるのをまって伜を部屋へ呼んだんだ。実は恥ずかしかったが、伜の前でフンドシもとって素裸になり、お前もシャツもパンツもとれ、来い、といって、その裸の伜を私の膝《ひざ》の上にのせて抱きしめたんだ。するとナ、じっと抱いているうちに私の背中に、ヤツの涙が流れ落ちるのを感じた。俺も泣いた。ただそれきり一言も口をきかなかったが、翌日からガラリと人間がかわったんだよ」

学校も家庭もなやみぬいて、新しい方針をうちたてたり、家庭内の子育てに改心をしても、非行は相もかわらずつづくだろう。そんな中にあって、親が子に対して最もプリミティブな愛を肌でしめすことによって、ガラリと子供の態度がかわったということは、何を意味するのであろうか。

私どもにははかり知れないことがある。親子の絆《きずな》をつなぐものには、実は最もシンプルで原始的方途があるのではないか。

それは知性でもない、イデオロギーでも宗教でもない。もっとそれ以前にある生物同士の本質のようなものだが、それを今や忘れはててというのではなく、文明の中でもみくちゃにされる度に喪失して行っているのではないかと思うのだ。

さる五月《さつき》晴れの清々しい一日、郊外へピクニックにも出かけず、些か古くさい私の芝居に老若の客は鈴なりであった。ありがたいことだ。だが、ここにあるものは、古い人情や友情や思いやりといったもので、目新しいものは一つもない。満員のお客を前にして、ふと両者の心をよぎるもの、それが時に笑いを、涙をさそうのか、場内にどよめきが起る。そんな時、覚めた気持で客は何を求めて金を払い劇場に来ているのかと、いわば素朴単純な思いにかられる。今さらと思いながらも、正直、時にこの疑問が私の頭の中をもかけめぐるのである。

お前の芝居は古い流行歌をともにうたうような懐古趣味だとかたづけられても致し方ないが、どうやらここにはそれ以外に人間本来の欲求というようなものが頭をもたげてくるのだと思わざるを得ない。

観客というのは鉄のヘラのようなものと、私はいつも考えている。良い観客は振動の鋭敏なハガネに近く、悪いのは（というい方はないが）、これは軟鉄というか、中には鉛のように曲れば曲ったなりの客もある。概ねこの林立するハガネの客席に、私たちの芝居が共鳴してこれを振わせる。曲げすぎると客は折れる、というより逃げるのだ。いいところでパッと離すと快い振動が客の心の中で共振しながら観劇の満足感を味わわす。

　鉄のヘラはいつの場合にももとの姿、つまり真直ぐにかえろうとする。これが、いつまでも曲ったままでいるとしたら、再びいうが、人間の退化ということになるのではないだろうか。

とまれ、今の演劇はないものねだりの時代だ。古くても無くなっていない人間相互の感情を再現すると、客席はめぐりあい、つまり再会にしびれるのではないだろうか。

人の力　人の心

ホウめしという謂《いい》が山梨県にある。

どこからきた言葉かさだかではないが、だいたい御飯だけを食って米の美味さを満喫することなのだそうだ。

「いや、いい米だ、まず一杯は、ホウめしでいこう」というのは、貧しい山国の習しかとも考えた。

米といえば、過日伊丹《いたみ》の飛行場で小一時間許りあったので、食堂に入り、ライス・カレーを注文した。不思議なことに、私がライス・カレーをというと、ウエイターがカレー・ライスですねという。どう違うんだと聞きかえしたかった。あとでさる人が「ライスの上にカレーがかけてあるのが、ライス・カレーで、カレーとライスを別々に持ってくるのがカレー・ライスだ」と、もっともらしいウソを教えてくれた。

見ればカレーは銀の器に入り、皿には米がたっぷりと山盛りに出て来た。さすが大阪だナ、食いものにケチケチせぬところが気に入った……。が、私には、その米は余りにも多すぎる。ウエイターを呼んで、「もったいないから、御飯を三分の一程にしてくれないかネ」というと、「残しなハッたら結構だす」という。

そこで私は丁寧に白米を三分の一わけ、カレーをかけて食ったのだが、こんなことをしても厨房に持ってかえれば、何の造作もなくポイとポリバケツに捨てられるのが関の山だろう。金を出して私が買ったものだから、それも文句はいえまい。しかし、この米を作るのに、春から秋まで手をかけ、そして取り入れをし、白米にするのにどのぐらいの人の力が、人の心が通っているかを思わずにはいられない。ムザムザ食いもせず捨てていいものだろうか。私は貴重な人の労働力をクズのように捨て去ることに心が迷ったのである。

人の労働を己れの労働と交換する。この原始共産主義というか、直截《ちよくせつ》な感覚が、いつの間にか貨幣によって失われたのだ。

過日、私は母校北野高校に招かれた。一年落第した思い出の旧制中学だ。

こんな男に学校が講演を申し込むのも不思議なことだが、聞けば、近頃当学校に自殺する学生が多いので、何とかそれを予防するためにあなたの苦労話をしてくれという次第。

顔の赧《あか》らむ思いだったが、選ばれた者の誇りと栄光で、図々しくも、何十年かぶりの登校をした。

些かふるえる胸の鼓動を気にしながら、さて何を話してよいか見当もつかぬまま講堂に招ぜられた。そこには二千人近い学生と、大勢の先生が居並び、さしも強心臓の男も足のすくむ思いがした。その時、歩きながらチラリ私の脳裡をかすめたもの、それは伊丹のカレー・ライスのことであった。

壇上に立って、懐しの母校の話、ひたすら勉強許りで私には暗い青春だった話、落第の不始末などを話して、ようやく彼我の間に何となく緊張感がうすれた頃、「実は諸君の中で死に急ぐものがあるそうだが、早く死ぬのも人口過剰の折柄お国のためだ」といって笑わせておいて、「諸君、死ぬ前に一つたのみがある」と切り出した。

「かりに諸君を十五歳としよう。母親が君を受胎して生み落し、幼稚園から小学校、中学に入れて十五年、それまでの間に一体どれくらいの人間が君一人のために動員されておるか知っているか。先ず君たちの両親兄弟に始まって、助産婦、看護婦さんたち。それから、米、麦、ミルクなどを船で運んで来た船長。貝殻を浜で拾って来た者、それを丸く切って穴をあけボタンに作った人。そして、勿論君の友達、君を教えた先生、こうしていいだせばきりがないが、推計二百万人の人がたった一人の君のために何等かの力を寄せてくれたおかげで、十五歳を迎えることができたのだ。いや、それはその人の仕事でしょう、それを金子《きんす》を払って購《あがな》っただけだ、と短絡していいだろうか。私は何がいいたいのか。つまり二百万人の人に何らかの感謝の挨拶をしてからでないと、勝手に命を断つことは許されんのだ。それがキチンと出来たら、どうぞ首でもつって勝手に死んでくれ、それこそ自由だ」

最近読んだ本に、ストックリンドという学者の『人類はいつどこで生れたか』（講談社）がある。これは原始人への一考察で、人類が動物に近かった頃は、子供は毎日毎日を走り廻って遊ぶのが本能であったという。つまり遊ぶ本能を持っていた。たいていの種の大人は、必要以上に動きまわらない。不必要な動きは敵のよけいな注意をひくので、静かに毛づくろいなどをしている。が、子供はその周りを飛び歩くのだ。

その本能は今もさして変らぬだろう。それを教室に閉じこめて本能をおさえ、また下校すれば予備校や家庭教師につけて、じっと我慢をさせていては、いずれは爆発する時がくるというものだ。

同書の中には、人間は何故毛がない裸であったか、の推察などがあって面白い。簡単にいうと、全身に毛の生える必要のない暑いところに初期人類は生存したという仮定である。にもかかわらず、頭髪と陰毛が残った話など、思わずウナズかされる。女は毎日男どもに輪姦《りんかん》されて、その摩擦を防ぐために残ったのだそうで、女のオルガスムスが遅いのも、一人で満足しては後の男がつづかぬためだとは驚いた。

また、人類が発生したのは地中海あたりだという。何百万年か昔のこと、人は飢えに飢えて、とくに身ごもった女などは、食糧のあるうちに食いだめる。故に尻や乳が脂肪をもって男より大きくなっているのだとは、ラクダのコブの発想と似て、うがった話と拝聴した。

私たちは戦時中〝贅沢は敵だ〟と吹き込まれた。しかし文明はすべて贅沢の所産である。寒ければあったかくし、暑ければ涼しくする。遠ければ歩かずに済むように乗物が生まれ、暗ければ明るく、遠い人に話したい一心が電話を生み、死んだ役者が元気で芝居をしているテレビさえ見られる。大正から生れて来た男とてうたた感慨を禁じ得ぬものだ。

夕立ちや　動かない雲　動く雲（三太郎）

さる七月の名古屋公演は、夏雲の動きがはげしく、どっと降ったりカラリと晴れたり、梅雨《つゆ》のあけたような続くような、何ともむし暑い夏の公演であった。

今、興行側が一番苦労するのは、この芝居こそ、或はこの映画こそ大入りだと狸の皮算用をしても、さっぱり客が入って来ない例が多いことだ。それに反して、大した宣伝もしないのにワンさと客がつめかけたりする。全く目算が立てにくいのが現状だ。一応宣伝の方が誇大広告などしたりするが、果して効き目があるのか。

観客の中に、いつの間にかアンテナが出来て、モノの良し悪しを嗅ぎわけている。この力の大きさに、目をむいたり舌をまいたりするのが担当者たちである。これこそまだ失われていない人間の本能のようなものであろう。真価を見損なわない賢明な者は一般大衆である。ところがどうだろう、各会社は当り狂言が出ると右へならえで、大同小異のものを演《や》る。いよいよ困れば、名作二番煎《せん》じ、三番煎じでお茶をにごすのだ。

私たちは、芝居にしろ映画にしろ、常に新しい冒険をこころみて、人々の先頭に立ち、昨日の文化に逆流せぬよう心がけねばならぬのに、それが些か以上足りないのではないだろうか。

芝居は水モノというが、一種の投機に近い。人智が大衆より一足でも先に行かねば凋落《ちょうらく》は間違いなしだ。そして当れば、それは思いの他の得をする。ただ、近頃の雑誌にしてもテレビにしても、何となく同工異曲の連続で、常にお客への無用な媚《こび》を売っているような気がしてならない。出版界に目を転ずると、すぐれた本が沢山出来ている。が、そっちの方はさしたる売れゆきをみせず、どうでもいいような本許りが売れている。人は一日の仕事の中でどのくらいの時を活字に向けるのか。慌《あわただ》しい昨今では、旅の車中とか飛行機の中くらいで、読みたい本は買ってもツン読だけに終り、知識からだんだん遠のいていくようだ。

そういえば、近頃まことに異なことを聞いた。

目下売れている歌手というのは、〝恋に……〟だけは分るが、あとは何を唄っているのかカイモク分らん。その方が売れるので、キレイに歌詞が唄われ、聞く者の胸をうつのは、ミーちゃん、ハーちゃんにはウケないという話だ。詩を大事にしている私のヒイキの歌手たちは、ゾロゾロと追っかけてくるヤツもいない、いわば静かな芸能人許りだ。青クサいガキの歌など歌詞はどうでもよく、ルックスとやらがちょっと許り可愛ければ、それで満足、ホテルまで押しかけ、振り向けばキャーッと叫び、手を振ればドッと群がる。しかも本人は一人前と勘違いして御満悦なのである。かんじんの米が三等米でも、ブ厚いコロモだけの安カツをソースで誤魔化して食っているようなものだ。

何とかホウめしのようなものが世に出て一世を風靡《ふうび》せぬかと気をもむのは私一人だろうか。アルゼンチンの女流歌手グラシェラ・スサーナなど、あの日本語の歌は一言一句、外人と思えぬ迫力で私の胸に迫るのに——。

吉田茂のニヒリズム

いよいよ〝吉田茂〟をテレビと映画で演じる。

新聞でしか知らない大総理だが、まだまだ親しかった方やよく御存知の方が存命で、こういう役は、ニガ手中のニガ手でもある。

時代が明治であれば、憲政の大モノも庶民の顔見知りではないので、多分こんなところだろうで、それらしくかたづけるだろうが、こう近い人は、どんなに上手《うま》く演じても、三文役者にゃどだい初めから無理だ――の声が演じる前から私の耳に聞える。

しかし、いずれにしても決定した以上はのるかそるか、一所懸命演るしかない。

ここで話はちょっと横道にそれるが、こののるかそるかの語源を実は知らなかった。

先日、某旅行で黄田《おおだ》多喜夫さんという元外務次官と御一緒になる機会を得た。この方はデンマーク大使、インドネシア大使などを歴任した方で、この方からうかがった話である。

辞書をひくと、「伸《の》るか反《そ》るか」となっており、成功するか失敗するかの意と出ているが、もともとはサンスクリットから来ているもので、のるかは地獄を意味し、そるかは実はそるがが正しく、天国を意味するのだと拝聴した。

つまり私は、吉田茂のために天国と地獄の間をさまようことになる。ついでのことに「猫も杓子も」の語源を御存知かと聞かれた。

「猫も杓子も」は、正しくは「禰宜《ねぎ》も釈子《しやくし》も」から来ているのだそうだ。禰宜は神官、釈子とは釈迦の弟子の意で、つまり神も仏もみんなこぞってということになるのだという。

話をもとへ戻すと、吉田茂と私では、まず背の高さが違うし、顔も相似点があるようでない。それでも私は、思い出深い「屋根の上のヴァイオリン弾き」の長いヒゲをまずは剃り落した。久方ぶりにヒゲの無いツルっとした顔を見て、これでは一国の宰相の顔などには程遠い、と哀しくも認識した。とうてい講和条約の調印など出来そうもない貧相な顔だ。しかし、「顔だけが総理の適不適じゃない」と、過ぐる自民党総裁四候補の激戦のときに聞き及んだのをせめてものなぐさめとして、撮影に入った。

娘の麻生和子さんとは、私も親しい間柄であった。もう少しくわしくいうなら、「わたしはあなたのファンよ」ということからである。その和子さんと、と或る会合の入口で久しぶりにお目にかかった。和子さんは赤い羽根のお世話をしておられ、私の胸にハネをつけながら、「あなたがウチの親父さんを演ってくれるんだって……」とニッコリ笑われた。「お気に召しますか、心配です」と御挨拶して別れたが、この和子さん役は、テレビ『吉田茂』では吉永小百合さんが、映画『吉田学校』では夏目雅子さんが演じることになった。御本人をよく見ると、こちらもどこか似ているようでそうでもないのが、せめて心の休まることだ。

実は私の机の前に、何十冊かの資料本と、十時間以上の「吉田茂と語る」のヴィデオ、アメリカでの録音テープなどが無数にあり、演る前から資料まけして飽食状態になってしまっていた。役者はまず直感で人物を創り上げることが先決であるが、こう資料を見つくし聞きつくし読みつくすと、内臓の構造のみが膨張し、肝心の人物像が形而下的に薄れ、だんだん遠い存在になるおそれがあった。そのうち、私はふと心の中に、吉田茂翁はどこかニヒルで虚無的な人物でもあったような気がし始めた。こんなことを書くと、早速誤解が生れて何やかやといわれそうだが、これは正に私の心のどこかにチラリとかすめる実像の感触でもあったのだ。

さて、これは逸話からの抜粋――。

皇太子の英語の先生をしていたヴァイニング夫人に勲章を贈ることが決った。老首相は内閣事務官を呼んで「つかぬことを聞くが、ヴァイニングさんはショジョかね?」と尋ねた。夫人と呼ばれる女《ひと》が処女とはと、事務官が汗をふきふきもじもじしていると、「初めて位階勲等に叙せられることを、初叙という」とギャフンとさせた話がある。

もう一つ。高知へ選挙で帰った先生が、自動車の中で便意をもよおされ、ガマンの限度が来て一軒の農家を叩いたが生憎の留守、えーいゴメンと上り、そこの便所でやっと用を足して、清々とされたそうだ。どうやら昨夕の飲み過ぎがたたったらしい。翌日また街頭演説で土佐路を廻るうち、昨日の農家の近所を通りかかった。お付きが「昨日はあの辺で大変でしたね」と申し上げたところ、「あすこは大丈夫です。昨日、黄金をまきちらしておいたから」と。

こんな駄ジャレや次元のさして高くない話がお好きな反面、『マクベス』のセリフが好きで、これをシェイクスピア俳優気取りで愛吟されたとも聞く。

人生は歩く影だ。

あわれな役者だ。

舞台の上を自分の時間だけ、のさばり歩いたり、じれじれしたりするけれども、やがては人に忘れられてしまう。

愚人の話のように、声と怒りに充ちてはいるが、何等の意味もないものだ……。


（野上豊一郎訳）


これが日本語であったか英語であったか知る由もないが、チラリその辺りに吉田茂という人物像がうかがえる。

横浜の中学校、耕余義塾、日本中学、一ツ橋高商、正則中学、東京物理を経て、学習院中等科に移り、同校大学廃止で東京帝大法学部に編入、そして政治学科を卒業するとは些か複雑なコースだ。順調なエリートの道とは遠く、このあたり青年期の屈折がうかがえる。その間失恋もあったと聞く。牧野伸顕伯の令嬢雪子夫人との結婚前の話だが、どうやらオレは背が低いのが原因だと、人知れぬコンプレックスもあったようである。

いずれにしても、明治の後半から大正のデモクラシーを涌し、その青春の間に人間形成をされた総理は、舶来への憧憬《あこがれ》が強かったに違いない。そしてその裏に剝奪しかねる日本人がこびりついていたのだろう。タバコは葉巻き、酒はジョニ黒、日本人がやりたくても滑り落ちてくる鼻眼鏡を無理してつけ、しかも和服姿に白タビが好きだった。家の中でも袴をつけ、ベッドかと思いきや、畳に布団敷きで、富士の見える部屋でやすむ。お菜《かず》も鯛の刺身が好物ときては、明治大正のアナクロニズムと無縁ではあり得まい。

出生の秘話もさることながら、吉田茂の胸に大きくクサビを打ちこんだのは、太平洋戦争の勃発《ぼっぱつ》であろう。ことのほかイギリスを愛した氏が、こともあろうに、鉾《ほこ》を交えるとは大きな痛みであったに違いない。舶来志向で英国在住の長かった氏が、当時どのくらい軍閥や政治家を毛嫌いされたかは贅《ぜい》言《げん》を要すまい。そして敗戦の日本がくる。廃虚に残った小宅に身を潜めながら、身辺を吹きぬける風に無常を感じ、失われてゆく己れのダンディズムに、いつとはなし、ニヒルな気持や虚無感も生じたことは否《いな》むべからざることでもあったろう。

氏は宰相となってからも、繁忙な政務をよそに毎日富士の見える大磯へ逃避するごとく帰られたそうだ。吉田邸の庭の一隅に五賢堂という小さな祠《ほこら》を造り、伊藤博文初め明治の賢君を祀《まつ》り、朝な夕なお参りをかかされなかったという。今は御自分も入って七賢堂となっており、私もロケーションでここを写した。今は、こりんさんが代ってお参りに行かれていると聞くが、ついに物見高い私どもの前にはその姿は現れなかった。

氏が外国をしのぶよすがとしたとも思われる葉巻きを吸いながら、私は海に寄する波の音に聞きほれていた。立ちのぼる紫煙の彼方に、めったに姿を見せぬ富士が追憶の糸をまさぐるように望めた。

このニセの吉田茂も随所で苦労をした。あの一か八《ばち》かの講和条約のくだりもさることながら、バカヤロー呼ばわりのところも、カメラマンへのコップの水事件も、少しは御本尊の心理がのみこめていなければウソになってしまう。

どうせ芝居だとはいいながら、資料許りでなく、現存の大磯の邸をまもっておられる古い用人にありし日の日常のアレコレをうかがった。そして決して余人を入れなかった二階の居室で、今少し身近に宰相よそばに来れ、と祈る気で想いにふけったが、図々しくもその部屋で一時間許り午睡してしまった。そこで氏は休まれたそうだが、寝巻きはパジャマですかと聞くと、白羽二重《はぶたえ》の着物でしたといわれ驚いた。慌《あわ》てて作った白羽二重で寝ては見たが、セットの私は、茶番劇の吉良上野介《きらこうずけのすけ》で、板につかぬことおびただしいものであった。あの窮屈な礼服の好きな方が、実は寝る時には一切身をしばるものが嫌いであったとか。

氏のシャレには、並いるものはビクビクだった由。だから、眼はかすんでいても耳だけはしっかりしていろ、加えて勘もよくはたらかなければ務まりませんゾ――が、当時を知る人の話である。直ぐにうけて笑わぬ男は、アレは駄目だとそばへもよんで貰えぬ仕儀と相成ったそうだ。

戦後の大立者、吉田茂をかくあげつらうことは、不謹慎の謗《そし》りをまぬがれぬが、ここまで書いて、はたして甚だしき謬見《びゅうけん》であったとは思えぬ。これが私の正直な告白である。

芸　人

〝芸人〟という言葉がある。

私たち役者も昔は、地方へゆくと芸人さんと呼ばれた。読んで字のごとく芸をする人のことだが、別に差別を感じたり厭《いや》な気もしない。

が、最近それでは少し足りないような気がしてきた。芸の人だけでは、お客も本人もある程度の感動まではゆくが、それから先は些《いささ》か無理という、つまり何かがもう一つ必要な気がしてくるのだ。

言うなれば、芸人とは芸の人でなく芸と人ということではないかと思い始めた。所詮《しょせん》、四方八方己れがまる見えの舞台で動くのだから、敏感な観客は、ある人物として動く芸を見てはいるものの、実はその人間の中身まで見透しているようだ。いかに虚飾しても、その虚飾の中にひそむもの、その陰なども以心伝心で感得するのだろう。

よく客がいう、あの役者は上手いがどこかもう一つ足りないナという風に、あるいは笑いを求めようとすると、一寸いやしいナと演じ方にまで眼を通す。どうやらこの辺に、芸人即ち役者の命の長短があるのではないだろうか。

先夜、一寸遅い時間、暗闇で急に車を止められた。何事かと窓をあけると、いとも丁重に「飲酒運転を取り調べておりますので」と警察官がいう。「ハイ、お飲みになっておりませんネ、失礼しました」何でもない応対ぶりだが気持ちがよかった。その時にも警察人というものを感じた。昔は警察官が多くて官なるが故に横柄で、民々は何かと踏みにじられたものだ。警察人即ちポリスマン。警察の人ではなく、警察と人、つまり人物が組み合わされていることがやはり第一だ。

芸人の中にも芸術家と呼ばれる連中もいる。家《か》とは何だろう。どことなくよそよそしい、一枚上等の人種だとうそぶくかに聞こえる。政治家も同じだ。特殊の権利をもつものという気さえする。

また、近頃は教師という師がなくなり、教育者という人間（者）も少なくなり、医師も医者もそれにならって何となくうすら寒い。

なべて「人」を失っているかの感なきにしもあらずだ。人が人たるを失って、世の中に何があろう。

吉良に惚れて

生まれて初めて吉良上野介を演《や》った。もっともテレビだが五時間の膨大な番組である。作家も大変だ。

吉良、まぎれもない忠臣蔵の大かたき役だが、私は吉良殿について考えが違うので監督と相談した。吉良は高家《こうけ》筆頭で禄高は下でも、言うなれば時の最高の物識りであり、つまりインテリで都会派に属するお大尽だ。

比べて浅野は播州赤穂の地侍みたいな存在で、要するに田舎武士であろう。

巷間、いろいろ説をなすが、実はこの敵討《かたきう》ち、敵など討たなくても浅野の切腹でことは済んだのに、そこがそれ田舎者の律義者、あわててあんなことになったのだ。それを時の戯作者が、これはいい題材と敵討ち話にでっち上げたのが本当だ。故にこそもう少し史実に忠実にやりたい――と迫ったが、監督は渋い顔をして「忠臣蔵は昔から忠臣蔵なんです。これを変えることは無理です」というので、一度はその通りに演るつもりになったが、どこかで吉良にホレボレするようなところも見せたい。吉良公はいかにもおしゃれで頭がよく、入江侍従長みたいにやりたいなと心中深く決心したほどである。それでも高家筆頭が地方大名に、今でいういじめをやったことは否むべくもないが。

さて、この忠臣蔵は、塩の因縁話がもとという。これは愛知県一帯の大塩問屋で何十代と続く人物から聞いた話だが。三河の塩がどうも、もう一つ赤穂の塩に劣るので、三河ではたびたびその製法を盗もうと間者を出していた。赤穂方はそのほとんどを一刀両断にしていたが、躁鬱病の激しかった浅野大名はつねづね「三河の奴ばら、いつか目にものを見せてくれよう」と思い、この思いはつのる一方だったという。

いずれにしても私の新しい四十七士はあえなく潰《つい》えた。

ある日、つかこうへい氏に逢ったら「ぜひ、あなたで忠臣蔵をやりたい」という。私は恐れをなして、どんな芝居か——と問いただすと、果たせるかな、つか芝居で私が浅野をやり吉良もやり大石もやるという。ただあきれて、どれが、どこで、どうなるのか、はなはだ奇々怪々な話だったが、その中で一つこんな話が面白かった。

あの四十七人は必ずしも全員敵討ちに賛成したのではなかったと思いますが、中には「俺は今は平和な家庭を持っている、もうそれは古いことだから勘弁してくれ」というのもいただろうし「えッ、本気で敵討ちやるのか、集まるかなァ」といぶかしく思ったのもいたはずだ。その群像を書いてみたい——私はウーンとうなった。

が、到底私の出来る話ではない。食指が動いても出来る役と出来ない役がある（往々にして勘違いしているヤツもいるが）。

私は吉良公にヒゲを生やすことにした。果たせるかなイチャモンがついた。「吉良にヒゲのあるのを見たことがありません」と。いかにも元禄のころを生きてきたようなことをいう。

「じゃ、吉良公はヘソの横に大きな青アザがあったことを知ってるかい」

といってやった。

吉良という所は、静かないい町だ。またあのへんの景色も、まだ毒されずに自然の美しさをたたえている。吉良の仁吉も、人生劇場の吉良常も、ひなびた東海道の富士のふもとの親分だ。肩いからして歩いても、どことなくダサイ俠客だったに違いない。ならば吉良公もいささかダサイ男でやるかと、己の顔をつくづくと見て思いあぐねたこともある。

役者の立場からいうと、一番面白いのが悪《わる》で、一番つまらんのが二枚目だそうだ。恐らく知能指数も二枚目の方が下だろう。知能指数の低い奴に悪事などやれるはずもない。

古い話になるが、いい年の独身スクリプター（記録係）がいた。大したベテランで、この女性がいると監督は半分たすかるといわれたひとだ。

この女史がポツリと

「カタキ役の方は皆いい人ですね」

「どうして？」

「お芋買ってきても、半分たべない？　と言うのは、カタキ役の人だけ」

「ハハーン」

「喜劇役者は、どう？」

「わたしはキライ。気分屋ばっかり。始終機嫌の悪い顔して。あの人たちの面白いのはカメラの前にいる時だけネ」

「なるほど」

「じゃ、二枚目は？」

「もっと、キライ。あんなものに世間が騒ぐのがわかんないわ。ケチで見栄坊で、利己主義で……」

「わかった。要するに本質的に頭が悪いんだろうね」

と言ったことがある。要するに二枚目と世間に言われ、己もそうかなと思った時から根性が曲がるようだ。

十二月十四日、討ち入りの日という。

泉岳寺四十七士の墓は香煙縷々《るる》として、いまだ参詣の人は絶えない。一方吉良の墓はどうだろう。喧嘩両成敗でこちらもにぎわって縁日など出て盛んなお祭りがあってもしかるべきではないか。

それにしてもわが国では何年も何十年も敵討ちにもえる話が多い。何とも恐ろしい民族である。人を怨む感情がそんなに長く持ちこたえられるものか。

個人の場合は、怨みも悲しみも苦しみも残さないところに長生きのこつがあると考えるのだが——。

日本でもそうだが、韓国でも怨みは末代までつづくと聞いた。それでこそ復讐劇が両国とも盛んで息が長いのかもしれぬ。

この復讐の精神構造が、いじめや自殺につながると思うのは短絡だろうか。

あの野球のはげしい応援をさめた気持ちで見ていると、どことなく寒気のするものだ。あのパニックのような気持ちがスポーツの本質とどうつながっているのか、識者に聞いてみたい。

吉良の話が横道にそれたが。

最後の屋根の上

はげしい感動の嵐だ。

笑い声が過ぎると慟哭《どうこく》が聞こえ、私の胸も役者を通りこして、目のくらむような興奮の中に埋もれてしまうようだ。

「屋根の上のヴァイオリン弾き」

いよいよ、これが最後の公演だが、舞台に上がっては一度もそんなことを考えたことはない。むしろお客さまの方が、そんなことを考えておられるのではないだろうか。

簡単に言うなら毎日が、最初で最後と懸命である。

過ぐる日、筋ジストロフィーと闘う仙台の青年が観劇に来て、車椅子で舞台で花束をいただいた。彼の本『羽根の折れた天使』は、私の胸をいたく打ったので本の帯を書かしていただいたが、舞台での彼の目の美しさに出演者は見惚れたという。私は自分の目が高いのがいやで、しゃがんで花束を受け取ったが、力弱き彼の手の感触がいまでも忘れられない。

寒い冬に毎日の稽古に通い、八百十五回もやったものだが、まだ新しい発見があろうと汗をかいた。

切符の方は一カ月も前に完売となり、ぜひ一度は観ておきたいと思われるお客さまにはご迷惑をかけている。それでも当日の分として残してあるわずかな入場券に長蛇の列を見ると、もう一カ月演《や》ればよかったと思うのだが、どうにも勝てないのが年齢だ。

この五月で七十三歳である。やはり身体が思うように動かない。踊って舞台の裏に入ってくると、今スポーツ界で流行《はや》りの酸素を吸っている。別に宣伝する気はないが、ハアハアいってるのが吸っているとおさまるのである。

まあ酸素だから毒でもあるまいといそしんでいるが、私の友人は酸素も毒になることがあるという。早い話が未熟児のガラス箱には適量の酸素が送られているが、ちょっとした不注意でその量を間違うと未熟児が時に視力障害など起こすことがあるという。真偽のほどは分からんが、太陽を浴びようと、素裸みたいな格好で海浜に横たわっているのも、いかにも健康増進になるような気がするが、あれもヨシアシだ。

日光は有難いものだが、それとて毒なところもある。あれは身体を焼いてメラニン色素が沈澱してたくましく黒くなるが、太陽光線の中には紫外線という猛烈な光線が人間に与える影響も大ときく。これがただれたり潰瘍になったり悪い時には皮膚癌になったりする。

過ぎたるは及ばざるが如し――で、宮城のまわりをいい年をした人がジョギングしているのを私も自分の年を考えてヒヤヒヤしながら見ている。ジョギングに限らない。アスレチックスにしても各所に流行しているが、年が若くなるものなど世界広しといえどもないのだ。アフリカのライオンも昼寝ばかりしていてラジオ体操などやってない。

にもかかわらず、七十三歳は日夜舞台で奮闘している。命を賭けて――と言えば格好良すぎるが、文字通り観客に支えられて、つつがなく毎日を送っている。この健康こそ神に感謝するすべてではあるまいか。

春

春《うすず》く春の宵もどき、人は桜花の下に浮かれ、はては血を流してまで喧嘩する。落花狼藉——とはなんともうがった言葉だが、はやこの言葉もすたれて廃語にもひとしい。しかし口語に訳しても、なんとも長くなって、この四字熟語のような味わいもない。

春はどことなく陰湿だと書いたが、春はまた事件が一番多いようだ。

これはイタリアの話だが——。

イタリアの金持ちがアルファ・ロメオの新車を買った。嬉しさのあまり夫妻で方々を乗り回して、ご機嫌でレストランに入り、昼めしを食って、喜びに小躍りしながら再びドライブをしようと表へ出たら、愛車は影も形もない。途方にくれて警察に頼みこんでわが家に帰り、気がぬけて、まずい晩めしを食った。翌《あく》る日、二人で昨日の犯行現場へ行ったところ、なんとアルファ・ロメオはピカピカに磨かれて置いてあるではないか。二人は歓喜の声をあげて座席へ座ると——

「昨日は大変失礼をしました。私もこの車が好きで、見るとついついたまらなくなって無断でドライブしてしまいました。お許し下さい。

ついては、この封筒の中に二枚の歌劇の切符があります。お二人への謝罪のつもりです、どうかオペラを十分お楽しみ下さい」

とあって、オペラの一番上等の席が用意してあった。

なんたる快盗か——と二人は喜んで、オペラを観に行った。そして愛車ロメオでご機嫌で帰宅したら、どうだ！　家の中は何一つ残さずカラッポだった——と。いかにもイタリアらしい気のきいた話だ。

ちるさくら　海あをければ　海へちる

私が俳句を習った高屋窓秋先生の句だ。

舞台を海とすれば、その青さに魅かれ舞台に恋いこがれて、その美しい薄紅色の花は散ってゆく。舞台とはそんなものだ。碧い海とはいえなくても、出た以上は泳がねばならない。下手すれば海の中でアップアップ、客は興ざめし、ただ笑うだけだ。

泳法にはいろいろある。歌舞伎の古式ゆかしい泳法もあれば、まだ犬かきのような情けないのもいる。近ごろは波乗りのような曲芸まがいもあり、シンクロナイズド・スイミングのように一糸乱れぬ、味がありそうでないのもある。

それじゃ、お前はいったい何流だ——と聞かれると、五十年以上も我流で泳いできたようだが、我流も年とともに、早くも遅くも、波にも乗れるし、時に潜って曲芸も演じるのである。凪ばかりではない嵐の海もあるのだ。よくも泳いできたと、己が驚きあきれているのだ。

そういえば、日本も、それ自体が海といえよう。あまり洒落のない海だが、泳いでいるのは上も下も犬かきが多い。

頑張ってほしいものだ。

「あがる」

あがるという言葉がある。興奮するとか、カッと血がのぼるとか、胸がドキドキするとか決していい気持のものではない。脳溢血というのは、このあがるということが原因の場合が多い。

私は昔から心臓に毛が生えてるのかというように、あがったことのない人間の様にいわれてきたが、実はそれは大ウソで、精神のひ弱だった頃もあって、若い頃は大のあがり性だった。

しかし何とかそれに逆らうために鍛錬をかさねてきた。これは私にかぎらず、王選手でも青木ゴルファーでも、あがることで不首尾に終わることを知る者は、この癖に対して並々ならぬ研鑽を積んできたと推察出来るのだ。

芝居の初日、これはひとしく全員があがっている。勿論私もあがっているが、あがると突然何もかも思い出せなくなって、絶句するので極力そうならないよう、精神の固まるのを避けようとする。通常深呼吸したり腹に力を入れたり、上を向いて気をそらしたりするが、これはあまり上等なやり方ではない。

もっと理詰めで自分に言い聞かせた方が効果がある。

・失敗してどれほどの事がある——

・間違えばやり直せばいい——

・出来なければ、謝ったっていいじゃないか——

・そんなにうまく見せようと欲張るから上がるのだ――
・だめなら出直しだ。いいじゃないか何遍やったって――
だんだんくどくなってきた。
・ダメでもともと――
となって、ようやく気持ちが落ちつくのだ。

昔のラジオ、テレビは生放送といってやり直しのきかないギリギリ状態にやられて演《や》るのだから、心臓や、脳の痛み方は、今よりウンとひどかった。

だからいい間違えたり、やり損ったりしたときの繕い方をうんと勉強したもんだ。たとえて言えば相撲取りが転ぶ練習をウンとするように、作品にケガがない程度にごまかせる工夫をする。

君を……というところを、君は……とウッカリ云ってしまったとする。この〝は〟を〝を〟に直すのも下手をすれば、視聴者に間違えたなと感づかれるから、やはり役者の腕が必要だ。

「君は……、うむ、ともかくね、君を――」

とすぐゴマカセないと、あいつは駄目の刻印が押されるのだ。

もっとも、こんなことは初歩で、その時少しもあわてず上手に塗りつぶしてしまうのも演技の一つと心得たものだ。

その私が、どうにもあがって耐えられぬものがある。

それが歌をうたう時で、楽隊は待ったなしだし、容赦しない。好きに歌おうと思っても意の如くならずだし、元来音楽的ではないのだろう。リズム音痴だ。

これは映画から初めて芝居の方にきた役者だが、稽古中から人一倍あがる方で、何度もつかえて私も不安だったが、いよいよ初日。ふと顔を見ると目が吊り上がっているので、大丈夫かなと気になったがこっちも初日だ。

いよいよ私が舞台で待っているところへ氏が登場してきた。とたんに客席から初舞台の応援隊が来ていたのだろう。ドッとばかりに拍手と声が掛かった。

「失礼つかまつる。ご貴殿は、ご貴殿はー、……島中氏でござるナ。」

「いかにも」

うまくいきそうでなのでホッとした。芝居の筋で私から話しかけられない出会いの場だ。

「ご貴殿は島中氏でござるナ」

「いかにも」

「――、――うーむ。島本氏……でござるナ」

「島中でござるが　何か」

「……うーむ、……ご貴殿は……――。」

と、袴の下を見ると水がポタポタ落ちている。あきらかに失禁の模様だ。

こっちが、こうこうおっしゃりたいのだろうーとは云えぬので、困り果てたが必死のプロンプター（セリフを陰で教える）の声も聞こえないらしく、汗にまみれた顔がボッボッ凄みをおびてきたので、

「何かご用向きの様だが、立ち話も何ゆえ、そこまでご一緒願って、道々うけたまわろう」

と一先ず袖に連れ込んだことがある。

あがるの強烈なのが逆上というやつだ。

古い話だが、本道に出てきたとたん、私の目の前で正面衝突事故が起こったことがある。タクシーはものの見事に横転して車輪を上にし、他の一台は筋向いのガラス屋に突っ込み、並みの事故ではない。私は車から飛び降りて先ず、タクシーの方へ行き、何はともあれ人間だけをひっぱり出そうとした。ところが逆さになりながら運転手が元気に出てきた。

「どした、大丈夫か！」

「新車なんだ！」

「いや、新車は分かったが、ケガはなかったか」

「弱ったな。新車なんだ」

「客は乗っているのか」

「新車だ、弱ったよ」

あきらかに逆上していて、「新車」を連発するだけで話にならない。その内同じ運転台のドアから客が出てきた。

「あんた　大丈夫ですか」

「運転手がけしからん奴だ。事故の時は客を先に降ろすのがルールだろう」

「どこか打ってませんか」

「客より先に降りるなんてルール違反だ」

ともに話をする心の方向がない。

Ⅱ　交友録

一

「さよなら」も言わずに、芦田伸介

新しい本の原稿を書いている最中に、私の六十年来の友、刎頸《ふんけい》の交わりとまではいかなくとも、随分一緒に芝居もした芦田伸介を失った。

ついこの前、勝（新太郎）が慌てて逝ってしまったが、今度は芦田まで急いで逝ってしまった。なにをそんなに急いで何処《どこ》へ行ってしまったか、二人とも、まるで舞台の地方公演にでも出かけるかのように、また、映画のロケにでも出発するかのように、さよならも言わずに逝ってしまった。朝寝坊してロケバスに乗り遅れた私だけがまごまごしている。何処へ行こうか、何をしようかと。

私が、人と「別れる」のが嫌いなことをよく知っていて、わざと知らんぷりして「さよなら」も言わずに出かけたに違いない。それでいて、弔辞を読んだのはこの私だ。

芦田伸介《あっちゃん》は一九一七年生まれというから私より五つも年下だ。私には逆らったこともなく、言うなれば莫逆の友だ。

彼は島根県松江商業から東京外語のマレー語科に学んだ。当時、生徒は少なかったが、外語ではマレー語科や蒙古語科に人気があった。日本帝国主義が、やれ南方雄飛だの満州建国だのと若者を煽動《せんどう》したからだろう。

芦田が満州（現・中国東北部）へ渡ったのは、私がＮＨＫ新京放送局のアナウンサーとして渡満したのとほぼ前後している。

芦田は満州電業の社員であるかたわら満州放送劇団の役者でもあり、芝居好きな私はそこで彼と親密になった。彼は二言目にはチェーホフの戯曲を口ずさむ演劇青年だった。よほどチェーホフが好きだったか――。やがて私は芦田と一緒に児童劇団を結成してスポンサーを探した。私たちは新京放送総局の武本局長のお宅に集まって稽古《けいこ》を始めた。当時、放送劇団には三浦洋平、島田敬一といった新劇の錚々《そうそう》たる役者が渡満してきていて（と言っても今の若い人たちは知らないだろう）劇団に華を添えた。

芦田も私も昼夜、時間を割いて稽古に励んだが、ひとつ困ったことがあった。鶏が鳴いて煩《うるさ》くて稽古にならないのだ。武本局長の家で飼っている鶏がしょっちゅう盗まれるので、局長は仕方なく稽古に使う部屋の押し入れの中で飼っていたのだ。大声張り上げてセリフを言えば言うほど、鶏もコッコ、コッコと鳴き声を張り上げる。

その頃、「放送劇団」では色気がないから別個に名前を付けようとの意見があったので、私たちは早速、〝コッコ座〟と命名した。おまけに劇団歌まで出来た。懐かしいので書いておこう。

〽コッコ、コッコと鶏《とり》が鳴く
ほのぼのと夜が明けた
笑ってる、泣いている
その涙の一滴が
ルリ玉色に光ってる
ああ世紀の劇団
テアトロ・コメディァ

公演のたびに私たちは大声で歌った。

終戦の年の二月、芦田は新京の大教会のお嬢さん、明子氏をついに自分のものにした。

翌年には可愛いお嬢さんが生まれた。このお嬢さん、亜子ちゃんは後に松山英太郎（河原崎國太郎丈の息子）に愛され二児をもうけた。

敗戦後の満州は、東京や大阪のように焼け野原にこそならなかったが、満州で敗戦を迎えた私たち日本人は、みんなどん底に突き落とされた。

〝これじゃいけない！〟芦田と私は、敗戦の憂鬱《ゆううつ》を芝居をやることで吹き飛ばそうとした。菊田一夫作「花咲く港」を演《や》った時は万雷の拍手を受けたのも懐かしい。ただ、芦田は主役で、私は馬車屋のおやじだったが――。

それから一年ほどして、命からがら、芦田も私も帰国した。思いは、ただ家族を守ることだけであった。

いつ頃からだったか、芦田は文化座の役者として活躍し、やがて民芸に入る。が、居心地でも悪かったか、その後退団してフリーとなって活躍する。

あれは四十年ほど前のことだ。芦田が死んだ、との知らせに私は顔色を失った。が、まもなく、いや死んではいない、大変な交通事故に遭い、百四十七針も縫う重傷で、楽観は許されない、と訂正された。

私は「あっちゃん、死ぬな！　死んじゃいかん！　死んでしまったら何のために苦労して満州から引き揚げてきたのか分からんじゃないか」と、彼のためにひたすら祈った。芦田は不死鳥のように蘇《よみがえ》った。顔に残った傷が芦田の命の逞しさを示していた。

森繁久彌も次第に名を成し「南の島に雪が降る」で森繁劇団を結成した時、芦田は〝俺も入れろ、俺も入れろ〟とうるさかった。

芝居は私の半分もできない芦田だが（もっともアチラでも同じことを言っているだろうが）心優しいが凄《すご》みのある彼の顔は、後年、絶品といわれた「人生劇場」の吉良常を見ても分かるとおりだ。

一九九九年一月十八日、生前、芦田夫妻がたびたび礼拝に訪れた赤坂の霊南坂教会で、芦田伸介の葬儀がしめやかに行われた。

〝言ふなかれ、君よ、わかれを　世の常を、また生き死にを……〟

これは芦田も愛唱したという私の大好きな詩人、大木惇夫《あつお》の「戦友別盃《べつぱい》の歌」の冒頭の一節だ。

永別の日が来た、とは言っても芦田は今もこの私の胸の中に生きている。

〝芦田伸介、今度はきっと、一緒にロケバスに乗ろうよ、朝寝坊なんかしないから〟

賛美歌三一二番、チャールス・コンバースの名曲が静かに流れる崇高な教会の中で、私はそっと語りかけた。

名戯曲の舞台裏　北条秀司

大きな劇場の真ん中に、丸い、その辺にあるようなテーブルが置かれている。その上に、お稲荷《いなり》さんとラムネが、いつものように置いてある。それこそが、天皇と渾名《あだな》された北条秀司先生のお座りになる定位置なのだ。その日は、頭から三時間も稽古《けいこ》が続いている。私は楽屋で横になっていた。

つい先日、私のところへ入った弟子の伸子というのがいた。何も知らない伸子がチョロチョロと走り回るのを見て、オン大は、

「おい、そこの子供、向こうへ行け！」

と声を荒げた。するとその子は生意気にも、

「子供ではありません。私、出てるんです！」

「なに？　おまえ出てるのか、どこへ出てるんだ？」

その子は女学校を出て私の付き人となったのだが、今はもう五十歳になった。

さて、「深川不動」の稽古も、いよいよ私の出番となった。

やがて無事に稽古が済むと、先生はよほど気に入られたか、

「じゃ、次に行こう」

と言われた。気の短い人だった。

「先生、待って下さい。もう一度やらせて下さい！」

「一回でよろしい！」

私は先生の「山鳩《やまばと》」や「閣下」など、やりたい作品がいっぱいあった。今でもやりたいのは「閣下」だ。これは淡い恋心を抱く閣下が昔の女と会って、一緒に風呂に入る話だったと思うが、なかなかの名作ですばらしい小品だった。

東宝が私と山田五十鈴で「王将」をやろうといってきた。「王将」の坂田三吉は役者たるもの、誰しもが憧《あこが》れる役である。

〝おお、銀が泣いてる、銀が泣いてる〟

しかし、私は丁重にお断りした。

〝坂田三吉は、北条先生が新国劇の辰巳柳太郎先生の為にお書きになったもの。だから、辰巳先生以外にやってはいけない〟

と思ったからだ。

後年、テレビで山本隆則君が「王将」をやりましょう、と言ってきた。

「駄目だよ、あれは辰巳先生以外の者がやっちゃいけないんだよ」

と、舞台の時と同じ理由で断ったら、山本君は、

「ですから、〝たそがれの王将〟という題名でやりたいと思います。ぜひとも……」

と言われて、私はテレビに出演した。

後に、このテレビをご覧になった北条先生から、はがきをちょうだいした。

独特の、あの大きな字で、

「大出来、大出来、そういうやりかたもあったか、はっはっはっ」

と書かれてあった。


菊田一夫先生の、第一回菊田賞記念日に私も参列した。

「森繁さんが来ておられるので、一同ご挨拶《あいさつ》をいただきましょう」というので、

「さあ、これからはこの賞を戴《いただ》く人物は大いに頑張りましょう。ついでにと言ってはまことに申し訳ないのですが、今日は、北条先生もご出席なので、ひとこと、付け加えるなら、賞は菊田賞だけじゃなく、北条賞も戴くと大いに張りのあることになりますので、先生、お願いします。ついでにもう少し褒賞金を高くしていただけると私たち、どんなにか張り切れます」

皆は笑ったが、北条先生は、

「何を言うとる、バカな……」

と、その足で帰ってしまわれた。

褒める時は、子供のようにオーバーだが、怒る時も同じである。何が不愉快なのかよく分からない。作家特有のわがままでもあろうか——。

後年、ふとした時に、

「先生のご本、全部私に演《や》らしてほしいんです」

と言ったら、

「僕も嬉《うれ》しいね、全部あげますから演ってくれたまえ」

と機嫌のよいこともあった。

そうかと思うと、

「先生、もうちょっと、エロティックでもいいと思うんですが……」

何の返事もなく立ち去られたこともあった。

どの作家もみんなといっていいほど、女が好きだったが、あの方と川口松太郎先生は、あまり、その方の話は聞かない。

色んな艶話《つやばなし》があったんだろうが、みんな戯曲に化けてしまっていた。でも、内心、むらむらとされていたことは否めない。

北条先生は、箱根の電車の会社におられたそうだ。

「あら、電車の中で考えられて、あのたくさんの名戯曲が生まれたんだ。でも、気の短い人でしたわね」

「そう」

「うちのチビが初めて舞台に出してもらったとき、わたしゃ、楽屋で三時間も待った。で、舞台監督を呼んで、何してるのとたずねたら、先生が機嫌が悪くって、踊りをする連中が白すぎたり赤すぎたり、何度直しても駄目出しばっかりですって」

「そうか、昔から変わらんな。俺、今行くから」

「そうですよ、あなたが来てくれれば、先生すぐ機嫌がよくなって」

「そんなことは分からんぜ」

「早く下へ来て先生の機嫌とってください」

舞台稽古の時、悠々《ゆうゆう》とラムネを飲んで、三時間は待たせる。

私はエレベーターを降りて稽古場に向かった。

「さあ、次ゆくよ」

私が出ていくと、先生は次へとすぐおっしゃる。

「うまいねえ、シゲさん」

「先生、もう一回やらせてください」

「いやあ、充分ですよ。もういい、次だ。君はうまいなぁ」

そう言って先生はラムネとお稲荷さんをたべて、そそくさと稽古は済んだ。

北条先生も後年は丸くなられた。

「モリシゲくん、あと、書いといてくれ」

あの北条先生も芸術座のこけら落としでは、とうとう本が書けなくなって、私が山崎豊子の本を持っていって、菊田一夫が「暖簾《のれん》」を書いた。

私の尊敬する北条秀司先生も、ある日、鎌倉の家で侘《わ》びしく他界された。

その日、私は初めて先生の書斎を見せていただいた。暑い日などには廊下に机を出して書かれたそうだが、数々の名作が生まれたそこは、薄暗く長い廊下であった。

映画監督・溝口健二のわがまま

映画というものはわがままな奴《やつ》が撮《と》るものだ。そして、その人たちによって創られる。子供の時に、あえてしたいことを我慢していたのか、切って落とすように監督のわがままにつながる。言うなれば子供と同じだ。

山の上にカメラを置いて、見ながら、「あの村の松の木が気に入らない。切ってこい」と言われた小道具係も気の毒で、そこの村長と大喧嘩《げんか》になり、まず何事もなかったが……。

せっかく晴れているのに、「今日のロケーションは中止！」。こんなわがままが出来る時が、監督は天にも昇る気持ちだろう。

監督は小声でそばの助監督を呼んだ。

「今夜の……は出来ておるな」

「はい、大丈夫です」

監督は、それだけ言うと、車に乗ってスタスタと帰った。

山の上に残された百人近いスタッフは、ただ茫然《ぼうぜん》と諦める。


〝歴史は夜つくられる。

映画は倉庫で出来上がる。〟

と言った奴がいるが、まことに宜《むべ》なるかな。これは逸話だが——。

監督は野辺の地蔵に香をあげ、どこにでもある草花を取って供えようとした時、

「おい助監督、この入れ物じゃダメだ」

「はい、じゃ、どうしますか？」

「京都の博物館にある湯飲み！……実は国宝だがあの茶碗《ちゃわん》を借りて来い」

と言う。

京都と大阪の真ん中、枚方《ひらかた》の奥だ。スタッフは京都へ飛んだ。

博物館氏は苦虫を嚙《か》みつぶしたような顔をして、

「お貸ししてもいいんですが、これは国宝ですから」

「こんな汚い茶碗がですか？」

結局、話は、京都の博物館員が二人付いて持参すれば許す、ということになり、その薄汚い茶碗は、大の男に抱かれて枚方の現場に着いた。

「監督、やっと借りてきました」

監督は至極ご満悦で、

「これよ！　これでなければ絵にならない！」

「ハイ」

その夜は、二人の京都の館員を泊めて、結構、酒を振る舞った。

監督は、どういうことはない、その作品の中で、この茶碗に執着しているわけでもない。

結局、朝が来て、スタッフは集まった。

「内川君」

「ハイ」

「それは大事に持って行けよ。それほどのものじゃありませんがねェ」

内川もカッときて、「やめた！」とおのれの台本を監督にぶつけた。

「どうしたの、内川君！」

「黙って聞いてりゃあ、言いたい放題で、私は、あんたには付いていけない」

大監督の前で決別した。

「失礼します。どうぞ好きにやってください」

「実は……」

気の弱いのは監督の方だ。

「内川君、本当に怒ったのかい？」

「長年の間に、こんなことばっかりです、私はこれでご免蒙《めんこうむ》ります」

さすがに堪忍袋の緒が切れたのか、彼はスタスタと帰っていった。

治まらぬのは監督の方だ。

「ちょっと、内川君の機嫌とって、戻って来るように言いなさい」


溝口健二監督とはそういう人だった。

偉業を成して逝った黒澤明監督にも、こんなことはいっぱいあったに違いない。

映画は倉庫で出来上がる、と言ったが、実はこんな諍《いさか》いの中で作られたのだ。

名作「雨月物語」もこうして作られた。

ある諍いの思い出　加藤泰監督

十二月に入って間もなく天候が急に悪くなった。今日あたりは真っ暗くて雪でもきそうな気配だった。そんな時候のせいか、私にも不満が多い。今日は、そんな気分のひとつも書いてみようと思うが、筆が鈍る。

小学生も、なかには悪いのが増えてしまった。私は、成人式を二十歳にしないで、いっそ十五歳にしたらどうか、と考える。十五歳と言えば、昔の元服じゃないが、立派な大人だ。大人でなければ、近頃《ちかごろ》のあんな無惨な行動はできまい。

そればかりでなく、最近の不満は政治家も大企業家も、世襲ばかりするが、必ずしもその子も優秀とは考えられない。襲名は歌舞伎や能楽など、いわゆる伝統芸能の世界だけで充分だ。

私のいた北野中学にもボンボンが多かった。しかも船場あたりの豪商の家庭では、決して後継ぎが出来ると決まってはいなかったようだ。第一番頭が社長になりボンボンは後に回された話を聞いた。

さて今日の話は、当事者たちも亡くなり、十五年ほども昔の古い話で記憶も散漫だが、あまり見上げた話でもない。


この方は、当時大映では大家と言われ、少しは売れたのも撮《と》られた監督だが、言うなれば、さほど名作も見あたらない。

この人が松竹に乗り込んできて、古い有名な、尾崎士郎の「人生劇場」を撮られるという。

私にも話があったが、あまり乗り気がしなかったのは、映画の始まる前に、つまり、タイトル前に本編の一番いい場面をチラリと見せてお客をアッと言わせる、いわゆるアバンタイトルで、前座である。

そこの場面に出演の要請があった。

〝いいだろう〟と私は引き受け、松竹へ行った。これがまた、下にも置かぬ扱いであった。それが、どうやら加藤泰大監督の癇《かん》にでも障ったか――そんなことを知らないのは森繁自身で、役は主役の青成瓢吉《あおなりひょうきち》の父親の役だった。

蒲団に入り頭をピストルで撃ち抜いて自殺する。さて、その死んでからが大変であった。死んでいる私のそばへ、吉良常に扮《ふん》した田宮二郎という男がやって来ていろんな話をする。

監督は、私が死んでいるのに、息をして、少し動くのが気に入らぬらしい。籠《かご》みたいなものを胸の上に置いて誤魔化そうと苦心惨憺《さんたん》したが、こっちも生きものだ、少しは動く。

すると、〝カット！　カット！〟と泰さんは怒鳴るのだが、なにせ長いシーンで七分間もある。いくら、呼吸を止めろ、と言われても無理だ。

泰さんが連れてきた大映の助監督が、

「もう少し動かないでいられませんか？」

と言う。

「クソーッ！」

私もいささか頭に来た。とうとう助監督に悪態をついた。

「俺《おれ》は生きてるんだよ」

「分かってます」

「息もしないで七分間も水に潜ってるようなもんだ。俺に代わって、お前さんやってみろ！　俺が見ててやるから――君、出来るか！」

結局は、すったもんだの末、四時間ばかりかかってそのシーンは終わった。

なにしろ不思議な監督で、小津巨匠の真似《まね》か、畳の下あたりを掘らせてカメラの位置を下にする、そんな厭《いや》な癖があった。

でも、どうやら撮影は済んだ。

よせばよかったが、帰り際、助監督に、

「危うく殺されるところだ……ああ、ヤレヤレだ！」

と、監督にも聞こえよがしの言葉を吐いた。


監督というのは奇態な方が多い。私も長い間に三百本ほども映画を撮ってきたが、総じて事大主義みたいな人が多い。

なかには小柄な人で、〝俺が一番偉いんだ！〟と観客に見せるように、やたらと大きな声を張り上げて、〝さあ！　行こー！〟と号令をする人もいたが、古い昔の習慣だろう。

「おい、その男、ちょっと待て！」

と、私は監督に呼び止められた。

「君は、何か不満でもあるのかい？」

「いや別に――ただ、あのシーンの七分間、あれは私には無理でした」

「何かい、うちの助監督の力不足か？」

「そういうわけじゃありませんが……何か誤解でもあるんでしょうか」

「ちょっと話があるから、監督室まで来てくれ」

「ああ、いいですよ」

その時、脇役《わきやく》に回っていた田宮が現れて、これもまた、時代がかった口調で、

「ご両所の言い分はごもっともですが、共に日本を代表するご両所が、いささか面目ないことでございます。今日のところはご両所とも、何も言わず水に流してお別れ下さりませ」

「いや、別に文句を言ってるつもりはないが、監督がバカにされては立つ瀬もないし」

「はい、それは私も重々分かりますが、今日は撮影の初日ですし……」

「君は黙っとれ！　君には関係はない！」

「ハイ、ごもっともで……」

「おい！　誰か、プロデューサーを呼んでこい！」

話は長くなるが、なかなか纏《まと》まらない。こっちも、こんな映画のタイトル前の仕事などやめさせられても、どうってこともない、とタカをくくっていたが——それから、長い撮影も済んで映画も出来上がったらしい。


あとで聞いた話だが、監督はタイトル前のラッシュで私の演技を観て、

「うまい役者だよ！　この人ともう一度良いものを撮ってみたい」

と漏らしたという。

不思議なことに、激しい諍《いさか》いだったが、月日と共に氷解した。まもなくその加藤監督もこの世を去った。

谷崎潤一郎――その人

その日、「猫と庄造と二人のをんな」の試写だった。

大先生がご覧だという。

私は人を分けて、谷崎大先生の前で、わざわざの御来場のお礼を申し上げた。

先生は分かったような、分からないようなお顔をなさった。それだけだった。

やがて、試写が終わり、先生を取り囲んで、プロデューサーや監督が出て来た。一言もお答えがない。

私は側へ寄って、

「先生、いかがでした？」

と伺った。

「よかったよ」

「そうですか！」

私は嬉《うれ》しかった。

「私も今回は自信がありました」

「ネコが一番、良かった」

「……?」

このクソおやじ！　と思ったが、黙って見送った。先生はお茶も飲まずに立ち去られたのである。

私はすぐなれなれしくなる癖がある。

三年ばかり経ったある日、赤坂のピカ一の芸者さんを連れて伊豆山へ行った。熱海を廻った断崖《だんがい》に瀟洒《しょうしゃ》な宿がある。そこへ私たちは泊まることにし、次の夜、この宿の上にある谷崎先生のお宅に電話を掛けた。

「モリシゲでございます」

「おお……」

「実は先生のお宅の下の旅館に泊まっています。お仕事でなければ、ちょっと、お伺いしたいんですが」

「……ああ、いいよ」

「実は女性も一緒なんですが」

「…………」

「女優じゃありません。赤坂のネコです」

「ネコ?」

「赤坂一の芸者です」

「…………」

「先生！　ちょっと見てください。また、面白い話をします」

「客がいるから、ちょっとだよ」

図々しいやつには先生も敵わない。

坂を上って海の見える絶景の場所に、お宅はあった。

「ごめんください。森繁です、上がります。いいんだよ、あんたも上がりなさい」

立派な洋間に二人は入った。

先生は、面白くも痒《かゆ》くもない顔で座っておられた。

「これはヨシコと言います」

「うむ、まあまあ、お掛けなさい」

「押しかけてきてすみません。しかも、女連れで、困った奴です」

「こっちも困ったよ」

「申し訳ありません。先生、なかなかの美形でしょう？」

先生は何もおっしゃらない。

私は一人で、二人の出来た頃の話を一生懸命熱演した。来ていたお客の方は笑ったが、先生は沈黙のまま——多分、寝ておられたか……。

お茶が出たので、戴いて、

「さあ、失礼しようか」

「ハイ」

「声はいいね」

「先生、おやすみなさい」

「おやすみあそばせ」

嗚呼《ああ》、やっと静かになった、という顔が見えたが、

「この前のラジオは良くやってたね」

私たちは躓《つまず》きながら坂を下りた。

「満足だったかい？」

「何だか悪くて申し訳なかったみたい」

その声に合わすように遠雷が聞こえた。

それからしばらくして、またお目に掛かった。

「いい妓《こ》だが、私の趣味じゃないね」

大文豪は些《いささ》か妬《や》いておられるのかと、わざと曲解した。

詩人サトウ・ハチローさんを偲《しの》びて

サトウ・ハチロー作詞
古関　裕而　　　作曲

〽こよなく晴れた　青空を
悲しと思う　せつなさよ
うねりの波の　人の世に
はかなく生きる　野の花よ
なぐさめ　はげまし　長崎の
あゝ　長崎の鐘が鳴る

召されて妻は　天国へ
別れてひとり　旅立ちぬ
かたみに残る　ロザリオの
鎖に白き　わが涙
なぐさめ　はげまし　長崎の
あゝ　長崎の鐘が鳴る

こころの罪を　うちあけて
更け行く夜の　月すみぬ
貧しき家の　柱にも
気高く白き　マリア様

かつて私が愛唱した流行歌である。ある日、ふと、この作詞が佐藤八郎さんであることを知った。なるほど、見事な詩だと、改めてまた感動した。

八郎さんの父上、佐藤紅緑《こうろく》さんは、私の家のすぐ近くにお住まいだった。そんなこともあって、ぜひ一度、八郎さんにお目にかかりたいと思っていたら、ちょうど、NHKの放送で対談をする機会を得た。

嬉《うれ》しくて些《いささ》か興奮気味だったが、八郎さんは優しい方だった。俗に聞く、若い時の浅草の不良ぶりなど微塵《みじん》もない。もっとも若い時には売れたのかもしれぬが、何とも素晴らしい方だった。

私は、これといって話がないので彌《わたる》君のことを話した。

彌君というのは八郎さんの一番下の弟で、私の竹馬の友だ。彼も喧嘩《けんか》が好きだったが、私のよきボディ・ガードを務めてくれたのだ。

彌君の話が始まって間もなく、人目もクソもなく、八郎さんは大粒の涙を流しオイオイと泣かれるのに私はまいった。彼は間もなく尼崎の中学へ入り、それからどこの学校へ行ったか、私は東京に来てしまったので、その後のことを詳しく知らないが、兵隊にとられて戦死した話を聞いた。

恐らく、可愛がっておられただろう弟の死を憐れんで、八郎さんは、ただ泣きづめに泣かれた。後にも先にも、それだけの話だが、彌と私は幼稚園から小学校と忘れ得ぬ友であり、私も泣いて、ただ泣くだけの放送は終わった。

作家の佐藤愛子さんは、御父君が八郎さんや彌を生んだ奥さんと別れて、宝塚の美人プリマドンナ、三笠まり子さんと一緒になられて生まれたお子さんであると思うが。

そう言えば彌もどこか不良ぶってはいたが、哀愁のあるいい男だった。

八郎さんは美しい童謡をたくさん書かれたが、〝長崎の鐘〟にも、その真髄が漲《みなぎ》っている。三番を抜かしたので加えて書いて置こう。

つぶやく雨の　ミサの声
たたえる風の　神の歌
かがやく胸の　十字架に
ほゝえむ海の　雲の色
なぐさめ　はげまし　長崎の
あゝ　長崎の鐘が鳴る

八郎さんは、クリスチャンだったのか——。紅緑先生の、読み耽《ふけ》った少年倶楽部の野球の話にも泣かされたが、どこか、八郎さんにも彌にも同じ血が流れていることを胸深く知った想いだ。

加東大介君

君があわてて、あの世に逝《ゆ》く——どうしてそんな馬鹿なことをするんだよ、大ちゃん。

思い起こせば、私の劇団の旗上げは、貴兄《あなた》の〝南の島に雪が降る〟でしたね。千秋楽、私の演じた隊長が、病苦をおして、遠いところから観劇にみえました。

アンコールカーテンで、私たちは勢ぞろいし、客席の隊長を迎えました。小さな花束を渡しながら貴兄《あなた》は泣きました。きらきらと光る美しい涙と、嗚咽《おえつ》の中の君のあいさつに、舞台も客席も、滂沱《ぼうだ》として流れる涙をぬぐいもならず感激の一瞬——忘れられない思い出です。

今は大物になっている、フジテレビのアナウンサー今井君の「幕は下りましたが、ドラマは終わっておりませんでした」の名中継。

いま、貴兄《あなた》はどこにいるのでしょう。私たちを置いて。そこには、あの紙吹雪が貴兄《あなた》をうずめるほど、降っているのでしょうか。まじめすぎるほどのカタブツの貴兄《あなた》が冥府《めいふ》に急ぎ、遊び人の悪タレの私が、葬儀にも参列出来ず、遠いところで芝居をしていてよいのでしょうか。

大介君。私たちが皆見送っても、貴兄《あなた》はもう、振り返らないで、新しい道を心静かに歩いて下さい。合掌。

藤岡琢也君

大阪の帰りです——と琢ちゃんが名古屋の楽屋に顔を出してくれた。

なつかしいヒゲの丸顔を見ながら、せかせかと近況の話をするのを私はウワの空で聞きながら、このコラムに一生懸命だ。毎日の掲載とあれば、追われる身のつらさ、寸刻の休みもない。

彼はそれを横目で見ながら涼しい顔をして、「よう幕間にも勉強しはりますな。いつ休んではるんですか」という。「ほめてるの」と聞いたら「舞台で芝居しながら休んでるんとちがいますか」とキツイしゃれをいって笑った。

この夫婦と私たち夫婦四人が先年、カナダを旅行した。長い旅行はいつか人間が丸見えになり、これで別れるか情を増すか決まるようなものだ。

彼も私も、お互いに長所も欠点もさらけ出して楽しい旅をした。

ナイヤガラに近いトロントの街で、私がラーメンがくいたいといったら一時間ほどで、彼はラーメンをこしらえて持参してくれた。

不思議な人である。いまに友情を濃くしてつきあっているが。

夫婦とて長い旅だ。続くか続かぬかは、お互いの見つめあいにあるのじゃなかろうか。

想えば遠し、勝新太郎

〝莫逆《ばくぎゃく》の友〟というが、意気投合して極めて親しい友人のことだ。

私にとって、誰よりも、それは勝新太郎であった。

「シゲちゃん、何か欲しいものないか？」

「そうだナ、杉の木、台杉（北山杉）が欲しいナ」

「そうか、分かった」

それから忘れた頃に、勝が植木職人を十人ほど、トラックに乗せて東海道をひた走ってわが家にやってきた。

どしゃ降りの雨の中、勝は、なんと台杉を、それも二本も京都から運んできたのだ。

この杉は、移植すると三年ほどしかもたない、と言われる。

関東ローム層（あかつち）のせいだろうか、一本はとうとう枯れてしまったが、あとの一本は今も根付いている。

その後、勝に会うと必ず、

「杉は元気か、俺《おれ》の杉は元気か？」

としつこく尋ねる。

ある日、勝が茫然《ぼうぜん》と私の前に現れた。

「どうしたんだ？」

「…………」

「何か、あったんか？」

「俺のおふくろが逝っちゃったんだ……」

「えッ！　いつだ？」

「もう葬式も済ませた」

「なあ勝ッちゃん、俺は何とも言えないよ……残念だ！」

「俺、兄貴と二人で通夜の夜更けてから見たんだ、おふくろのアスコを……」

「どこを？」

「俺を産んだ大事な母だ。その女のどこから兄貴と俺が出てきたか確かめるために……」

「えッ！」

「母の着物の裾《すそ》を捲《まく》ってアスコを拝んだら、涙が無性に出てきて、ひたすら泣いた……」

「不思議なことをやるんだナー」

口にまで出かかったが、黙って私も涙を拭《ふ》いた。

そんな、なんとも得体《えたい》の知れない男であった。


勝とは、あれこれたくさんの仕事をした。

淀川の土手みたいな所にカメラを据えて、何をやるのか、さっぱり誰にも分からない。

こちらも、ボヤーッと立っていたら、本人は大監督気取りで、

「あの土手の下からだが、初めは見えない。ゆっくり上がって来てくれ」

「それはいい、それはいいが何をするのか少しは説明しろよ。分かっているのはお前さんだけじゃ困るんだ」

そんな忠告には我関せず、で、つまり、最初のカット、いわゆる紹介カットというが、私が、ヌーッと下から現れて、そこはそれで終わった。

「よし、ＯＫ！」

やんやと喝采《かっさい》を浴びる。

有頂天なのは勝だけである。誰に聞いても筋も分からず、やがて、あの壮絶な立ち回りで終わる、というだけは、私にも分かっていたが――。
二、三日すると、屋台のそば屋が来ている。
「あすこでやってくれ」

と言う。

「何をやるんだ」

「面白い話があるだろう。何でもいいんだよ」

「へえ！……」

「いつもシゲちゃんやってるあの面白い話。つまり、あれを撮《と》りたいんだ」

「急に言われても難しいナ、出てこないよ」

「何でもいいから、話す気になるまで一杯飲んでてくれ」

結局、その話がどういうことになったのか知ったことじゃない。酒も入って、ひたすら能弁に喋《しゃべ》った。

勝は、ただ黙っているだけで、私は、やたら輪をかけて長々とくだらない話を続けた。

昔のロケは面白かった。私たちは下の河原で刀を振り回しているが、半分は土手の上に並んだ客を見て、淫靡《いんび》な笑いをしているのだ。

昔はズロース、いやパンツなんか穿《は》いていない。そんな女子がずらり土手の上に並んでしゃがんで見ていた。つまり、こっちもそのお股《また》のあたりを見ていた。それが楽しみで、監督の勝はしつこくテスト、テストで、全員が土手の方を見ながら、監督の訓話を聞く。

「はあ、ええ娘やな」

「毛、生えとるな」

「当たり前や」

「さあ、もらす前にカキたいやつは早くカケ」

この号令で一同は前を押さえて終わるのだ。実に開放的ないい時代である。

彼女たちの去ったあと、生臭い風が吹いてきた。

神戸の港に吹く風はやさしかった。

どうやらあの大震災の復興もなり、港開きがいよいよ始まるという前日、私たちは勝ちゃんと神戸港に参集した。

もちろん、采配《さいはい》は勝新太郎である。でも、どこまで私にやれというのか、名前を伏せるようにと言いつつ、

「皆、シゲさんの言うことを聞いて」

と彼は私を担ぎ上げた。

映画からも、芝居の連中からも大勢が駆けつけた。

震災後の復興を祝うお祭りである。

「勝ちゃん、俺は何をすればいいんだ?」

「唄《うた》ってくれればいいいんだよ」

「俺は駄目だ」

と断ったが、

「どうして?」

と、しつこい。

「耳のせいで俺は音程がカラッキシ駄目だ」

「駄目でいいんだよ」

「そうはいかない、お前さん三味線弾きなよ」

「は、は、は、三味線にはミミがねえからナ」

と笑った。


それでも、切符はどんどん売れた。

神戸港の大きな桟橋を舞台に、知事、市長、みんなが集まった。

私は子供の頃、西宮に育ったので神戸については、いささか詳しかった。

昔と変わらないのは六甲山や摩耶《まや》山だ。

勝も変わらないが、——灯台の紅《あか》い灯に酔いながら、この日は暮れていった。

いつの日か勝と二人で、あの素敵《すてき》な外国船に乗って、どこか行けたらどんなに幸せか、そんな妄想が次々と脳裏に走った。


その日、連絡があった。ついに予期しない悲劇がきた。

悲嘆に暮れる、というより、私はむしろ狂っていた。

勝が大病で入院したのだ。

何の報告も伝わってこない。ただ、私は、一心に逢《あ》いたい、と願った。

知らせが来て、玉緒のところで、ほんのちょっと逢うという。

高鳴る胸をおさえて、渋谷のＮＨＫのそばを通り抜けて目指すアパートへ来た。
二、三人が私を待っていた。
それはありふれたアパートだった。その八階をぶち抜いて勝宅は出来ていた。

「どうぞ、階上へ……」

付き人が私を丁重に案内した。

エレベーターが着くまで、私は、〝勝！　勝！〟と大声で叫びたかった。

やがてエレベーターが着いて私が降りると、目の前に勝が立っていた。

「ようッ……」

なぜか涙が込み上げてくるのを堪《こら》えるのになす術《すべ》もなかった。

彼は喉《のど》の手術をしたばかりらしく、咳《せき》をしては唾《つば》を吐いた。血でも混じっているのか、それを丹念に見てから、私にも見せた。

「来ちゃいけなかったか？」

彼は首を振った。

「手術したばかりで声が出ないのです」

と、そばにいる誰かが説明した。

「心配するな」

勝はクチャクチャの字で書いた。

それから、テーブルの上に馬の出走表を出して妙に夢中になっている。

「馬か？」

勝が頷《うなず》いた。

気を紛らわすためなのだろう、よほどの大手術だったのだろうと私は察した。

あれほど、アレもコレも話そうと思っていたのに、私は、どうしたことか一言も出ない。

「ま、頑張らなくちゃ、な、勝よ。最愛の友が大病では、俺はこれで引き下がるよりない。ただ、逢えたことが、どんなに嬉《うれ》しかったことか！……大事にしてくれ」

勝の眼に、何か潤んだものが見えた。

でも、また咳だ。そして、吐き出したものを丹念に調べている。

「嬉しかったよ……いい、お前は返事をするな！　顔で分かる。今度は元気で逢おうよ」

ただそれだけが、私のやっと言えた勝へのお見舞いだった。

その顔が、とうとう見納めとなった。

私は、身を震わせて、勝が逝ったことを聞いた。

何という悲しみに遭うのだ！

怒りがムラムラと湧《わ》いてきて、流れる涙で一切は消えた。

無惨《むざん》にも、神は彼を召した。

〝おまえも来いよ〟とまでは言われまい。

どうしてこの刎頸《ふんけい》の契りが切れるものか！　あいつは、ぞっこん俺に惚《ほ》れていたのだ。

今となっては、それのみが私の胸を打つ。実は、あいつは可愛い奴《やつ》だった。日本一可愛い奴だった。

困ったこともあったが、それも、これも、あいつと俺との間の問題だ。


庭の台杉は、いくらか緑の葉をつけて夏を越した。

勝が生きているような気がする。

玉緒は哀れだ、私も哀れだ、生きている奴は、みんな哀れなんだ。

告別式の日、私は勝の遺影に向かった時、ひとり小声で呟《つぶや》くように歌った。

〽夕空晴れて　秋風吹き
　月影落ちて　鈴虫鳴く

思えば遠し　故郷の空
ああ　わが父母　いかにおわす

これは勝の一番好きな歌だった。

勝は一代で始まり、勝は一代で終わった。

勝新太郎への別れの言葉

役者は一世一代です。

ましてや惜しまれた名優こそ一世一代だ。

今、お前さんは、棺《かん》の中で大きな目を見開いて俺たちを見ているのかも知れぬ。


「はあ、誰《やっ》が来たナ、あいつが来ないナ」

せめてもの最期のボヤキだろう、私たちには聞こえないのが残念だ。

最期の孤独が来たナ。人生で一番さみしい時だ。たった一人のたわごとの時までだろう。よき伴侶玉緒さんも子供たちも、もう居ない。それが正しい人生かも知れぬ。

私は自作の帳面に〝役者は朝顔の花だ〟と書いた。今朝咲いて夜しぼむ、明日はもう咲かない。だから別れは耐えられぬ悲しみであふれるのだろう。

「勝さん、あなたの最高傑作は？」

と人が聞いたらあなたは何と答える。

「悪名です」

「いや、座頭市です」

と云われるか。

チャップリンにそう聞いた人がいた。そしたら「ネクスト・ワン」と答えたという。おそらく貴方も次のことを考えて最高の作品を望んでた人だろう。

あの日は、台風で嵐だった。

君のことだ、あの雲に乗ってどこかへ行ってやろう。ヤンチャの最高傑作だ。

今、君はいず処の涯にいきたもうや。

と、私はまたグチが始まった。生きるということは恥だらけのものだ。許してくれ。

名優も死せば　もの云わぬ化石なり。

美しい顔を残して逝ってしまった。なんという悲しいことだ。

君一代で始まり、君一代で終わる。それがいい。なあ、素晴らしい役者だ。残念。

さらば勝よ、この次は、どこで逢おう。うんと抱き合ってうんと語ろう。のぞけば見える釜のそばで。

八十四歳　久彌

花こぼれ　なほ薫る——向田邦子さん

去る者、日々に疎し——。

この古人の箴言は、向田さんにはあてはまりません。

「台湾上空で行方不明になった飛行機に乗ったらしい」

というTBS・久世光彦くんの第一報から本当にそんな年月が流れたんでしょうか。

三周忌の前に、弟の保雄さんから多磨墓地に姉の独立した墓を建立したいので墓碑銘を考えてほしいと依頼されました。

娘と生まれて、同じ姓のまま同じお墓に入るのは親不孝だとご両親から言われたことを生前、とても気にしていたそうですね。駄文を刻むのは恥を千載に残すことになりますが、決意して、こう記しました。

花ひらき　はな香る
花こぼれ　なほ薫る

今度はもう、

「こんなの、嫌い」

「三週間かかって絞り出した文句なんだけどなあ」

なんてケンカのしようもなくなりましたな。

そして今、改めて噛みしめるのは、初めて出会ったラジオ番組「重役読本」のころの思い出です。昭和三十七年春から始まった向田邦子作「森繁の重役読本」は二千四百余回続きました。週に一度、十回分ほどを録《と》りだめするのですが、台本のあがりが毎回、収録ぎりぎりになるんです。おそらく渡す直前まで考え抜いて、喫茶店はもちろん途中の駅のベンチ、電話ボックスのなかでまで書いていたんじゃないですか（笑）。

しかも大変な悪筆で、字はぐじゃぐじゃ。向田さんの筆跡なら絶対大丈夫だというガリ版切りの職人さんが放送局にひかえていて、原稿をもって向田さんがとび込んでくると、素早く台本づくりに入る。それでも「手紙」が「牛乳」に、「嫉妬」が「猿股」になってしまう。男みたいな、ひん曲った字でタタッと連ねて書いてあって、我々には読めない文字なんです。

男まさりは文字だけじゃありません。一回五分の帯ドラマで、二百字詰め原稿用紙七枚程度の掌篇が八年にわたり放送されたのですが、その間始終、ケンカばかりしていましたなあ。

「また、以前、オンエアしたのと同じ趣旨じゃないか」

「そうよ。それでいいのよ。毎回違ったものを書いちゃ駄目なの」

――てな調子で、まさに楽しいケンカです。

五分間のラジオ番組というものは、キャラクターがはっきりしていないと良くない。そこから、ある種の〝マンネリの魅力〟が発生しそれが聴く側を安心させ、固定客を摑むことにつながるのだというのが向田さんの持論なんだな。

もうひとつ、持論があって、台本作家コールガール論。彼女曰く「電話一本で呼びだされて、ハイハイと注文先のテレビ局に駆けつけ、自分をさらけ出す台本を書く。失業しても病気になっても何の保障もない。声が掛かるうちが花なのよ」と……。

後年、彼女が手がけた「だいこんの花」というテレビ番組でも「マンネリでいいの」が口癖でしたなあ。お茶の間の皆さんが途中トイレにたって戻ってきて、「ああ、やっぱりこうなってたか」と納得するのがベストなんだという主義だった。

森繁節のアドリブに反発

それでも私は遠慮なく、万年筆で台本に手を入れました。バー・エスポアールとあったら、バー・ベロベロバアといった具合に。すると
「余分なアドリブは入れないで。私の書いたとおりにしゃべって頂戴よ」

と叱られる。

先月、東京宝塚劇場での「夢見通りの人々」でも、

(ここで最後に、もうひと笑い欲しいな)

と思うと、私は白楽天とか李白、杜甫の詩を昔、習ってましたいい加減な支那語で適当にアドリブを入れます。観客席はワァと沸く。もちろん、宮本輝さんの原作にそんな台詞はありゃしません。この場でダダーンと強烈なクレッシェンドが欲しいと感じたら本能的に演じてしまうんですね。

だから、今でも向田さんは「森繁さん、不真面目ひどい」と随分、恨んでいるかもしれません（笑）。

しかし、「重役読本」の台本に取り組んでいる間に彼女は隆々とした基礎を築き上げたと思いますね。当時、彼女は映画雑誌の編集部を退職して一、二年目あたりで、まだ文筆で生計を立てていく確固たる自信はなかったんじゃないかな。

たしか、アルバイトで始めた脚本の処女作が「火をかした男」というタイトルで、日本テレビの人気ドラマ「ダイヤル百十番」の何作目だかで放映され、続いて同じ番組に数本が採用されたと思います。昭和三十三年二十九歳ごろでしょうか。

翌年から、だんだんとテレビの世界を離れ、ラジオに比重を移して、「重役読本」が始まったころは、これ一本に専念していましたね。

ですから、向田文学の初期のエッセンスが「重役読本」には詰まっているのです。

最初に彼女のもってきた台本を一読して、文才の冴えを感じましたよ。作品の構成力は弱いが、イキイキした会話に私をはじめスタッフは目をみはりました。

また、日常生活のなかで見過してしまいそうな機微やディテールの捉え方が素晴しい。鮮明に昔の日常茶飯を記憶していて、巧みな比喩、上質のユーモアを交じえて再現してみせる、手品ですね。

後年は省略と飛躍が一段と上手になった。テレビの台本読みの最中に、

「ここからスパッと二枚切りましょう」

なんて、平気で恐しいことを言う。

「何もいらないの。これ以上」

予定していた役者が一人、宙に浮いてしまうんです（笑）。

「ここから、あっちへ飛んだほうがリズムが出るでしょ。ねっ」

仲の良かった澤地久枝さんと同じ気質。大陸的で実におおらかな心ばえだから、まあ、何も角が立たない。自然と彼女のペースになっている。やっぱり手品です。

「重役読本」の開始早々から、良質の台本を量産するので、二、三の方面に推薦してみました。ラジオばかりじゃなく、映画や、再びテレビの仕事もやらそうと。やらそうと言うと大変失礼な言い方だけど、得難い才能だから、一箇所で隠しておくのはもったいない気がしたわけです。

東宝の専務だった藤本真澄さんに推薦しました。社長シリーズの台本を一本書いてもらって見せたら、即座に駄目だと宣う。何を寝ぼけてるのか。藤本さんはプロデューサーでもありましたから、「あなたの書いてこさせる他のライターの作品より、向田さんのほうがずっと面白いじゃないか」と詰め寄ると、「そうじゃないんだ。毎回、同じような展開の作品がいいんだ」とおっしゃる。奇しくも、私が向田さんに「マンネリがいいのよ」と説教されたのと同じことをるる説かれる始末です。

渥美清さんの「寅さん」シリーズもそうなんでしょうが、人気長寿ものは、そうそう筋が変わっちゃいけないんですね。「社長」シリーズは終始、私がドジを踏み続けるほうが受けるわけです。そこへ向田さんが都会的、知的な森繁の登場する台本をひっさげてきた。才能のしたたり落ちるやつを……。でも、結局ボツになりました。今、どこにあるんだろうな。あれも幻の名作ですね。

向田作品は戯曲に等しい

それでその頃スタートしたテレビ・ドラマ「七人の孫」のピンチライターに紹介したのですが、ここで彼女は自分向きの土壌を見つけて、「寺内貫太郎一家」「冬の運動会」と次々に大輪の花を咲かせていったのは、ご存知のとおりです。

「重役読本」の重役氏の原型は、向田さんのお父さんでしょう。だから、しばらくは「母や弟たちに聴かれるの、嫌だわ」なんて、しきりにボヤいていていました。

堅実でいて、古風で、ひと一倍に子供をかわいがるサラリーマンの家庭がバックボーンにありますね。事実、お父さんは東邦生命の幹部社員で、最後は本社の部長職を務めあげた方だと洩れうかがいました。

重役氏の短所は私を観察していた(笑)。トイレの戸を開けっぱなしにして……なんて書いてあると、ゾッとしましたね。やっぱり、私のコトを識っているとしか考えられない。

普通のひとの暮しのなかから、人間のもつ情けなさ、俗物根性、弱さをそっと取り出して、悪意なく俎上にのせて好意的に料理する。こういった向田さんの熟練技の萌芽が「重役読本」に、読みとれるのではないでしょうかね。

私は思います。向田さんのテレビ、ラジオの台本はただの台本ではない。戯曲に近い台本だ。贅沢な中味でおつゆがたっぷり。この「重役――」から日本映画なら映画の、『父は悲しき重役なりき』てな本が一本まるごととれるのです。

「重役——」の放送中に何度も「向田さん、これ、出版物にしたらどうだい。一冊の本をつくんなさいよ」と勧めたものです。その度に彼女は「うそ、うそ。こういうのは一回限りの命よ」とテレること、テレること。一回でパッと開いて終る花火と同じでいいというのです。

惜しい台本の散逸

向田さんは放送界から出発し、恐るべき濃度と速度で、小説の森を駆け抜けて、彼方に去っていきました。時として満たされる思いがするのは、為された仕事がみな有無をいわさぬ力感をたたえているからでしょうか。まっ盛りで散るのもまた向田邦子らしい、と自分を納得させていた時期もありましたな。しかし、実のところは違います。宇野千代さんの如く健やかで長寿に恵まれ、まだまだ我々を楽しませてくれる存在でいて欲しかった。

生前、雑誌の対談で、「重役——」は絶品だった、愛聴者だったとおっしゃるゲストに、彼女はあの台本の山は家を引っ越すときにすべて捨ててしまった、考えると何かの足しになったかもしれないと残念がっていました。

邦子さん。幸い、自宅の資料室から「重役——」の台本がほぼ全冊そっくり見つかりました。

とかく台本類は散逸しやすいものです。先年、私はそれらをまとめて、向田さんの母校、実践女子大学の図書館に託しました。先様は立派な文献目録を製作し、マイクロ・フィルムに複写し大切に活用してくださっています。

司馬遼太郎さんは以前、私に「文化とは字を残すことです。『屋根の上のヴァイオリン弾き』のときの台本やたくさんの投書や手紙などは、どうしました？　捨ててはいけません。書いたものを残さなきゃ、後世の人に恨まれますよ」と言われました。今、こうして初めて活字となった作品群を目の前にして、向田邦子さん、あなたは何とおっしゃるでしょうなあ。

二

アイザック・スターンとの出合い

帝劇での話だが、ある日、楽屋受付からインタホンが鳴って外人の面会だという。このところ外国人の面会の多いのにはまいっていたし、マチネーと夜との間の貴重な時間なのでお断りしてくれといったが、いつの間にか青白い日本人が五階の楽屋まで上がってきた。

彼は半分顔がかくれるような長い髪をかき上げて、

「アイザックが会いたがっているんです」

「?」

「今、これを観《み》まして、ひどく感動して興奮してるんですが、お願いします」

「何する人なの?」

「ヴァイオリニストですよ、ご存じないんですか」

ちょっと私を馬鹿にしたような顔をしたようだが、結局、余りの執拗《しつよう》さに根負けして、

「じゃあ会いましょう。ただし、私はこれから風呂に入りますから、その間待って下さい。楽屋の入り口の隣りにラショウモンという喫茶店がありますから、そこでしばらく……」

私は悠々《ゆうゆう》と風呂に入りながら「またビューティフルか！」とつぶやいていた。

彼らは私をつかまえると、おおむねは「ビューティフル！」の連発である。私のとぼしい中学英語では「美しい」の意だが、最高の賛辞ときかされた。

まもなく湯気をあげながら、喫茶店の戸をあけた。と、いきなりトックリジャケツを着たマルセイユの酒場の親父みたいなのが飛びついてきた。

あわてたのは私だ。最近、外人客の中にめだってオカマが多いので、「また、あれか」と、ギクッとしてやにわに突き飛ばした。

これは実に失礼な話であった。

彼は、うるんだような目で私を見ながら、

「あなたはユダヤ人だ」

「ノウ、日本人です」

「そんなはずはない。あれだけの表現が出来るのはユダヤの血が流れているからだ。私はユダヤ人だからよく分かる」

これには困りはてた。が、彼の目には涙さえ浮かんでいる。心のきれいな人だなとは思ったが、その場を早く去りたかった。

「ぜひ、友達になってくれ。私は今、文化会館で毎日稽古をしているが、いつでもあそこへ来てくれ。

私は稽古をやめて、あなたにヴァイオリンを弾きたい」

それは有り難いが、「屋根の上……」でも弾いているから結構だ——と口まで出かかったが、かろうじて口をおさえた。

「もし、都合がつかなければ、ホテルへ来てくれ。私の部屋で君の望むだけ聞かしたい」

ホテルとはいささかクサいな、とフト思ったが、謝辞を述べて別れた。

私はそれから数年、おろかにもアイザック・スターンというのが世界一のヴァイオリン奏者だとは知らなかったのだ。

ある日、音楽家たちの集まる会で、笑い話にこの話をしたら、それからがいけなかった。日本一の馬鹿者あつかいで、そんな名誉をどう望んだって俺たちが求められるか、ピカソがお前の似顔を書いてやろうというのを、結構ですと断ったのと同じだ、と、しばらくは彼らの顔をさけたくらいにヒドイ目にあった。

それから八年、一九七五年、日生劇場で「屋根の上のヴァイオリン弾き」が再演された時、奇しくも来日していたアイザック氏が、私の舞台を再度訪れてくれ、その夜は、あの時存じ上げなかったことを頰かむりして、親しく語りあった。

焼き鳥を食いたいという彼を連れて最後は兼高かおるの家まで襲い、深夜に至って偉大な芸術家の気どらないハダにふれたのだ。

彼はいう。

稽古は複雑で苦しいものだ。しかし、いったんステージに上ったら、演じる者はシンプルでなければいけない。

このシンプルという彼の言葉には単純と訳す以外の、もっと広く重い意味があるのだろう。感動というものは、その人間の内部にあるものではない。人と人との間にあるものだ、と彼は教えた。

後年、このことをフルトベングラーという偉大な指揮者の日記に見つけたが、あのアンコールカーテンの、舞台と客席の感動の渦は、なるほど両者の間に巻き起こった一つの連帯であることを、最近はつくづくと噛みしめるのだ。

柿落《こけらおと》しの「暖簾」

私は映画も三十本ばかり出演して些かそのコツものみこめてはきたが、もともと舞台から出た男なので、あの板（舞台）の香りがひとしお私を呼ぶのである。

昭和三十年頃か、兵庫県の宝塚映画で何かを撮っていた時、毎日新聞の山崎という記者が逢いたいといって来た。

まもなく、その人と逢った。相手はどことなく新聞屋によくある小生意気な女性であった。話すうちに、なかなか容易ならざる人物であることに気がついたが、話のあとズシンと重い生原稿を置いていった。ヒマがあったら読んでくれというのである。私はどうにも、このエンピツなどでなぐり書いた読みにくい原稿がきらいで、旅の宿の片すみにほうり投げておいた。或る日遊び仲間がやってきて、パラパラとくりながら、なかなかよく書くオナゴだな——というので、或る夜、チビチビ一杯やりながら、このクソ重たい原稿を読み始めた。ところがとうとう酒をやめて朝までかかって読破し、急に眠たい顔をあらって撮影所に出かけたが、十時頃もう出社しているだろうと毎日新聞に電話をして彼女を求めた。

是非あの原稿をおあずかりしたい。大変面白く拝読しましたが、これをお芝居にして演りたいのですが、御許可をいただけますか。

電話の答えはＯＫであった。

実はこの山崎豊子の兄貴と大学時代友達であった。昆布屋の道楽息子だったが、こっちも大同小異、共に神楽坂あたりで安芸者をあげてさわいだ仲である。

帰京して早速菊田一夫に見せ、何時かこれを脚色していただきたいとお願いした。

昭和三十二年、有楽町の屋根裏のようなところに〝芸術座〟が誕生した。菊田親父の思いやりだろうが、柿落しはお前がやる――と云われ、何だか夢心地になったが、本はどうなりますと聞くと、北条秀司に頼んである――との話、正直私はその日を待った。北条さんは大阪へ取材に行っていると聞いたが、なかなか返事がない、初日の四月は近づくし菊田親父を責めても、俺も困っている――の一言でラチがあかない。

私はこっそり、もしも間に合わぬという時の用意に、先日お渡しした「暖簾」という昆布屋の話を用意して戴けませぬか――親父はフンとうなずいたが。そろそろあと一週間、北条先生からの電報である。どうにもかけぬ、よろしく。菊田親父の速筆で、山崎豊子の『暖簾』は、芸術座の柿落しで板に乗った。連日の大入りに全員愁眉が開いた。そしてその内お豊の原稿も本になり、私たちは殊の外うれしかった。

やがて、彼女も大作家になり、いくつもの名作を生むことになるが、残念なことに、その後はお豊女史から出演依頼はない。

原節子さん

私の永遠の恋人——というと語弊があるので憧れの人に——原節子という女優さんがいる。もっとも向こうは、とんとご承知ないはずだ。誰しもが心に描く、あのモロモロの想いとさして変わりはない。

一緒に映画に出たのが三本である。たった三本しかない。二百八十本も撮った中に——である。その最初は「路傍の石」での夫婦役、つぎが、中野実作の時代劇「ふんどし医者」、つぎが「小早川家の秋」であった。

「ふんどし医者」は、ようやく蘭学が盛んで、長崎あたりにその道の連中たちがしきりと勉強に行ったころのことだ。それを尻目に仁徳をもって、私なる医者は毎日多くの患者を手がけていたが、清楚な妻は、何一点不足ない女房でありながら、もって生まれた性《さが》だろうか勝負事が好きで、きちんとした身形《みなり》をして鉄火場に顔を出して、ヤクザな野郎と、丁だ！　半だ！　と目の色を変え、とどのつまりは負けが込み、付き添いの私は、その度に着ているものを一枚一枚と脱がされ、果てはふんどし一本になり、それでもカンラカンラと笑いながら二人で手をとって夜道を帰る——そんな夫婦であった。

やがて療養所に来たパリパリの若い蘭学の青年と衝突するが、最後に「時代の風にオレは追いつけない。いよいよお前たちの世界がくるのだ」と言って終焉《しゅうえん》するのだが、私は憧れの人の前でふんどし一本になることに目の前が暗くなる思いがして、何度かやめたいと思ったが、相手が原節子とすれば、それも魅力でとうとう引き受けた。

撮影所では、彼女はヴィーナス的存在で、あまり側へ来て話す者もなく、なんとなく遠巻きにしていたが、私は破れかぶれ、全裸に近い格好で面白い話や、時にはエッチな話も図々しく聞かせた。その都度「まあ、いや！」と顔をそむけ「それで……」と次を語らせる女《ひと》だった。要するに、原さんにしては、思いもかけぬ珍しいやつであったに違いない。でも撮影所の食堂でお茶を飲むくらいで、撮影所の雀たちも静かなものだった。そしてあたふたと月日が流れた。

先夜、とある料理屋で某社長のお招きを受けたが、その社長が原さんの株券の方のコンサルタントをしておられて、よく麻雀などに誘われる話から、

「節ちゃんが、あんたのことをよく言ってましたよ」

「へえ？　ボクのこと？」

「あまりくわしくはお話し出来ませんが、憎からず思ってられる話です」

「アララ！」

「でも逢えないですよ」

「ハイ」

「けどネ、好きな一人だって」

「ほんとですか？　私も胸に包んで持って帰ります」

「もう、いい年ですけど」

「そんなことは百も承知です」

「仕事は一切しませんよ、節ちゃんは――」

誰もそんなことを望んでいないのだ。

あるいはこれが幽艶の恋とでもいうものか、私はそそくさとおいとました。

倍賞千恵子の心づかい

タレントというか、モデルというか、ポスターのビキニ嬢に見惚れ、雑誌の大きな折りこみの裸女にウツツをぬかす。それぞれ自分の好みに合せ、〝いい女だ、こんな女こそ女房にしたい〟とか、〝俺もこの世に生れてきて、指もふれ得ぬとは〟とか、ゾッコン入れあげる。よくある話だが、実は外見と中身は月とスッポン、それもこれもフンパンもの許りなのである。

五十年もこんな芸能界に仕事をし、どのくらい世にいうイイ女を相手に芝居をしてきたことか。そんな女群の中には、これこそイイ役者だ、少々の女のわがままは我慢しようと思った人間もある。しかし、総じて何とハシタナイ女どもヨとあきれかえるのが大半なのだ。

氏より育ちなのか、或は育ちより職場なのか。そんな中で、キラリと光る女は、いつまでも私の印象にいやおうなく残るし、客の印象にもあたたかく映じてゆく。

その一人に私は倍賞千恵子をあげたい。

これ程、客にも幕内《まくうち》、つまりスタッフにも好かれる人は稀有だろう。そのどこが良いかは後で書くとして、タレントや女優のあいだの何とも鼻もちならぬ行儀の悪さについて、実情を少し許り書いておきたい。

だいたいが浅智恵のかたまりのような女どもである。初めはおとなしい好い娘たちなのだが、売れ始めると、徐々に様相を変え始める。しかも悪いことに、その頃になると、取り巻きが出来ている。これがイタイケな少女をいつの間にか尊大にし、自己顕示欲をそそりたて、昨日までの純真な気持を無惨にもメチャクチャにしてしまう。ついには欲のかたまり、独善の権化と化し、そしてその時は不思議やスターである。

自分の技などはいつのまにか棚にあげて、チヤホヤして貰いたいばっかりにウソ許りつくようになる。早い話が髪結《かみゆい》さんやメークアップの係りやら、衣裳、小道具の担当をアゴで使って、いちいちイチャモンをつけるのだ。こんな小娘に、大の大人がふり廻され、どのくらい奥歯を嚙《か》んだことか。

そのうち自分のことだけではなく他人のことにも口を出す。「あの人の衣裳にあの色をつかわないで!」などとやって、助監督や演出助手をなやませる。幾度か会社に直訴してやろうと彼らは思うのだが、会社にとっては助監督より彼女の方がドル箱、聞く耳などを持ち合わせている筈がない。あえて名前をあげれば、「ヘエー、あんな可愛い娘が」と一ペンに分ることとだが、それは差し控えておこう。

売れっ子といえば聞こえはいいが、常識もない十代の小娘に、大の男がボロクソにふり廻される様相は、テレビにも映画にも実は出てこない。或はそれでいいのかも知れない。また、それが幕内のしきたりだといわれれば、宝くじに当ったみたいな女の特権か、と目をつぶっているのが常識であろうか。しかし総じて内輪に人気がないことは事実だ。「どこのお姫さまのつもりだ。このカッペ女が！」とぶつぶつこぼしている下働きの連中の声を耳にするのは私一人ではない。腹の中が煮えくりかえっていても「ハイハイ、分りました」と、所詮ゴマメの歯ぎしり、ヒゲ面が右往左往している。はた目にも気の毒な現場である。

もっとも、これは日本に限ったことではない。外国にも概ね同じことがいえるようだ。本番寸前まで監督と大口論をしたり、今日は気分がのらないからと、さっさと帰ってしまう。或は男と出来たか、さっぱり時間に現れない肉欲の大御所もタントいるのがハリウッドである。そして売れなくなってくると、あわてて全裸もＯＫと脱ぐあたり、日本と同工異曲である。

やはりどんな仕事にも長幼序ありで、おのずから礼節もあり行儀も必要なのは言をまたない。何故なら、とくに私どもの仕事は一人では出来ないものだからだ。ヴァイオリンを弾くとかピアノを弾くのとは少し違う。装置、ライト、小道具、衣裳、音楽、と大勢のエキスパートが結束して、はじめて出来上る総合芸術だからである。

「ほんの五分もジッとしておれんのか。君を美しく撮るために、カメラも照明も大勢が走り廻ってるんだヨ」

昔の監督は、よくこういって役者を叱ったものだが、今では「誰か替りに立っていればいいジャンか」とくる。スタッフはただあきれかえって呆然とする許りだ。

過ぐる日、私は初めて都庁というところへ参上した。第一回都民文化栄誉章をいただくことになったからである。向うのご指定で紋付袴を着用した。嬉しいことに、もう一組は寅さん一家、山田洋次監督、渥美清、私の尊敬する倍賞千恵子の三氏とである。

冬の晴れた一日であった。

初めて私は東京都民を意識した。単純といえばそれまでだが、今日までただやみくもに巨額の税金を払わされていた——そのボスの館である。ちょっと納税が遅れれば、情容赦もなく差し押えされ、ひたすらオドカされていたので、正直あすこは苛《か》斂《れん》誅《ちゅう》求《きゅう》の巣だとぐらいにしか考えていなかった。

その都が、私を都の文化に貢献多しと表彰してくれるという。私はうやうやしく、大きなメダルと七宝《しっぽう》の壺を頂戴した。

知事の演説では、これは都民の故里づくりの一環であるという。今まで遠いところに鎮座しておられたお上《かみ》が舞いおりて、仲よくやりましょうや——と肩をなでられたようで、私は正直いい気持になったのである。

皇居前の東京会館の一室で、知事や議長と差し向い、昼餐《ちゅうさん》を頂戴した。私は一切のヘラズ口を禁じて、うつらうつらと昼酒に顔もほころぶ一瞬でもあったが、やおら知事が、

「倍賞さんは、東京都には関係が深いとうけたまわりましたが……」

と話をむけた。

彼女は明るい顔を見せながら、

「ハイ、父は都電、そのころは市電といいましたが、運転手をしていました。母もバスの車掌でしたから」

「ほう、じゃ御恋愛ですナ」

議長の声だ。

「そのようです」

何の屈託もない、淡々と話すその清々《すがすが》しさに、一同は心が洗われるような思いで彼女を見た。この女《ひと》は、誰の力でスターの座を得たか、身に沁みて感得している人なのだ。私は長いこと彼女と一緒に仕事をしたが、芝居が済むと、楽屋でオサンドンに豹変する。やがてゾロゾロと大道具の兄ちゃんやカツラ・衣裳・小道具の連中が集ってきて、まるで行きつけの飲み屋のような大騒ぎになる。そうかと思うと、時には連中をつれてガード下などへ一杯ひっかけに行く。それこそみんなに親しい友だちであり、時には姉さんでもあり、また母親のような甘えもゆるす。その心づかいは、ムクツケき野郎どもにとっては心の故里でもあるわけだ。だからこそ、心の底からみんなで芝居を造っていこうという連帯感が生れるのも当然であり、それらは常に舞台に反映されることも間違いない。

その彼女が時には凜《りん》として群がるマスコミに一矢報い席を立つ姿を見たこともある。

私たちが忘れてならないことは、己れの位置というか、いいかえれば自分であろう。売れたからといって高所に立つと見るは、おろかなことだし、またいたずらに愛想を振りまいて自らをいやしめることも不要である。高くもなく低くもない位置とは些かむずかしいことだが、禅における無の境地などという高邁《こうまい》な精神状態などではなくても、プラスマイナス零というところで、役作りに出発しなければ、四方八方から見られるこういう職業では、恐しいことに何もかも見え透いてしまうのだ。

芳沢あやめの『技道遍路』という昔の本にも、「役者たるもの、他人《ひと》に素顔を見せるべからず」というきびしい言葉がある。

私の友達の多くは、幕がおりても楽屋に来るような連中は少い。寄ってたかってサイン、サインをと望むのも良し悪しで、そこにいるのは半裸に浴衣《ゆかた》をまいた、それこそモヌケのカラの私しか見つけることが出来ないだろう。

『吉田学校』の試写会が催され、私ども俳優も十数名、舞台に上げられ、映写される前にご挨拶というのがあったが、何ともシラケたものである。それもこれも営業部の御命令だが、出演者は暗い後の席で冷汗を流しているのが当然の姿と考える。

或る日、撮影所から扮装のままで昼めしを食いに帰宅したことがあるが、我が家の犬にドッと許りに吠《ほ》えられたことがある。犬にして見れば、ねまき姿で頭をなでてくれるのがこの家の主で、それ以外は知らぬ他人であるに違いない。

売れる――ということは、世間をせまくすることだ。そういうことからか、近頃は隠遁《いんとん》の念しきりである。

光圀《みつくに》公が隠世の言葉に、

「吏事君《りじきみ》、怪しむことを休《や》めよ
山城、門を閉ずるを好む
此の山、長物なし
唯、野に清鶯《せいおう》あるのみ」

というのがある。

いかにもである。

ロッパ大人の思い出

古川ロッパ――この方は一世を風靡した方だが、この一座に籍をおいた私は、世にも横暴無礼な我儘の真骨頂という親父の印象しかなかった。

昭和十三年、私はまだ二十何歳かの青二才で、毎日大部屋の役者が廊下にならべられて、ロッパ親父のビンタを貰うのである。その都度、余りの腹立たしさに、今日やめよう、なぐられたらロッパの顔に唾をかけて、さっさと、この一座を去ろうと何度も思ったことだ。

大概の事件は、私どもの誤りではなく、御本尊がセリフをトチって失敗した腹いせである。故人を悪く云うのは、おとなげないが、おおむね女々しい振る舞いでもあった。

芝居も、素人芝居みたいなもので、あの童顔を唯一の売りものにゴマかしながらお茶をにごしていたようなものだ。

ところが、到底、私どもの及ばぬことが二つ三つあった。一つは座談の上手さで、これの右に出る人はいないと思った。それと喧嘩の時のタンカのうまさは、相手を呆然とさせる。あるカフェで――、

「おい！　ロッパ！　お前も芝居マズイな――」

「お前のツラよりはましだ！」

ある座敷で――、

「先生、ボクはどこに座ればいいでしょうか？」

「どこへでも座れ、お前が座ったところが下座だ！」

色々あるが、後年、このロッパ親父が、NHKの「愉快な仲間」のゲストで出演してくれたが、例の毒舌に私は辟易したことがあった。后日、新聞にロッパの人格を疑う——など書かれてあったが、それでも私はあのロッパ親父が何となく好きだった。

今にして、あのくらい毒舌家が、劇評でも書けば、恐らく世のモロモロの役者も少しは開眼したに違いない。

しかし被害は私たち役者ばかりでなく、菊田一夫も本書きとして参画していたが、或る夜、舞台稽古で（当時は必ず徹夜）夜中の三時頃だったが、全くといっていい程、ロッパ親父がセリフを覚えず、演出も無視するので、到頭、業を煮やした菊田一夫は台本をブン投げて、有楽座の楽屋を飛び出し道路を越えて向かいの宝塚劇場のウィンドにモロにぶつかって大ケガをした事件があった。

でも考えてみると、このくらい人をおこらせて、なお主座をまもった人は古今を通じ無いと私は思う。

小津安二郎監督

昭和三十六年十月二十九日「小早川家の秋」封切。

宝塚映画に出かけて撮ったもので、楽しい仕事だったらしい。東宝の美女、宝塚の美女に囲まれている小津の写真はどれもこれ以上はないという程に相好を崩している。だが、撮影現場にはひと悶着あった。小刻みに数秒のカットを重ね、表情も動作も出来る限り削りとろうとする小津の手法に森繁久彌、山茶花究が悲鳴を上げた。森繁は自分が絵具にされたように感じたという。

「ねえ、絵描きさん、ところであんたなにを描いているんです」

そう聞いて見たい気分にさせられた。一夜、二人は小津の宿を訪ね、思う様のことをいった。

「松竹の下手な俳優では、五秒のカットをもたすのが精一杯でしょう。でも、ここは東宝なんです。二分でも三分でも立派にもたせて見せます」

「無礼者」

小津は怒鳴り返した。

「俺の映画には軽演劇の芝居は要《い》らないんだ」

この騒動は東宝を代表するプロデューサーの藤本真澄が間に入っておさめたといわれる。大船へ帰ってから小津はこういった。

「森繁というのはとっても良い役者なんだよ。どんなことでも出来るんだ。ただ、出来ないことがたったひとつある。それは同じ芝居を二度繰返して見せることだよ」

一方、森繁は私にこういった。

「ローポジ、パンなし、移動なしも結構ですがね、映画でしょう。なんでも撮れなきゃいけない。あの撮り方で競輪撮れといわれたらどうするんです。戦争撮れといわれたらどうするんです」

小津は森繁の、森繁は小津の痛いところを突いている。森繁は知らないが、小津は実際に競輪場に出かけて〝駄目だ、俺には撮れない〟と諦めてしまったことがある。東宝の個性的な俳優からすれば、小津の演出は不満だったようだが、森繁も山茶花も在来にはない味を引き出されていた。小津はただのネズミではなかったのだ。しかし、小津に関していえば、この作品はくどい。殊に、ラストの無常観を客に押しつけて来るあたりが、年寄りの繰り言のようにひどくくどい。

――高橋治・作家

監督協会のお祭り行事が年に一回催された。別に知恵や才気の漲った大会でもなく、松林オショウ(松林宗恵)が先導でお経を読むくらいのもので、ただやたらと酒を飲んでいる風なものであった。

「つづいて、俳優を代表して、森繁久彌君が見えてますから一こと御挨拶をいただきましょう」

気勢の上がらぬ拍手に応えて登壇した。

「今日は、安ホテルの宴会に来たようで、監督さん方のタキシード姿を見ておりますと、一寸ひと部屋都合してくれーといいたい気持ちで。でも小津先生のタキシード姿は始めて拝見しましたが、何だか安キャバレーの支配人の中にいる和製カポネの風が見え……」

「やめろ! 馬鹿モノ!」

この声は正《まさ》しく、オズヤスの声であった。

宴はてると、立腹とはよそに、「おい、飲みに行こう」

私と二、三の者が、赤坂のやき鳥やへ案内され飲みなおしということとなった。

「ここは監督のコレ(小指)の店ですか?」

「君は、そんなゲスなことしか云えんのか！」私は悪ビレなかった。

「どうでしょう、一度私をおつかいになる気はありませんか、意外とダイコンでないのに驚かれますよ」

氏は聞こえぬフリをして他の男どもとしゃべっていた。

自分の子飼いの役者で、自分の云いなり放題になる役者しか相手にされない。この監督のかたくなな気持ちは、この人のか細さであろうかと、うたぐったりもした。

間もなく、監督のお声がかりか、宝塚映画で、「小早川家の秋」という映画に決った。ロクに台本など目を通さぬこの男も、一泡吹かせてやろうと、前夜にアレコレお膳立てをした。

だがすべて水泡に帰した。監督は書いてること以外、何一つ許容することなく、私を立たせ座らせ、屁みたいな数カットは終わった。

「どうだ、もの足りないか、あとは何でも好きなこと云って見ろ。カメラは廻さないから……」

その夜、山茶花と二人、監督の宿に招かれた。酒グセの余りよくない山茶花究は酔うほどに、「あんな五秒や十秒のカットしか撮れない松竹の役者はあわれですな、わたしらワン・カット、三分でも四分でも平気でっせ、ええ芝居見せますがな」

いい終わるか終わらぬうちに監督が大声でどなった。

「用は済んだ、二人とも帰れ！」

私はふらつく山茶花をつれ、もう一軒廻って、やがてガラリと豹変した、この酒グセの悪い男の毒舌にあてられた記憶がある。

間もなく、小津さんは不帰の客となられた。それにしても、未だに私には愉しい想い出しか残っていない。

釜足さん

藤原釜足さんは、八十歳の寿命であった。

暮れの忙しい中でポックリと世を去った。

この人には、定命というより寿命の方がふさわしい。世の中をトボケながら八十の傘寿まで命を寿《ことほ》いだ方だ。しかも日本の男の平均寿命を超したのだから、恐らくご本人も「このへんがいいとこヨ」とウソぶいてみまかられたのだろう。さぞや円満なお顔であったに違いない。

私の尊敬してやまぬ大好きな俳優をまた一人失った。このわびしさはかくせない。私は釜足さんの芝居がなんとも好きでたまらない。気負うところなどみじんもない、流れるような演技の中に、氏は色濃く生活の匂いを出して観るものの胸を打った。

昔、映画俳優になりたてのころ、釜足さんに映画のコツをうけたまわりたくて、始終部屋へ伺った。ところがいつもトボけられて、何一つ教えてはもらえなかった。

ＰＣＬ（東宝映画の前身）では第一回のトーキーで「只野凡児」の主役であった。「青い山脈」の国語の先生など腹をかかえて笑った。

「映画はネ、半分トボケて撮ることです」

「どういうことでしょうか？」

「用意―スタートや、カットのかかる前に演《や》り過ぎると、カットがつながりません」

言い得て妙である。今日も拳拳服膺《けんけんふくよう》している。あるロケの夜、したたか酔った氏は、

「おい、モリシゲ！　ピンが分かるか、キリは腹にこたえてるだろう。ピンとキリを知ってれば、真ん中は誰でも出来るんだ！」

この言葉が、今日の日まで、私の脳裡に焼きついて離れない。極端をきわめれば、中間など誰にでも想像がつく。これは痛いほど今日の社会でも通用する。ただ、ピンとは富の絶頂を言うのでもない、もっと高い精神をさすことだと解釈したのだ。あるいは計りしれぬ崇高なものを指してもいよう。

私はキリの方は、あの終戦という大悲劇の中でいやというほど、辛辣になめてきたつもりだ。人間の醜さ穢《きたな》さ、餓鬼のように彷徨《ほうこう》し一片のぬくもりも失ったドン底の獣たちの群れ。比べてピンはどこにあるのか。衣食足り過ぎて、豪奢に暮らしても心底にうごめくものはピンにあらずしてキリにも近かろう。

早い話が、今どきの人間は、ピンもキリも知らずに成長して大人になる。政治家にしても財閥にしても、芸術家にしても、組合運動にしても同じことだ。もはやピンからもキリからも遠ざかりつつある、ボヤッとした真ん中の人達と見るは僻目《ひがめ》か。

藤原釜足さんが、とあるテレビ局で、ウスよごれた衣裳を着て「出」を待っているところへ、若い連中がどやどやと入ってきて、チラと氏を見ながら「ヤバいぞ……。あっちの部屋に変わろう」と出て行ったのを見た。私はとっ捕まえて一人一人ひっぱたいてやりたかった。

歴史とは恐ろしくも悲しいものだ。

久松静児監督

この人とも名作、駄作（私だけが）をふくめて二十数本を撮った。いわば豊田監督と並んで私の映画界の大半を埋めている。

この人の特徴は、図々しいクセにシャイな質で、すぐに顔を赧らめるクセがあった。映画のコンテは脳中深く秘めて喋らないので助監督も役者もテンテコ舞いの撮影だった。でも私は、この監督のもつ、いかにも活動屋というアルチザンぶりに、何時もいたく感動したのである。

東宝で喧嘩して、新装なった日活に働きにいった。さて題目はと聞くと「警察日記」だという。これはいかん――日活で私もパアとなって、万事終わりかと、ガックリきたが、台本はなかなかのもので、これが上手にあがればいい映画になるくらいの見当はついたが、いつまでも題名が頭にひっかかった。再度復活した日活は堀久作社長の陣頭指揮であった。聞けば社長は昔、撮影所の床屋をしていた人とか。その故か私も頭をなでるように可愛がられた。

その「警察日記」が、三歳の二木てるみの好演もあって大当りをとるのだが、分からんのは映画の世界である。「二百三高地」で大当り、「大日本帝国」はまあまあ、「うみゆかば」で大コケにコケて東映社長岡田茂に「この年までやっても映画はわからん」となげかせたが、万事今でもそうである。

二木てるみは三ツで可愛いかった。久松監督は彼女を柱のところにつかまらせ、「今夜ごはんをあげないよ。上手にやらなけりゃ」とか何とか、彼女の心をゆさぶりつづけ、その間、カメラマンは廻しつづけるのだ。その間の一番いい泣顔を五秒ほど切って入れるのだが、その前のシーンは、母親が私の演ずる警察官にしょっぴかれてゆく、その后にくるのだから観客は涙なしには見られない。

しかし、私をこよなく可愛がってくれたこの監督も活動写真の伝統の中で、いわゆるコケおどかしのような我儘を云い、事大主義はかくしおおせなかった。

昭和三十五年、東宝の森岩雄所長から「君も随分、東宝の力になってくれたが、一本くらい森繁プロダクションでやってみたら」とおいしい話に私はウットリした。それが会社の落し穴みたいなものだとは気づかず、なけなしの一千万円をこしらえて、戸川幸夫氏の『オホーツク老人』の映画化を志した。

改題して「地の涯に生きるもの」。冬期の知床ロケ、そしてセット、夏がきて暑い光の知床のロケ、金はかかるわ、金はないわで、主役兼プロデューサーは、この監督に遂に命までとられるのか——とさえ思った。

ラスト・シーン、老人が凍てつく氷海に猫一匹をたすけようと、無人の知床半島の岬で死ぬシーンは、冬期撮り終えたが氷塊からすべり落ちて海にはまるワン・カットだけは夏場、撮影所のプールで行われた。

朝から引っきりなしに製氷を山とつんで撮影所に入ってくるトラックの数に役者ならぬボロデューサーは、夏の盛りにとりはだを立てていた。これが雪を作る機械に、ほうり込まれ、溶ける上に、これでもかこれでもかと降らしている。いざ用意もいいかと私もメイキャップをし、夏のさ中に毛皮を着こんで現場へ行こうとしたら、向こうから監督がやってきて手を振りながら「駄目ダメ」というではないか。私はこの時ばかりはムキになって大喧嘩をした。で、結局、撮影することになり、私は四メートル程の雪の上から、ドボンとプールに落ちてOKになったのだが、大出来の映画も何故か、〝浅沼稲次郎公会堂で刺さる〟がかぶって、もう一つ気焔が上がらなかった。私は大枚をなげうったきりで久松監督ともども一銭の金も入って来なかった。これも悲愴な最后であった。

でも「神坂四郎の犯罪」「雨情」「つづり方兄妹」「渡り鳥いつ帰る」私の大好きな映画であり又、大勢のお客さまの印象にも残るものであった。

「何《なん》か、そこで面白いことやってみろ」

「――」

「もっと、他のことやってみろ」

「――」

「面白くないナ」

こう云われて、シュンとしながら、それでも皆んな頑張った映画だ。

豊田四郎監督

三十五、六度も気温が上がっていたろうか、舗装もしていない街道をトラックが砂ぼこりをあげて走っている。

その炎天下に、豊田監督と三浦カメラマンは、さっきから三十分も立ちつくしている。あのひ弱な豊田さんが日射病にでもなってはと、私は付人にコーモリを持たせて後ろからそっとかざし、日陰を作ってこいと命じた。出来ればついで、何の長話をしているのか、その様子もチラッとさぐってこいといいそえた。

これは阪神沿線、芦屋の海岸で谷崎潤一郎の「猫と庄造と二人のをんな」のロケーションである。付人の答えは「走ってゆくトラックの砂ぼこりが、何とも云えぬ素晴らしい構図になる」とただただ感心しておられる風情で、次のトラックの通るのをひたすら待っておられるというのである。いかにも凝り性の御両人らしいと、私は流れる汗をふきながら、それを見物していた。

ついでに書くなら、この三浦光雄さんというカメラマンも、どことなく人を喰った名人だった。「夫婦善哉」の一シーンで淡島の蝶子と柳吉の私が熱海の宿で向かいあっているところだが、いっかなカメラが廻らない。もはや二時間もたつだろうか、二人は座ったきりだ。とうとう頭へきた私は庭のあちこちをゴソゴソ歩き廻っている三浦さんのそばへ行って、

「何やっておられるんです?」と聞いた。

「どうも松の具合が気にいらないのでネ」

「夫婦善哉が映画のテーマでしょう。夫婦はさっきから、あすこで待ちどおしですが、庭の松など、そこそこに願えませんか」

「いやあー、いい絵になりますよ」

全然、聞いてない人であった。

豊田監督といえば京都の産で、いくらか女性っぽい、繊細な人だったが、男に惚れる女優には、何ともきびしい人だった。〃一寸皆さん二時間休憩して下さい〃とスタッフ全員を外に出して暗いセットで彼女が泣くまで御指導をたまわるのである。ある時などは恐ろしいことを云われた。

「なあ、シゲさん、まだか？」

「へえ？　何がです」

「早う、ヤリなさい。それでないと二人の人物が密着せえへんので困るワ」

「!?」

男女優はこの監督の諌言で、どこかハダをふれあったことも否めぬ事実だ。

恩師の死の枕頭で、男優よりも女優の方が声をあげて泣いたのも忘れられない。

この先生と十七本。そして最后の作品が、有吉佐和子の「恍惚の人」である。台本をもらって一読したが、有吉さんにも、監督におたずねしても、このボケ老人がその時どきに何を考えているか全然わからない。そんな無体な役をやらせるのはコクだと再三ゴネたが、少年のような笑顔を見せて〃大丈夫や〃ととりあう人ではなかった。

クランク・インして私の迷いは宙に廻り、とうとう一切の人に逢わず助監督が楽屋に来てなだめすかしてスタジオに連れてゆく。その頃は、どうやらこのまま私もボケるかも知れないと思っていたようだ。その佳境に入った頃、自分のウンコをフスマに指で塗りたくるシーンを撮ったが、これは高峰秀子さんの好演技に助けられた。

十二月の寒い一日は、ポンプ車が三台もきて林の中でドシャブリの雨をふらす。その中で秀子さんとクライマックスを撮ったが、私は台本にない「お母さん！」とどなったのを録音係はチャンと拾ってくれた。

あまりの寒さと長い雨のシーンに、さすがの豊田監督も、「ＯＫ、カット」と叫んだが、カメラマンの岡崎宏三氏が「まだまだ！　まだまだ！」と絶叫して恐ろしい程の長廻しの執念にむしろ私ら二人は興奮をおぼえたくらいだ。

その頃の作品に佐藤一郎プロデューサーの「安楽死」を撮ると約束していたのに、私をおいて一人で安楽死されてしまった。私の映画界における大きなショックの一つでもあった。

小林桂ちゃん

一見すると小林桂樹という男は、クソまじめに見える。二見しても三見しても、さして変わりがない。でも四見ぐらいすると彼もどうやら人間臭いアレコレの人物である。

私は社長ものシリーズで、ある日、自動車の中で彼の膝のあたりに手を置いて、

「なあ、秘書君、少し面白いことはないかね」

と足をさすると、驚くべし今度は彼の手が私の膝から股のところをさすり、

「ホテルへでも行きましょうか？」

というではないか。

もっともカメラはそこでカットになったが、一斉に笑いが渦巻いた。その笑いの中で、もしや彼も男色の方では――とチラッと思いがかすめたが、それは杞憂《きゆう》で、その気はなく、その場のジョークでしまいであった。しかとは分からぬが――。

彼の出色した技は、映画、テレビでめしの食い方である。フランスにはジャン・ギャバンが、食い上手で必ず一シーンは出てくるが、私は桂ちゃんのこの芸を盗もうと、彼の言い分を聞いた。

「噛んで食っちゃダメですよ。噛んでる時に客は口の中を想像しますからね。想像させないように早く――つまり、噛まずにのんじゃうんですネ。するといかにもおいしそうに食ってる風に見えるんです」

ある日、私もやってみた。

ところがどうだ、大きな肉の塊りが喉につまっていっぺんにNGになった思い出がある。

「アノ女優はいいだろう、品があってネ」

「ボクもそう思います。シゲさん好き?」

「いや、好きといっても、ただの間柄じゃないんだよ。もっとも一回こっきりだがね。いや、妙なところに大きなホクロがあってびっくりしたヨ」

「そうでしょう――」

「アラ?!」

彼はそれっきり、プイッと立って行ってしまったが、まあ、時にはそんなこともある撮影所だ。

二人で群馬へロケに行ったことがある。ここは彼の生まれ育った地だ。

「いいとこに生まれたネ」

「いや、どこでも住めば都ですよ」

「あれが赤城山か。間違ったら桂ちゃんも国定忠治くらいになってたかもネ」

「今、そば屋の出前が通りすぎましたネ。僕、時々ひょっとしたら、あれになってたかもしれなかったと思うんですよ。有難いことに、朝日新聞の給仕から身をおこして、いうなれば今日はスターの座にいますがネ。さてどっちがよかったか」

何ともいえぬ清々しい会話だった。

彼の芸風は、ブキッチョを上手にまとめて、素晴らしい人間像を創り出すところにある。

その彼も、私と同じテンポで年をとり、いいジイさんの役などやっている。が、若い時は三木のり平と違った写実的な喜劇をやれる唯一のコメディアンであった。

昔――いつも昔ばなしで恐縮だが、もう時効になったようなことしか書けないのだ。

三木のり平が東京宝塚劇場で奮闘公演をやっていた。そこへ小林桂樹が表敬訪問した。

「桂ちゃんも芝居やれョ」

「僕は映画男で芝居は一つどうも――」

「なあ桂ちゃん、オレこれが済んだら主役で一本撮ることになってネ」

「時々、間違うんだよ」

「何が？」

「それで、映画は何というんだい」

『灰神楽三太郎』ってんだけどね。オレ、気分わりいんだ」

「どうして」

「相手役は青山京子というから、いいなァと思っていたら、変わったっていうんだ」

「で、誰になったの？」

「中田康子だってんだ。あいつ背が高いし、勝手に相手役変えやがってクソ面白くねえ」

「そういうもんだよ。だんだん悪くなるんだよ」

「役者おとすんだよ」

「そう、君の役だって初めはオレだったんだ！」

のり平は、カチンとまいった。

実にひどい皮肉を、機智を交えて話すこの才能たるや絶妙である。

近ごろはスタジオが隣り合わせで、時々お目にかかるが、こっそり私のスタジオに入ってきて見ながら、休憩がくると一言毒舌を吐いて消える。

「同じ芝居、よくも飽きずに演《や》ってるな」

奇癖といえば、彼は引っ越し魔である。

それも金をつぎこんで改造し、やっと立派になると次へ越したい気分がチラチラ彼を浮き立たせるようだ。

私のおふくろの通夜に来て、一番いいウイスキーを出しなと、とっときの銘酒をガブのみして

〽死んじゃったら　おしまいダ
　泣いても　笑っても　おしまいダ
あまりの放歌高吟にいささか哀悼をこめた風な顔をしていた連中も、つりこまれて、彼の音頭で大合唱――。

私は実は、内心嬉しかった。これが七十八歳で人生を全うしたおふくろの本当のお通夜だと、騒ぎのままにしておいた。

その小林桂樹が帰りぎわ玄関で、

「あのウイスキーはホンモノかい。悪酔いしたヨ」

の一語を残して消えた。

その彼が、紫綬褒章を胸につけて、おめでたの会だ。何を言ってやろうかと胸がうずく。

コーちゃんと初舞台――越路吹雪

越路吹雪といえば、宝塚のトップ・スターである。

「君はその人の相手役だ。もっとびっくりしていいよ」

と言われたのが昭和二十六年だったたか、旧帝劇での初ミュージカル「モルガンお雪」。秦豊吉（丸木砂土）の演出で、古川緑波《ロッパ》、越路吹雪、森繁久彌の三人が売り物である。

私は、その頃、大して売り物にもならない男だったが、越路吹雪には五、六人の女が付いている。

私には出入りの魚屋の坊主が一人いただけだが、彼は毎日いじめに泣かされたので有名である。

六人の越路のファンが彼を呼びつけて、

「ちょっとォ、お宅の先生、あのラブシーンで、体がくっつき過ぎるのよ。不潔ねッ！」

毎日、私に「離れろ」とせがまれるが、何のことはない、向こうが「もっとギュッ！　と抱いて頂戴！」と言うから、純シンな私はその通りにしただけだ。

ところが、コーちゃんともだんだん仲良くなり、とある名流婦人が始めた「館《やかた》」という曖昧《あいまい》ホテルに時々行った。

そこでのコーちゃんは、大層な飲みっぷりで、べろべろになり、エッチになった。

「どうして私を抱かないの？」

と詰め寄って、トロンとした眼で私を見る。

「ボクは幕内には手を出しません」

と断った。実は、始終彼女に付いていている清楚《せいそ》なお嬢さんが好きだったせいもあるのだが――。

コーちゃんの歌の詩を書いたその人こそ岩谷《いわたに》時子さんである。コーちゃんはこの女《ひと》に本気で妬《や》いた。

「そう、時ちゃんがお気に入りィ？　面白くないわね」

帝劇に大雪が降って、みんな帰りに困った。私は、男だ！　いいとこ見せよう、と彼女を背負《おぶ》って楽屋を出、自動車まで運ぼうとした。

後ろから御大、秦豊吉先生が、

「森繁君か――、やめてください！　この女《ひと》は私のプリマです！」

と一喝《いっかつ》され、びっくりした。

巨漢、豊吉先生はコーちゃんを背負《おぶ》って自動車に乗せ、ご満悦であったが私はアホみたいなもんだ。

秦豊吉さんは恐ろしい人だったが、プロデューサーとしては第一人者と私は思っている。客席の真ん中に椅子《いす》を持って行き、そこに掛けて、いいところは一人で大拍手をして客を誘ったし、大声で「その通り」「いいぞ！」と声を掛け、役者が弛《だ》れていい加減な芝居をしているとみると、「役者！　真面目にやれェ！」と怒鳴《どな》った。その大声で鼓舞《こぶ》、叱咤《しった》した素敵な名プロデューサーはこの人だけだ。

ついにコーちゃんと私とは何もなくて、美しい付き合いで終わったが、秦さんはハタしてどうだったか？


NHKの番組で「愉快な仲間」というのがあり、これにコーちゃんもレギュラーとなり、時々、でたらめに台本を読んで失笑を買ったが、宝塚では歌ばかり唄《うた》ってあまり勉強をしなかったか――。

私の彼女も、コーちゃんに一晩、女同士で、抱かれたというが、何をどうしたかは詳《つまび》らかではない。

しかし、「ビギン・ザ・ビギン」を唄うコーちゃんは超逸品であった。その越路吹雪を見て、シモを濡らした男がたくさんいる、いや、女もいた。

秦さんは毎日、コーちゃんの履《は》く足袋《たび》を自宅に持ち帰り、自分で洗ってアイロンを掛けたので有名だが、なにしろ物のない時代だったから、この秦さんの誠意は通じたに違いない。

ある日、ささやかな結婚式があった。指揮者の内藤法美さんとコーちゃんは華燭の典を挙げたのだ。

が、まさか！　と私たちは呆気《あっけ》にとられた。

金品に無頓着で物の値段が分からなくて、パリあたりで手当たり次第にあれこれと買っていたあの人が、結婚後、近所の店先に買い物籠《かご》をさげて現れ「玉ネギある？」と言ったのは有名な話だが、とうとう子供もつくらず、この世におさらばしてしまった。

悲しいお葬式で、私は黒人霊歌「誰か戸を叩《たた》く」（SOMEBODY KNOKING THE DOOR）を歌った。伴奏は泣いているご主人の内藤さんだった。

誰か戸を叩く
　誰か戸を叩く
呼んでも声がない
　誰か戸を叩く
耳をすませ
　誰か戸を叩く
呼んでも声がない
死んじゃったお前
　恥ずかしくないか

誰か戸を叩く

ピアノを弾きながら、内藤の旦那《だんな》さんは泣き続けた。この人はほんとうにコーちゃんを愛していたのだ。

伴淳の死

朋友、伴淳三郎が享年七十三をもって、この世を去った。

つい三日ほど前、どうしても芝居からぬけられぬので、入院先に女房が見舞いにいった。彼はことのほか喜んで「この人はいつでも通して下さい」と看護婦にいい、青い顔に紅がぼうっとさして「しげちゃんに頑張るように」といったのが、私どもへの最後の言葉だった。かつて奥さんだった清川虹子君もあたたかく彼に言葉をかけていたが、ようやく横を向いて、一しずくの涙が彼の頬から流れるのを見たという。天涯孤独の涙だろう。

これが永別のしるしであったか。その三日後に彼は腹のなかじゅうに破裂した血がたまり、あえなく世を去ったのだ。

私がかつて入院していた時、付き添いにきてくれた病院生活四十年のベテランの小母さんが「長いことたくさんの患者を見てまいりましたが、わたしは患者の魂が身体からぬけて昇天していく時が分かるのですよ、長い人は魂のいないまま一週間も生きてる人がいます。よく食べたり飲んだりして人にあってお話ししたりしてますが、もうその人の魂はすでに、その人の身体を離れていることがあります」という話をしてくれたが、伴淳のそれは、家内などが見舞いに行った日、肉体を離れて黄泉《よみ》の国に上ったかと思える。

山形にも、すでに遠い親戚もありやなしや、子供のいる奥さんともすでに離別して誰ひとり身寄りもない。一番長い夫婦生活をつづけた清川虹子君が、枕頭《ちんとう》に座って涙をふいている。私はこの人は偉い人だなと思いながら、伴の顔や頭をなで、グチとも何とも言えぬ繰り言を言ったが、それは余りに冷たくて長い生涯の苦闘をいやすように今は静かに動かぬ顔だった。わずかにあいた口から自慢の出っ歯がのぞいて、例のごとく「身体に無理をさすなよ！」が聞こえるようだ。

大勢の役者が集まった通夜だが、ここに一人の日本の喜劇役者の死を各人各様の気持ちで味わったのだ。言うなればこの人は活動役者から浅草に、そして映画にテレビに、非凡な才能を発揮したが、何とも世話好きで大なり小なり好意と迷惑を交々《こもごも》かけられたことだ。

出来ればもっと徹底して、うんと迷惑をかけて死んでほしい男だったが、それにしては怖がりで気の小さいいい奴だった。故郷の山形は寒くて嫌だと言ったが、はたして何処《いずこ》に骨をやすめるか。

ニイッと笑って通り過ぎるだけの男――渥美清

昭和三十年代に入ると、私も「社長シリーズ」などで少しずつ売れ始めていた。

ラジオではＮＨＫの「ヤンボウ・ニンボウ・トンボウ」が好評で、里見京子、横山道代、黒柳徹子の三人が新人で売り出した。テレビでは岡崎栄さんの演出だったと思うが、「若い季節」があった。この作品に、黒柳徹子の後ろを、訳の分からぬ男が時々ニイッと笑って通り過ぎて行くのだが、これが渥美清であった。それが何とも言えぬおかしさを誘った。

どうも、思い出が曖昧《あいまい》だが、三木のり平も出ていたような気がするのだが――。

実は私もこの変な男が好きになり、「映画に出ないか」と誘った。

が、

「誰も使いませんよ、僕なんか――」

と言っていた。


昭和三十四年頃、戸川幸夫さんの「オホーツクの老人」を映画化しようと話が決まった。私の主演はいいとして、初めてのプロダクションもやれというのだ。

第一、金を工面したくても出来ない。

借りた金で、久松静児監督と滝村和男プロデューサーに千円ずつ差し上げた。

その映画に渥美清を出したが、役がないので、面白い役を作って出演してもらった。

これがきっかけで、芝居にも出そうということになり、森繁劇団旗揚げ興行、加東大介原作の実話、「南の島に雪が降る」という戦地の物語を演《や》った。

ある日、幕が降り、カーテン・コールで再び幕が上がると、私たちがずらりと舞台に並んでいた。

その時、客席から元軍人らしい人が舞台に近づき、

「ありがとう、皆さん！　私が当時の隊長です」

と舞台面《づら》へ出て来た。

加東大介も泣いた。加東も私も土下座してただ感泣した。客席も泣いた。

抱き合った元隊長と加東の姿は見る人の胸を打った。

この芝居には劇中劇があり、「一本刀土俵入」でお蔦《つた》をやり、万座を圧倒したのは渥美清である。恐らく浅草から丸ノ内の劇場へ来て、これが初めての芝居だろう。

ともかくウケるので渥美は毎日シャカリキで、白く塗った戦場の女形に懸命だった。

もう、そうなるとイッパシだ。渥美清は大役者になった。

そのお返しか、山田洋次さんから「寅さん」に出てもらいたいと私に話があり、どこかの港の胡散《うさん》くさい漁師の役を貰った。


「シンコちゃん！」

カン高くてよく通る声が、私に付いてくれている女性の名前を呼んだ。

見ると渥美清が、呼び掛けた女性の方にではなく、細く優しい眼を私の顔に向けて微笑《ほほえ》んでいた。人の大勢往き交う帝国ホテルの中で「森繁さん」と呼び掛けることに照れたのだろう。渥美清とはそんな人なのだ。

帝国ホテルのラウンジでステーキを食べる私の前で、彼はバニラのアイスクリームを旨《うま》そうに舐《な》めた。今にして思えば、蝕《むしば》まれた五臓六腑《ごぞうろっぷ》の火照《ほて》りをひとサジのアイスクリームで癒《い》やしていたのかもしれない。

彼の優しい眼は、芝居のことや映画のあれこれ語りたげであったが、シャイな二人の男は互いにそんな話題には一言も触れずに、他愛のない話を二時間ほどして別れた。

あれが、彼との最後だった――。


彼は不思議な男だった。

私が芝居をすると、初日が開いて間もなくか、千秋楽の日あたりに、「誰にも言わないで」と言って見にくる男だった。一度、止《と》めて楽屋につれてきて、アレコレ聞きたいと思ったが、ネコのようにスーッと居なくなるのでどうにも困った。その意味も聞きそこねた。

残念だ。

今頃は、閻魔《えんま》様を抱腹絶倒させているに違いない。

ニイッと笑えば人を斬るやつはたくさんいたが、彼が笑えば、子ができるはずだが、音沙汰《おとさた》もない。

友、ひばり逝く

美空ひばりと親しかった私の芸友《とも》が、ある日、招かれてひばり家を訪れ、可愛《かわい》い子供のような彼女と睦《むつ》んだ後、「ママも待ってるかもネ」と言われ、「えっ!」とおどろいたと話に聞いたが、そんなひばりさんが、とうとう事切れて、私はその枕頭《ちんとう》で言葉もなく、ひばりの顔をなでた。

それは哀しい限りで、ただ冷たく、もの言わぬ彼女はただ私のなでる力で顔を左右に動かした。

可愛い顔は、徐々に冷たく、あの世紀の喉《のど》は、一切の言葉を絶った。

ここに、その時の永別の言葉がある。

お別れのことば……ひばりちゃん。
あなたの生涯は花火のように絢爛《けんらん》と美しく、
そして、あえなく消えた壮大な美の一生でしたね。
たくさんの人びとは、心からあなたの歌に聴きほれ、魅了され、
どんなにか喜び、泣き、楽しんだことでしょう。それにしても、
寸時の休憩もなく、召されて天国へ逝ってしまわれました。
あまりの急ぎ足に私たちは、ただ茫然《ぼうぜん》とするばかりです。
早すぎた寿命でした。
でも、寿命とは「命を寿《ことほ》ぐ」と書きます。文字どおり、
あなたは、その生涯を寿ぎながら生きてこられたのですね。
たとえ短くとも、人びとに称賛を受ける充実した日々でした。
あるいは、それもあなたを疲れさせたのかもしれません。
考えてみれば、これは天才の悲劇なのかもしれませんね。
あなたとの永別に耐えられず、

日本全国のファンは泣きくずれていますが、
あなたの残された遺産は消えることなく、輝きをいや増しています。
ご覧になっていますか。拍手も慟哭《どうこく》も聞こえましょう。
長いおつき合いでした。
私の寂しさも、たとえようもありません。
一刻も早く、おかあさまの胸のなかに抱かれてください。
さようなら。不世出《ふせいしゅつ》の、偉大な、ひばりちゃん。

（平成元年七月二十二日、東京港区・青山葬儀所にて）

三

志ん生、圓生との旅

「おいりゃ、江戸っ子じゃ、知らねえんだ。満州！　歌で聞いただけだ。でも、行きましょか。こっちも酒に不自由してるところだ」

てな話でもあったたか、志ん生、圓生の落語のお二人が満州へ来てくれた。

実は我が社（満州電信電話）の記念日の巡回公演である。

新京駅に着かれて、ホッとされたのだろう。

「私、満州の放送局に勤める社員の森繁です」

くたくたの志ん生師は、聞いていてない風だ。

宿へ案内するなり〝添乗員さん、一寸《ちよつと》、兄ちゃん〟と、こうだ。

私は放送局員だ。

些《いささ》か機嫌が悪くなり私は黙っていた。

「日本語じゃだめだ。ここはシナだ！」

と圓生師匠が言う。

「ああ、そうかい。ホーリン・チンツァイラか！」

「そりぁ、流行歌だよ」

長いこと私は、乗物の添乗員と思われていた。大概の用は〝酒、買ってきておくれよ――〟だ。

「師匠、出ですよ！」

「分かってらあ、ここは満州、のんびりやろうやね」

舞台なんかお構いなしだ。楽屋の出を待つ間に酔っちまうし、背負《おぶ》って帰らなきゃならないし、時には、オシッコをもらしてしまうし――。

「師匠、何だか背中が生温かいですが、小便なら言ってくださいよ！」

「ぬるカンだ」

「!?」

「師匠、たまには女の子の可愛いの抱いたらどうです？」

「チャンチャラおかしい！　えーッ、何てった、いいのがいるのかい？」

「酒やめてその方に切り替えたらどうですか？」

「馬鹿言っちゃいけねぇ。一寸、兄ちゃん、これはあたしのおまんまよ、お前さんも一杯やるかい？」

ある日、酔いの席で、私も、一寸した芸を見せた。それが師匠には大層気に入ったのか、次の晩も、次の日も、もっとやれやれ！　で、ついついこちらも調子に乗った。

「いいねえ、お前さん、日本へ呼ぶから帰って来なよ。ふる里は日本だろう？」

あれから何年経ったか——。

戦争も終わり、新しい日本が生まれて間もなく引き揚げてきた私も、どうやら世に出はじめた。

倅《せがれ》の志ん朝とも舞台を同じくした。

「オヤジが口癖みたいに言うんです。アレはただもんじゃねえ、そのうち大物になるよって」

「よろしく言ってください、お父上に。お目に掛かりたいが何だか照れ臭くって……」

「今じゃ、オヤジの自慢話の一つですよ」

「あんな粋な江戸っ子はいませんよ。落語をやる人に、海外旅行は要りませんねえ、あると却って邪魔になると思います」

「そうですか……考えちゃうなぁ」

「何か？」

「いえ、一寸、洋行の話があるんですよ」

「そりゃあ行きなさい。女を買いにね。これは和製と味が違うから」

「——？」

倅の志ん朝もいい奴だ。でも噺《はなし》は親父ほどではない。

井上正夫丈と私の大トチリ

すでに故人となられて四十年は経つだろう。私は引き揚げて帰ってきて、働くところもないので菊田一夫さんのところに伺い、何か仕事がほしい、とお願いしていたら――。

「来月の有楽座に出してやろう」

「ああ、〝鐘の鳴る丘〟ですね。有り難いです、いい役をください」

「何を図々しいことを言っとる？　井上正夫といえば巨匠と一緒だ！」

井上正夫、その人は新派の大御所で、いうなれば側へも近寄れぬ大役者である。

稽古も無事に終わり、私は先生に呼ばれた。

「君が帽子をいじくってセリフを言うところ、あすこがいいね」

「ハイ、有り難うございます」

「尾島鈴子や竹内京子が、満州でお世話になったそうだネ」

「おっしゃる程のことはありません」

二人とも先生の付き人だった。

何となく楽しい雰囲気で開いた幕だ。

それが、そのままゆけば言うことはないのだが、ある日、芝居が半分ほど進んだところで、私は何をとぼけていたか、血迷ったか、風呂に入った。ご機嫌でつかっていたら、外から、りた。


「森繁さん、トチってますよ」

と怒鳴られ、私は湯船から飛び上がった。

そうだ、何を間違えたんだ、先生とのいい場面だ。

私はあわてて裸の上に二重廻しをひっかけ、藁《わら》靴をもって、ハゲ鬘《かつら》をかぶりながら、階段を飛び降りた。

幕溜まりで、

「先生、待たしたかな」

「待たしたところじゃないよ、五分ぐらいだよ、早く出ろ！」

私は、そのまま舞台へ出た。悪オチの拍手が来た。

「遅くなって申し訳ありません、実は……」

何のお返事もない。鬘《かつら》とおでこの間からまだ湯気が上がっている。

井上大先生はまだ一言もおっしゃらない。

私は致し方なく、客席に見えないように二重廻しをあけて、スッパダカを見せた。

すると、どうだろう、苦虫をかみつぶしたような先生が突如として、

「ウワッハッハッハッハッ」

と笑われた。

「幕！」

とおっしゃった。

芝居の途中だったが、いきなり、〝それで、今日はおしまい〟ということになり客は帰った。

さあ大変だ。

私はすぐさま先生のお部屋へ参じて、何か間違えて風呂に入ってしまったことをお詫びした。

「今、忙しい。帰りにお寄り」

とただ一言。

大お灸《きゆう》かと、震えながら伺候した。

すると、どうだろう、先生は色紙を一枚出して、

「これは今、書いたんだ、あげるよ」

私は、あきれたり、嬉しかったり、複雑な気持ちでその色紙を戴いて帰ったが、色紙に大きく蟹《かに》の絵が書いてあって、〝毎夜横行〟とあった。

その大事な色紙もその晩酔っぱらってどこかへ置いてきて、今考えれば、ほんとに惜しいことをした。

渡辺邦男監督のこと

新東宝が生まれて、私の仕事も第一作が、これもアメリカ映画「腰抜け二丁拳銃」のヤキナオシで「腰抜け二刀流」というインチキ宮本武蔵のパロディだったが、主演は主演だ。あとで聞いたところによると、私の主演は大変もめたそうだが、当の本人は大陸風に何をどういわれてもどこ吹く風で心

臓の強さを見せた。

それから、たてつづけに仕事が入った。

生活は目に見えて、よくならなければいけないはずが相変わらずさっぱりである。

一本二十五万円という気の遠くなるような出演料が決まったが、第一作を撮り終わった時、どこでどう削られるのか手にした金は十万円で、これが映画の常識と聞かされた。

その金を握って、青山の「石勝」に行き、早稲田時代の級友中村磐社長に頼んで自分の墓をこしらえた。この話は前著『森繁自伝』にも書いたが、爾来《じらい》、撮っても撮っても三万とか、多いときで五万ほどの金が入るだけだった。ついに新東宝は小切手を乱発し始め、しかも不渡りが多いのでどこでも受け取らなくなり、近所の八百屋にも魚屋にも、「その紙キレはかんべんしてくれ」と新東宝と同じように、私までインチキくさい男と見られていった。

そのころ、私を「オバケ」といって、可愛がってくれた恩人に、渡辺邦男監督がいる。

ワタナベテンノウと仇名《あだな》され、東宝映画再建にあずかって力のあった一方の親分《ドン》であった。新東宝に移ってからもたくさんの喜劇役者が、その腰にぶらさがって恩恵をこうむったのだ。この先生もカン気の強い方だったが、きわめてさわやかな先生で、部下の面倒みのいいことは論外だ。

私の方の生活も子供は成長するわ、洋服も要るわで、日に日に膨張し、自宅への訪問者も増えた。その大半は、ボツボツ森繁も調子がいいぞ――で、引き揚げて来た連中たちの金のムシンであった。

都営住宅が当たったから少し融通しろ――。家は出来たがフスマと障子が入らんので――。喫茶店を始めるがファニチャーの方を頼む――。etc. 金の貸借に大陸ふうで恬淡《てんたん》だった満州仲間は、ムシンの方にも遠慮の風はミジンもない。

何かを得るには、何かを失わなければならない。失わずに得たものは、やがては、はき出すのが世のならいで、私もあきらめていたが、ために相変わらずピーピーしていた。

それにしても、新東宝という即製の会社は、金っぱらいが全くダメな会社で、何度たのんでも無い袖はふれぬの一点ばり。稼ぎの十分の一も入ればいい方だ。よくもあんなところに、大勢の人間がヒシめきあっていたものである。

丹波哲郎あり、若山富三郎あり、池内淳子あり、天知茂あり、有名無名ひとしく食うや食わずであったが、不思議とそんな中で映画は次々に出来あがっていった。

新東宝のお偉方《えらがた》との再三の話し合いも無駄で、焼け石に水。その水蒸気さえ吸えぬ日々が続いた。ついにたまりかねた私もテンノウのところに、伝票ほどもたまった不渡り小切手を持って、どうしたもんでしょうと上奏に及んだ。

「僕も困っている――」

と渡辺監督。

「しかし、次の映画も決まってますし……」

「……明日、家においで」

「ハイ」

「トラック持ってね」

どういう意味か？　私はシャレだと思ったが、わざと真《ま》にうけて、近所の米屋の三輪オートバイをたのみ狛江の渡辺先生のお邸に伺候した。

これは、狛江の名物といわれた美邸である。モト小田急社長の御別邸で、庭などは遠州ばりの築山あり、池あり、食うに困らぬ風情である。

私はチリ一つない座敷で、うつろにそれをながめながら、香りのいいお茶をいただいていた。

「おい、繁さん。あすこに灯籠《とうろう》があるだろう」

「見事なもんですね、春日灯籠というんですか」

「あれやるから持ってゆけ」

「えっ！　それでトラックを」

「二つあるが、一つだ。いい記念になるだろう」

一トン以上もある灯籠を積んで、私はお言葉に甘えて持ち帰った。

道みち、どうしてこれを金にかえるかと、なやんでいたが、トラックはとうとう家に着いてしまった。

今にして思えば、あれは渡辺監督の血の出るようなジョークだったと思うが、その優雅な春日灯籠は、今も御影石《みかげいし》の白を冴えさせて、二メートル余の姿を私の庭に誇っている。

ああ東宝大争議

渡辺邦男監督との映画も十本を数えた。「森繁君、君はオバケだ」と私のことを揶揄《やゆ》しながらも、この無頼の男を目に入れても痛くないほど可愛がってくれた。

灯籠はいわば、この先生のともしてくれた私の道しるべでもあった。

ワタナベテンノウといえば、早撮りの名人である。

正直いって、私たちは、どこをどう撮られているのかよく分からなかった。

実は、これには先生一流の下ゴシラエというか、緻密《ちみつ》な計算があったのである。

一軒の家がセットに建つと、その部屋の一方の向きで撮るカットはすべて、すなわちシナリオの始めから終わりまで一気に撮ってしまうというやり方である。次にその壁をとっぱらうと、反対の方の人物を、これまた全部撮り、あとはロングに引いて終わり、そのセットをぶちこわす。だから普通のようにセットをいつまでも残す必要はないし、明解な段取りとなるしだいだ。しかし、俳優はどのシーンのどこを撮っているのか、しまいには混乱して、大弱りをした。

しかも、先生は寸刻も待てぬ人で、もしも役者がメーキャップ室からカラコロ歩いて来ようものなら、本人が来ないうちに撮影はすんでしまっているのである。

だから、役者はもちろん、衣装、小道具、床山、もろもろは、すべてスタジオの中でいっさいを揃えて待機する。

「モリシゲ君」

「便所です」

「じゃ、いらない」

で終わるから、私たちは配給をもらうように順番を待って一分の休みもないのだ。

ある朝、定刻にセットインする監督より一足早く入って、カメラマンの、これも同姓の渡辺孝さんという好人物と相談し、

「このシーンをね、こういうふうに撮ってもらいたいんですが。実は夕べ、ここんところをこんなふうに考えてきました。面白いでしょう」

と、やってみせた。私の今もなおらぬ悪癖であるが――。

そこへ、テンノウのご入来。すかさず、「このシーンで、こんな芝居をやりたいので、カメラをここに据えて、こう撮っていただくと、面白い画がとれますが」

と、いうやいなや、監督の手にあった台本が顔に飛んで来た。

「バカメェ！　だれが監督だ！」

先生は、さっさとスタジオを出ていった。一瞬全員はシラケきった。「あのシンマイ、いつかはやると思っていた」「それ見たことか」という顔が大半であった。

しかし、私はシラケるどころではなかった。謝りに行くより、こうなりゃ、いっそ撮った方がいいだろうと、カメラマンの渡辺さんに相談しに行ったところ、監督と何十年のコンビのこの好人物は、

「やりなさい、カメラ回しますよ」

というではないか。

私は悪びれずに、どんどんそのシーンを撮り上げてしまった。

今にして思えば、カメラマンもサムライだった。二人して撮り終えて一服していたら、再び清々《すがすが》しい顔でテンノウが入ってこられた。

「おい、撮れたか」

「ハイ」

「よし。次ゆこう」――粋な人だ。

あとで聞いた話だが、セットの外でドアを細めに開けて大先生はずっと見ていたという。

非礼きわまりない役者だったが、これも先生には甘えと見えたか――と、勝手な解釈をした。

学校のことはどうでもいいが、先生も早稲田、私も早稲田、すぐに「紺碧の空」になったのが語り草になった。

今は狛江に静かに御老体を養生中だが、この述懐を読んで微苦笑しておられよう。

あの懐かしいカメラの渡辺さんも、いい爺さんになって、成城で「椿」というトンカツ屋をやっている。

元来、早撮りというのは乱暴な撮り方のように錯覚するが、実は撮影所ほどカネと労力を無駄遣いするところはない。映画作りというのはカネと時間を忘れたヤツがやっているのかと、正気の人なら疑うところだ。

それが平然とまかり通る天国なのだ。

「でも好きなの」のひとコトのセリフが、気に入らん――で、女優は泣かされ、一日暮れるところだ。

咲いた山茶花をもって来い――それが無くて、とうとうその日は中止になるとか。数えあげればきりがないが、役者は延々、待つことに馴れきっている。「映画は待ち料」といわれるくらいのものである。

ねっちり、むっちり、考えに考えこんで、監督はニガ虫を噛みつぶす。そばの者はハレモノにさわるようにスタートを待つ。やっとカメラが回って、撮れたカットがどれほどいいのか、変わりバエもせぬそのシーンにだれ一人文句をいう人間もいない。それはまさに天国である。

一日かかってワンカットを撮る人を巨匠というが、一年かかる映画を十日で撮る人も巨匠といってどこが悪い。映画製作というものには、カネと同時に時間も入っているはずだ。

戦前はもっと天国だったというが、私は残念ながら知らない。しかし、奇癖、奇行の持ち主だったたくさんの巨匠と、戦後の一時期を過ごした。

松竹は監督を親方とする監督システムであり、東宝はいち早くプロデューサー・システムをとった。東宝映画が砧《きぬた》のスタジオに産声をあげ、長谷川一夫さんをはじめ大勢のスターが移籍したが、そんなことが原因か、長谷川一夫さんが暴漢にあって、顔に大きな負傷をされる事件が起きた。東宝映画の揺籃期で、会社重役も腰が抜けるほど驚き、あわてふためいて善後策にあけくれたそうだ。

何とか長谷川さんの穴埋めの役者を、とプロデューサーが八方飛び回ったあげく、ついに新人抜擢という方針が決まって、有象無象《うぞうむぞう》の候補が上がった。

そんなある日。この人はどうです、と写真を重役のところへ持って来たのがいる。過ぐる日、文化勲章をもらわれた丹羽文雄さんの写真であった。

「顔もいいな。長谷川さんに一寸似てるしね」

「柔道も二段です。小説家ですが、スポーツマンで体格も抜群です」

いいだろう――ということで、長谷川さんのあとに丹羽さんが推され、ご本人も重役たちに会って

出演料一本三百円と決まった。ところが、その次の日、朝日新聞から朝刊の小説の依頼があって、

「俺は作家が本職や」

と、あっさり映画俳優を断られた話は、当時のプロデューサーだった永嶋一朗氏から聞いた。

この時代に活躍した名プロデューサーで、戦後、私も大層な世話になった人に滝村和男がいる。

そのころ、私は新東宝と同時に東宝でも売れ始めていた。とりわけ、私のギャラを倍にしたのが「三等重役」である。

東宝映画のピンチといわれた時で、これといって当たった映画が出ず、再建後の撮影所も混沌《こんとん》として意気消沈のおりに、これがバカ当たりするのだ。

日劇を三重にとりまいて、三等重役大入り祝い。全東宝にボーナスが出て、いっぺんに盛り返すのである。全く映画とはキワモノだ。

早速、大映京都から話が来て三本ばかり撮るのだが、実は、話は最初一本撮ってくれ、という契約だった。

ところが遊びどころの京都だ。夜に夜をついでほうけているうちにギャラはすっとび、二進《にっち》も三進《さっち》もゆかなくなった。ところが先方はすでにお見通しで、

「ハイ次はこれに入ってもらいます。お勘定もたまってまっしゃろ」

上手な商売である。これでは命取りになる、とほうほうの態で砧に帰り、再び東宝の撮影に入ったのが、マキノ雅弘さんの「森の石松」であった。

ちょうど、そのあたりから東宝、松竹、大映、日活、新東宝が五社協定という不文律を結んで、役

者をいじめにかかるのである。その五社アラシの話は後述するとして、まずその前に、どうしても、当時（二十三年）世の中を震撼させた東宝撮影所の争議について書いておこう。めんどくさい話だが、軍艦をのぞいてすべてが動員されたという大ストライキで、戦車も戦闘機も飛んで来たのだから大スペクタクル・ストライキだ。故徳田球一や野坂参三の面々までが応援に駆けつける大騒ぎであった。

ちなみに渡辺監督は反スト派の雄であった。この人が戦時中、撮った映画に「決戦の大空」というのがある。終戦まぎわ、いよいよ世の中も窮屈になっていて、その決戦が敗れ始めていた時だ。

東宝の撮影所にもいろいろなサムライがいたが、中でもYという演技課の男なぞ、軍人気取りで小道具の軍刀を腰に吊って、ロケ隊を誘導していた。

「軍隊の慰問に東宝オールスターを引き連れて参りました。原節子、山田五十鈴、大河内伝次郎……、どうぞお手に触れて御観賞下さい」と大見得をきり、喜んだ隊長のところに飛んでいって、「明日、撮影のためにぜひとも、戦闘機をあるだけ飛ばしていただきたい」。

「あるだけとは何だ！」と怒鳴られはしたが、事実何機かはそのために飛び、また隊長の横に座って全員が肉も酒もヨウカンも、たらふく食ったことは事実である。

Yのオッチョコチョイは便利でもあったので、監督も俳優もシラケはしたが、しぶしぶ振り回されていた。

このYが、ひとたび戦いが終わりを告げるや、ダンビラをかなぐり捨て、軍色をいち早く赤色に塗りかえた。その変わり身の早さに映画畑の面々はあきれはてたのだ。

彼は東宝争議のころは、まさにリーダーであった。その下で岸旗江などは向こう鉢巻きも凜々しく、ジャーナリズムをにぎわした。これも彼の差し金であったか、それはつまびらかでない。

戦時中、Yの無責任なすすめもあり、部隊長の肝煎りも手伝って、若い助監督の中から海軍入りした男も数人いた。

これに乗った男の一人に「社長もの」の監督松林宗恵もいた。彼は海軍予備学生になり、間もなく土浦に行って七つボタンの海軍少尉になり、命あって帰ってくるのだが、軍国ファシズムから共産ファシズムにアッという間に変貌した撮影所に仰天するのだ。

大監督、大スターをはじめ、旗色を鮮明にせぬ、どっちつかずの中間派もうんといたが、連日の壁新聞が、これらの人間を名指しで裏切り者とか資本家のイヌとか書き立てる。動揺したかれらリベラリストたちはしだいに左へと傾いていった。私も時おり撮影所の門まで行くのだが、戦後の馬の骨だから、「お前はだれだ」の一喝で、映画「女優」にチョイ役で拾われた私は、あわれをとどめて門前を去るのである。

大河内伝次郎、長谷川一夫、山田五十鈴、原節子、入江たか子、高峰秀子、藤田進、花井蘭子、山根寿子、黒川弥太郎、のスターたちは、全く宙に浮き、連日、所内に喚声のあがる人民裁判を聞きながらさえぬ顔の毎日がつづいたのだ。

さて、この力を持った執行部が、失敗といえば失敗だが、目をスッたのは、撮影所の上の丘にあるトリック撮影用のステージであった。この所外にある建物にピケを張り忘れたことである。

渡辺監督邸に集まった叛旗《はんき》組は、スターを擁してこのステージを占拠したのだ。そして第二東宝を作ったのである。

毎日仕事がなくてウズウズしていた活動屋たちは、早速カメラを回し始め、十大スターが意味もなく出てくるインスタント映画「今日は踊って」というのを第一作として製作し始めた。

やがて、これをはずみ車にステージが建ち作品はどんどん生まれた。待ってました、と、手をこまねいていた東宝本社の営業マンたちが、配給の神様といわれた佐生正三郎氏を擁し、社名を「新東宝」と改め、ついでに社長の椅子を氏に与え、映画はゾクゾクと世に送られるのである。

映画人種が、議論に明け暮れる現場より、映画を作る現場へと流れるのは何の不思議もない。

竹井謙、三村伸太郎、岸松雄、林文三郎（早稲田ドイツ語教授）、佐藤一郎、筈見恒夫、野口久光、伊藤基彦の諸氏が、文芸部、製作部を作り、また、ニューフェースも募集した。

集まったのは、堀雄二、野上千鶴子、高島忠夫、天知茂、舟橋元（故人）、久保菜穂子——そんな面々である。二回目には、香川京子、左幸子が、そして今売れている若山富三郎や池内淳子、丹波哲郎たちは、その後に入った人たちである。

一方、砧の本拠は、これではいかん——と、映画を撮り始める。「明日をつくる人々」「四つの恋の物語」や「戦争と平和」「素晴しき日曜日」などご記憶の方もあろう。役者は新劇から大量に回されて、薄桃色の左翼映画がお目見得した。

この辺で、東宝と、新しくできた丘の上の新東宝が喧嘩別れになるのである。

本社で飛ぶ鳥を落とした映画配給の神様、佐生氏は、そのカオで日本中の上映館を握っていたが、これを新東宝チェーンにして強力なブレーンを作ったので、東宝本社がツムジを曲げ、縁を切るのである。資本金のことでいろいろあったのだろう、せっかくの作品も差し押さえられ、オクラ入りして大変な騒ぎとなった。その中に、私も見たことのない原節子の「富士山頂」というカネのかかったのもあったと聞く。いまごろ、どこの倉庫でねむっているのか。

あせった東宝は、強力なストにしびれを切らし、渡辺銕蔵社長が、現東宝の会長である馬淵威雄氏を右腕に獅子奮迅、撃砕の鉾を向けるのである。

ことは大きくなり、米軍が動き、地に戦車、空に飛行機が舞って、さしものストも鎮圧され、党員たちは涙をのんで職場を去ることになるのだ。

東宝の大御所、森岩雄氏は腐心の末、京都から生えぬきの映画人森田信義らを配置して再起を図る。十大スターは新東宝に去ったが、東宝砧《きぬた》撮影所も、すでに争議に入る前、二十二年ごろにニューフェースを募集していた。もののない時分で、応募したスターの卵は異様な行列であったそうだ。復員服、モンペ、シャツ一枚、よれよれの背広で集まった美男美女の中に、若山セツ子、元華族の久我美子、北京大学を出た伊豆肇、杉葉子、浜田百合子、現映画界の大プロデューサー田中友幸氏の夫人になった中北千枝子、「クイズグランプリ」の司会をしている元アナウンサーの小泉博、三船敏郎など。あれから三十年。現在も活躍中の人たちは別として、どこにどうしているのか消息のつかめぬモト美男美女もウンといる。

試験場でブッキラ棒だった三船敏郎は、「アレ、面白いぜ」の山本嘉次郎監督の一声で選に入ったと聞いたが、もし落ちこぼれていれば日本の映画史は申すにおよばず、世界の映画史もいささか変わっていただろう。

薄紙のようなチャンスで、人はスターダムにのし上がり、また振り落とされる。今になって考えれば、うまくいってよかったようなものの、ひとつ間違えば私など今ごろ、日本のどこで何をしていたやら。

こんな商売を人に勧められぬ理由の一つも、実は、その辺にもあるのだ。

渡辺邦男監督と灯籠《とうろう》

〝ひどい本だ！　よくこんなもの書くなァ〟

独りごちて、その晩ひとりで本を直した。別に頼まれたわけでもない。

だんだん面白くなって、夜中の三時頃、そのシーンはすっかり変わって出来あがった。

明日は九時から御大、渡辺邦男テンノウのお出ましだ。

要領よくこの改訂稿の話をしようと、その朝は早く起きた。

早稲田の先輩でもある故か、あのうるさい親父《おやじ》がやたらと可愛がってくれた。私も、それに充分甘えていた。

カメラマンも渡辺さんといったが、べつに親戚ではない。こちらは人の好い方で、後に砧《きぬた》の撮影所の近くでトンカツ屋を開いておられたが、片や監督の方はチョビ髭《ひげ》をいじくりながら疳《かん》の強い御大で、スタッフは恐れをなして、ただ「ハイ！　ハイ！」と素直なものだった。

素直でない奴は、森繁久彌くらいのものである。

翌朝、九時ちょっと前に御大の車が入って来た。実は私は、一時間程前に来て、書き直した本の打ち合わせをカメラの渡辺さんとやっていた。

「いいねえ、面白くなったねえ……」

「そうですか、そう言われると嬉《うれ》しいです！　実は、カメラは……」

私は勢い込んで話し始めた。

「……ここんところから最初は撮って、それからぐっと廻り込んで、ここを撮る！——」

「なるほど……」

と、話している時に髭をいじりながら御大が入って来られた。皆は静かになった。

私は監督に近寄り、

「今日のところは、あまり面白くないんで書き直して来ました。これです……。まず、カメラはここから……」

いきなり、台本が私の顔へ飛んできた。

「誰がカントクだッ！」

御大は肩怒らせて出て行った。

いつも怒られている連中は、しーんと静まり返った。

〝金語楼はどうしたッ？〟

〝いま、便所へ——〟

〝じゃ、要らない〟

このように横暴な監督である。

「さあ、どうするか――」

私は、暫《しば》し考えたが、悪びれずに撮ろうと決心した。

「渡辺さん（カメラの）、しようがありません」

「……そうですナ」

「だから、撮ってください」

「ああ、いいですよ」

この人も見上げた洒落《しゃれ》た人だ。

恐る恐る近づいて来る俳優達を口説き落として、どうやら撮った。

ちょうどその時、再び御大が入って来た。

何事が起こるかと皆は再び静まり返った。

「どうだ、おばけ（私のこと）、撮れたか？」

「ハイ、撮れました」

「よし、次、行こッ！」

日本中の映画監督でこんなに洒落た人は、渡辺邦男をおいて他にあるまい。

早撮りの名人と言われたが、別にどこも早くない。ただ意味なく時間を費やすのを一番嫌った人だ。

故意に、雲待ち（雲が向こうの山の上に来るのを待つ）とか、山の上からの俯瞰《ふかん》でカメラを据え、下のそのまた下の方の村の杉の大木が気に入らぬ、と使いを出して切り倒しに行かせた監督もいる。

結果は、村長と大喧嘩《げんか》になって、使いは這々《ほうほう》の体で帰ってきた。

これがまた、監督の唯一の権限と自惚《うぬぼ》れていたダンナもいた。

映画界に五十年近くもいるとまったく不思議な無茶苦茶が多い。

その頃、新東宝という会社があった。

赤字会社で、例えば、私たちのギャラも支払われないという有り様だった。

家内が魚屋で新しいサンマを見つけた。

「これ、ちょうだい」

「奥さん、現金？」

「小切手よ」

「新東宝のは駄目だ」

と、一言で断られたくらいのものだ。

私は何本も主役をやっているが、衣装屋は撮影が済むとすぐに衣装をしまった。持って帰る奴が多いのだ。さっさと洋服も着物も持って帰ってしまう。

私だって、たまにはいい服の一つも買いたいがそれも夢だった。

食う方は女房がミシンをふんで得た僅《わず》かな金で賄《まかな》ったが、遂に私も堪《たま》りかねて、所長になられた渡辺邦男御大の部屋へ行った。

「何だ、また金か？」

本当は、〝通用しない小切手は御免蒙《こうむ》りたい！〟と言いたい思いにも駆られたが、言うべきか……

と口ごもった。

「分かった」

御大が言われた。

「嬉しいです！」

私も生きているので、余計なことは言わなかった。

「明日来い！」

「ハイ」

「トラックを持って来い！」

えっ！　二度聞くとまた叱られるので黙って引き下がった。

〝確か、トラックを持って来いと言われたが……〟

当時、トラックなど簡単に借りられる時代じゃない。大騒動だ。

さて、裏の米屋さんに三輪の大型があったナ、と思い付き、米屋さんに廻って、

「何とか頼む！」

と懇願した。

「で、何を乗せるのかね？」

「それが分からないんです」

「まあ、近所の誼《よし》みだ、行ってあげましょう、明日の一時だね？」

「はい、いやあ、何かのシャレだとは思いますが……」

「うちのは米を積むんだから、余り汚いものは……」

「ハイ、分かってます」

「喜多見だね」

話はついた。


あの大先生は、下手なシャレを言う人なので、二人は、次の日、車の中であれこれ話した。

「あの家はネ、森繁さん、知ってますか？」

「何をです？」

「あれは小田急の重役のコレ（と小指を立てて）の家でね、なかなか凝った家だが、渡辺さんも相当払ったと思うね」

米屋さんは何でも知っている。

そうこう言っているうちに、世田谷の成城を過ぎて喜多見にやって来た。

「ここだ」

「はあ、ここですか！」

それは門構えの瀟洒《しょうしゃ》な家だ。

「ごめんください、森繁でございます」

小綺麗《ぎれい》な娘さんが応対に出た。

「どうぞ」

案内された所は、どうやら離れの茶室でもあろうか、ふっくらとした座布団に尻が落ち着かず、もじもじしていると、御大のご入来だ。

「よく来たね」

「ハイ」

「うちも金がないいんだ。それでね、あれをやるから持ってゆけ」

「ヘッ！」

「あの灯籠だ。二基あるが、二つは駄目だ、一基だ」

「ハイ、あれは……」

「余計なことは聞くな。トラックは来たんだろ？」

「ハイ、表に」

お茶が出た。いいお茶だ。

「いや、さすがに上等なお茶ですネ」

「茶はどうでもいいから、俺も時間がないんだ」

「じゃ……戴いて帰ります」

「ほんとにアレ持ってゆくのかい？」

「ハイ、春日灯籠ですね」

私は、米屋さんと庭へ廻った。

〝シャレかな？〟とまだ、心の中で逡巡《しゅんじゅん》はしたが。

灯籠は七つに分かれたが、その一つ一つの重いこと。それでもせっせと運んだ。でも最後の台になっているところは、二人で持ち上げるのは容易なことではない。

「旦那、天秤持って来るから、二人で担ごう」

硝子戸の白いカーテンの陰から、それを見ている渡辺監督の顔がチラチラと見えた。が、それどころではない、世の中にこんな重いものがあるのかと、こっちは汗みどろだ。

〝ジャレにもならん奴だ――〟と御大の毒舌が聞こえるようだ。

〝とうとう持ってゆきやがった！〟と恐らく独り言を言われただろうが、私たちはエンジンをかけて、御大のお宅におさらばした。

「さて、これを金にするにはどうするか？」

それが問題だ。そうだ、砧の撮影所へ行くまでの所に大きな植木屋があったナ、あそこで聞いてみよう。

「ごめんください、旦那おられますか？」

「植木の中にいます」

「ああ、旦那、お宅では春日灯籠は要りませんか、いいものですが」

「結構だ」

ニベもない返事が返って来た。
二、三軒聞いて廻ったが、諦めて一応我が家へ持ち帰ることにした。
「今日はすみませんでした」

「うちも、米の配達があるんで――」

その記念の灯籠は、今も我が家の庭にある。思い出をいっぱい込めて、雨の日も風の日も静かに私を見ている。

「渡辺さん、シャレならいつでもお返しします」

故人は泉下で笑っておられよう。

役者泣かせの森谷司郎監督

森谷司郎――日本の名だたる監督であった。黒澤明さんのチーフ助監督として長い間、あの気むずかしい旦那《だんな》に仕えた人だが、一本立ちして数本撮った後、私を抜擢《ばってき》してくれた素敵な監督だ。

映画は「海峡」。

北海道と本州を結ぶ津軽海峡の下、二百メートルを掘る大トンネル工事だが、大変な映画だった。

相手役は高倉健で、彼も森谷監督とは初めてお付き合いするスターさんだ。女優さんは吉永小百合さんたち。いずれにしても私たちは、龍飛《たっぴ》岬、青森の津軽半島にある一旅館に缶詰めである。

ロケもさることながら、セットがまた大掛かりで、冷えきったプールの水を引き入れて、その中で冬のクソ寒い日に右往左往、私もこれで遂に死ぬか、と思った程だ。

スタッフ全員は、私が倒れでもしたら大事だと四、五人が介添え役で付いていて、毎日の水入りでもうご勘弁とシャッポを何度も脱ぎかけた。

夜、宿に帰ると監督は男にも女にもチュッ、チュッとキスをして廻り、それで昼間の皆の怒りが消えてしまうのである。

どの映画もそうだが、完成すると急に誇らしく元気になり、一切の不満もすべていい追憶となり、まるで豹変するから不思議だ。

この「海峡」の前には、「八甲田山」を撮られた。

昔、粉雪舞う零下二十度という山中で一個連隊が遭難し、雲中行軍の兵隊が凍死するという事件があり、森谷監督はこれを再現しようと、兵隊に扮した役者を雪中に立たせて、何しろ、そのまま、四時間も待たすのである。

理由は、何ていうことはない、監督が向こうの山に雪が舞うのを待っているだけだという。

雪の中で待たされた連中は、とうとう怒り出し、なかには東京へ逃亡した者もいたというから生半可のことではない。

次に、「吉田茂」という世紀の宰相をやることになった。

大磯の邸を根城に、吉田茂は、毎日振り廻された。

鎌倉の浜辺で、ビュー、ビューと風の強い日、私はただ海へ向かって歩くのだが、鼻めがねが風でバタバタと頰《ほお》を叩き、今にも吹っ飛びそうになった。もっとも、頑丈な糊で鼻の骨あたりにくっつけているが、波飛沫《しぶき》と猛烈な風で顔が引き攣《つ》れ、泣きたい気持ちだ。

すぐに済むのかと思いきや、そのカットの長いこと――恐らく八分くらいかかったろう。

「何を、そんなに、――長廻ししやがって！」
と、自棄《やけ》を起こしたが、実はその長いカットに、最後のタイトルが延々と入るのである。はじめに、ラストシーンだとちょっとでも言ってくれれば、私も機嫌良くやったのだが――。

その森谷に芝居の演出をさせようと頼んだが、なかなかうんと言わない。

それでも説得を続けて、ついに氏も初めての芝居の世界に入ったのだが、入ってみると満更でもない日を送った。

最後にはとうとう、客席から、

「おい、ヘタクソォー！　お前やめろ」

と、役者を替える横暴ぶりを発揮した。

考えてみると、それは人一倍映画監督としての誇り高い氏の、芝居に対しての些《いささ》かの嫉妬《しっと》だったのだろうか。

氏の演出した芝居「孤愁の岸」には、荒れ狂う暴風雨で濃尾三河《さんせん》の堤防が次々と決壊する場面が、舞台の背景のスクリーンに映し出される。

森谷はある時、呟《つぶや》くように言った。

「毎日、芝居を観て感動しているが、芝居は日に日に良くなるのに、芝居の随所に出てくる俺の映画、これが何の進歩もなくて残念だ」

「映画の世界と芝居の世界は違うんだ」

「そりゃ分かっとるが――」

それほど、ぞっこん芝居の世界へ頭を突っ込んでしまったのかと思うと、芝居に誘った私の責任も妙に感じる。

「これを映画にしたかった――」

と、口癖のように言っていた。

ある日、病魔にとりつかれた監督が入院している病院を訪《おとの》うた。

「シゲさん、人間って、こんなに痩《や》せるもんかね」

と腕をまくって見せた。骨と皮だけの腕であった。

私は初めて、そこで美しい奥さんとお嬢さんに会った。

間もなく森谷は黒い煙になってしまったが、それから日本映画は地に落ちた。

どうして、大事な人間が次々と逝くのか――。

森谷氏の墓は琉球の西表《いりおもて》島に造られた。氏の遺言にあったからだが、最近、奥様が東京へ移されたと、聞いた。

恩師、菊田一夫氏怒る

「馬鹿野郎！」

烈火のごとく怒り、菊田先生は有楽座の楽屋口を飛び出して、どこへ行こうと思われたのか、すぐ前の宝塚劇場の大きなショーウインドウのガラスにいやというほどぶつかって昏倒《こんとう》され、大怪我《けが》をされた。

昭和十三年ごろの出来事である。怒りの原因は私ではない。古川ロッパの親父《おやじ》であろう。セリフを覚えないし、あまりにも滅茶苦茶なので、ついに怒りが爆発したのだ。ロッパ親父が皆を怒らせたのは度々のことだ。菊田親父は入院されたが、大したことはなくすぐ退院された。

そういう私も、台本を書き直して、怒りに触れたことがある。主に菊田親父の筆が進まぬ時に起こるようだ。

井上孝雄はもう亡くなったが、彼が、「暖簾《のれん》」という芝居で、久方ぶりに戦地から生きて帰って来る場面がある。

「お母ちゃん！」

親である私たちを見つけて井上孝雄が花道で叫ぶのだが、その叫び方が違うというので、なんと二十四回もやり直しをさせられた。彼は、「もう一回」と言われたら、台本を捨てて帰ろうと思ったと述懐していたが、

「井上——、何年ぶりかで、生きて帰ってきて両親に逢うんだぞ！」

そんなことは百も承知の名優だが、井上孝雄は隠忍自重した。

私は満州（中国東北部）から引き揚げて帰ってきて、まず菊田親父のところへ顔を出した。

「やあ、帰ってきたか、ご苦労」

「親父さん、何か仕事はありませんか？」

「今の話じゃないだろう。そのうち機会があったら考えるよ」

ただそれだけの会話で話はすんだ。私は大東宝の事務所を引き揚げながら、

「あんなものか、世の中は」

独りごちて、思い出の有楽町を歩いた。戦争で大分傷んではいたが、東京の誇るアミューズメント・センターはまだ健在だった。東宝劇場はアーニーパイルと名称を変えて、アメリカの管轄下にあり、そこでは矢田茂や淡谷のり子たちの旧日劇の連中が、脱げるだけ脱いで活躍していた。

ガード下など昔と変わらず、飲み屋のイワサキあたりも健在だった。

それから何カ月たったか――。ある日、菊田親父から、〝本（台本）が出来たから、すぐ来い〟という電報を受け取った。

菊田先生書き下ろしの「非常警戒」という洒落《しゃれ》た二時間ちょっとの作品である。私は初めての久松保夫との共演である。二人とも泥棒役で、だんだん雪隠《せっちん》詰めにされる話だが、それがよかったのか、撮影所から、すぐ映画に入れ、と言って来た。

せっかく力作を書いてもらった菊田親父には申し訳なかったが、私は撮影所の門をくぐった。

演技課というところで、いきなり契約しろという。映画一本一万二千円だという。

すぐ出る作品は山田五十鈴主役の「女優」という松井須磨子の伝記みたいなもので、土方与志《ひじかたよし》さんが新劇の演出を捨て主役である。

私はその須磨子の劇団の一俳優だが、ちゃんと名前があるから大したもんだ、と係は言うが、別になんの芝居もない。

監督は衣笠貞之助である。妙に衣笠さんに可愛がられ、満州の匪賊《ひぞく》などと渾名《あだな》され、映りもしない人の顔をあれこれいじくり廻された。あの方は元女形だったと聞いた。

やはり俺は舞台がいいな、と菊田親父のことが頭をかすめた。

でも撮影はどんどん続いた。まるで時間を忘れて、ここは天国というか、のんびりと撮影所のコーヒーばかり飲んでいた。待つのが仕事ですから、と教えられ、そのマチにもだんだん馴れた。

菊田親父には大層世話になったが、満州へ行ったらシゲさんがいるナーと些《いささ》か私を当てにして来られたのではなかろうか。

菊田先生を連れて哈爾浜《ハルビン》へ行き、有名なロシア専門の女郎屋に案内した。先生はごきげんで、きれいな娘を買った。あとは私は知らない。開拓団の見学のあとにもロシア・ピー（女郎）のところへ寄った話があるがつまびらかではない。

菊田先生ご一行が満州に着いた時、私たち放送劇団は、北條秀司先生の「東宮大佐」の芝居をやっていた。新京（長春）の飯店で北條先生をご馳走したが、その時、こっぴどく叱られ、無断上演ほど人を馬鹿にした話はないと散々やられたことがあった。菊田の親父には、金があまりありませんから、ただで上演させてくれと頼んだ。〝まあ、いいだろう〟といい返事があった。〝何をやりたいんだ？〟〝花咲く港です〟〝まあ、どうせ田舎芝居だ、うまくやれよ〟で、無事にオッケイが出たが、満州にはまだ日本の版権がないと苦し紛れの言い訳をしたのを覚えている。

菊田親父も気の変わりやすいところがあった。

「マイ・フェア・レディ」にお前を使うからと言うので、喜んでポスターの写真まで撮ったが、あとは音沙汰なしで話は消えた。親父を恨みながらも、向こうには向こうの都合もあろう、と諦めた。

またある日、ソニーの盛田昭夫さんが、ニューヨークで「屋根の上のヴァイオリン弾き」を見て、あれを日本で森繁久彌にやらしたら、と菊田親父に話があった。親父はしぶしぶニューヨークへ見に行った。で、よし、やろうということになった。大勢集まってポスターまで撮ったんだから大丈夫だと思っていたら、親父が新聞の連中に、まだ決まっていません、誰にするか迷っています、と笑い話をしたという話が私の耳に入った。もうちょっとでこちらも爆発するところだったが、どうやら決まって上演に漕ぎ着けた。

稽古でももたもたした。日本の演出家を入れたので、向こうから来たサミーという制作者の一番弟子が手を焼いた。つまりこの作品の良さが日本の誰にも分かってない風だった。

それでも幕は開いた。しかも二カ月も続演して菊田親父は満足だったらしいが、その頃、親父は病が進行していた。ついに初演の千秋楽も病院で寝たっきりであった。

次の芝居のポスター撮りをしている最中、本社の連中が飛んできた。

「先生、今、亡くなられました！」

私は茫然《ぼうぜん》自失したが、とりあえず病院に駆けつけた。師は冷たく動かなかった。

私は額に手を置いた。

「あなたが亡くなって、私はどうしてここにおられるんですか――」

あとはただ滂沱《ぼうだ》と涙があふれるばかりだった。くずおれゆく東宝の夢も、大震災にあったみたいだった。

先生の寝間着の間からすごい胸毛が見えた。

あとで親しかった女優に聞くと、それを見られるのを一番恥ずかしがったと先生のことを話してくれた。

柱を失った。小さな鳥は方向を失ってただおろおろと泣いたが、方向を失った鳥は行く場所も分からず、闇《やみ》の中をただ飛んだのだ。

私は一番先生に甘えた男だった。

先生のあの歯も、銀座の一番高い歯医者を私が紹介して無理に入れさせた。

「シゲさん、高いな」

と先生はこぼしたが、

「あんな汚い歯で、女の子が可哀相です」

と無理に入れさせたその歯もお骨になってしまった。

郷里である島原半島のお宅にも行った。

しかし、それもこれも、あとの祭りだ。

あれから、十年ほど経って、「屋根の上のヴァイオリン弾き」を再上演、今度はアメリカの演出家にすべてをまかせ、成功を収めたか、九百回を重ねた。

私の上演台本《レパートリー》の中に、ロシアの女郎屋の話の芝居で「鶯の宿」もある。好きな芝居だった。人は菊田一夫といえば〝鐘の鳴る丘〟ばかりを口にするが、私は喧嘩し、叱られながら、たくさんの名作を貰ったのだ。

名作もなにも、死ねばすべては無になるのだ。

私は、長いことお参りしていない墓参りに行きたい。行かねばまた叱られる。

演出家サミー・ベイスの〝感動〟

この日は稽古《けいこ》の大事な日であった。

アメリカから演出に来ていたサミー・ベイスも一生懸命であった。

私はうら若い青年たちを集めて芝居のコツを教えるつもりだった。

「いいかい、今から質問するが」

「ハイ」

「ハイはいいが、君はセリフをどこで覚えるんだい」

「そりゃあ、頭じゃないんですか」

「頭……か、当たり前の話だねえ、うん、それで分かった。君はアップしか撮《と》れないんだよね」

「どういう意味ですか」

「頭で覚えるんだから」

「そりゃないでしょう」

「本当は、一回飲み込んでみたらどうだ」

「へえ」

「へそまで撮れるんだ」

「ああ、そうですか」

「そうですかじゃ、ないよ。いいかい。出来れば消化してウンチと一緒に出してしまうんだよ」

「まあ、バッチイ」

「そうすると、全身、身体のどの部分も立派な芝居をしている。おいおいどこへ行くんだ」

「私、あまりエッチな話は好きじゃないんです」

と一人の女は帰っていった。

「その前に言っておきたいんだが、ああ、聞きたくない者は帰っていいよ。みんな聞く気はあるのかい」

「はい」

「はい」

「一つの感動を、身体全体で語るという気がないと、身体のほかの部分は遊んでるんだよ、分かるか」

「はい、分かります」

それから本読みに入った。さっきの本読みよりはみんな遥かにうまくなった。

「まあ、簡単に言えば、要らないものを引っさげて舞台に出るんじゃない、血肉になったエッセンスをしっかり持ってセリフを言う。どうしたんだ？」

「いや、また、先生のエロ話かと思って期待していましたら、今日は、まともな話なんですね」

「君は新劇にいたんだな」

「はい」

「新劇じゃ、いろいろやるんだろ」

「はい、やりましたけど、いちいちうるさいんですね。なんで手を挙げたんだ？　とか、足を開くと、なぜ開くんだ……とか」

「そういうこともあるだろうけど、それも大事なことだ。スタニスラフスキーにそう書いてあったんだな」

「はい、そうです」

「要らない芝居をアドリブと言うが、アドリブは私はあまり好きじゃない」

「あら、そうですか」

「アドリブはよほどの時には許されるが、それ以外には許されない」

「そりゃ分かってますが……先生は舞台で時々やりますねえ」

「セリフというものはねえ、キャッチボールだからねえ、いいボールを投げるばかりがピッチャーじゃなくて、たまには暴投することも必要だ」

「ああ、分かりました、それでアドリブか」

「いやいや、急に分からないほうがいいな、いま難しい話だから……」

その時、演出家のサミー・ベイスが現れた。

「みなさんにお話があります」

へたくそな通訳がついていた。

「みなさん、一つ私が言いたいことがあります。感動というものは、あなた自身にあるものではありません。あなたと客席のあいだに起こるものが本当の感動です」

「じゃ、アレと同じだな」

変なヤジを飛ばすのがいた。

「もう一つお願いがあります。この戯曲の家族の居間を克明に書いて、私に出してください」

そう言われてみれば、誰も考えたことがない。みんな本当に困った。

いざ、どういう家に住んでいるか、分からない。ここに台所があり、その隣に親父とお袋の部屋……じゃ、ないなあ、親父とお袋の部屋はちょっと離れて……。

いっぱい考えが生まれた。

それをサミー・ベイスが見て、

「これじゃいい芝居は出来ないね」

みんながっかりした。

「ついでにこの家のある街の地図を書きなさい、それがすんだら自分の履歴を考えて私にお話ししてください」

サミーは真剣な顔である。なかには、なんでこんなものが必要なんだ、とブーブーむくれる者もいた。

その日、見に来ていた幹部の俳優も日本風な建物の絵を描いて提出した。サミー・ベイスはそれを高々と上げて、

「この人はよく分かっています」

そして、その絵の最後に、感動は本人にあるものではない、感動はその日の本人と客席の間にあるものだ、とわざわざ書いてあった。

百人近い総勢は、それで静かになって厳粛な時間が過ぎていった。なかには厳粛でない者もいたようだが……。


ふと思い出したが、サミーが大声で怒鳴ったことがある。

「ハウス、ダンス！　ハウス！　ダンス」

家を引っ張る時に、ダンスのようなリズムで動かせということなのだ。サミーは日本語が分からない。が、稽古場でちょっとした芝居が受けて笑いが出ると、

「何だ、今、どうして笑うんだ？」

と尋ねた。私が、その笑いの理由を説明すると、

“Good, I'll get it！”（いい！　すばらしい！　それいただきだ！）

とすぐ、それに飛びついて採用した。

サミーの親友に早川保清という人がいた。二人はアメリカの演劇学校の同級生だったらしい。サミーはたった六畳一間だった早川の家が好きで、そのコタツに入って、よく芝居の話をしたという。サミーは、「日本人は覚えが早い、が、それが決していい芝居とは言えない」と言ったそうだ。

ある夜、私はサミーをはじめスタッフや俳優を呼んでわが家で宴会をやった。

宴会の途中で、

「じゃあ、今日は、皆でストリップをやろう」

と提案した。サミーがなかなか脱がないので、

「きっと、ありゃあデカいんだぜ」

と皆で噂《うわさ》したが、とうとうサミーは脱いだ。

USAのオチンチンは意外と小さかった。

女の子はみんな逃げて台所へ行ってしまった。

「大きな大きなオチンチン

小さな小さなオチンチン

みんな可愛いオチンチン」

台所にも合唱が聞こえたろう。私は困った。が、これも不思議な日米融和のチンチン列会であった。

千秋楽も近づいたある日、サミーは芝居をやっている最中の私に握手を求めてきた。何も言わずに黙って手を握って、彼は泣いていた……。

次の日、サミーは消えるように帰国した。

「サヨナラ、サヨナラ……」

有吉佐和子と〝恍惚の人〟

三十年程前、招待されてメキシコへ行くことになった。私もその中にいた。

機内で、座る席が決まった。

私はほっとして腰を下ろしたら、その横に、〝インテリは私よ〟と顔に書いたような女が座っていた。

どうにも好きになれず、黙殺して私は少し眠ることにした。

しかし、女史は、パッチリ目を開けて、何か難しそうな本を読んでいた。

まもなく機はメキシコの首都に着くという。その時になって、女史はジロリと眼鏡越しに私のほうを見た。

「あなた、森繁さんね。私、有吉です」

「はあ……」

「私の本を映画にしてください」

〝有吉とは、有吉佐和子のことか――そう言えば『紀ノ川』は読みかけだ。いい本らしいが、どうも訴えてくるものがないなァー〟ふと、そんなことを思っていると、

「私、あなたの奥さんの後輩よ」

「へえ、東京女子大ですか？」

「そう、私が今度書いてるの、〝恍惚《こうこつ》の人〟って題でね、つまり、ボケの芝居だけどね、いいものよ」

私たちはメキシコシティーに降り立った。

その夜は、ずっと彼女に付きまとわれて、私を一人にはしてくれなかった。

「女房は、誰がやるんです？」

「私は高峰秀子がいいと思うけど……あなたはどう？」

「本見なきゃ、何とも言えないナ」

「生意気なことばかり言って。面白いのよ、あなたそっくりよ」

〝どう、そっくりなのか――〟


さて、その撮影が大変だった。

私は老人性痴呆症の役だから、一切面会を断って、メイキャップに凝って、すでに本物以上にボケていた。

大きな蟹《かに》を一匹ムシャムシャ……。

秀子さんのご指導も良かったが、庭でオシッコをしたり、小道具さんが見事に作ったウンコを、秀子さんに両手でベタベタこすり付けたり……。

一日中、ボケているのは大変な苦労だった。本当を言うと、すっかりボケになって、周りもだんだんそれが当たり前みたいになってきた。

監督の豊田四郎さんも、ついその気になったのか、ついに車の激しい環八の通りで撮影した。

「ここ、渡ってちょうだい」

私は内心ギョッとした。

カメラの岡崎宏三さんは万端オッケイだと言う。つまり私が轢《ひ》かれそうになったら、助監督が飛び出すことにはなっていたが、何しろ大きなトラックが、ひっきりなしに走っている。

私は、フラフラ……と出ていった。

いきなり、でかいトラックが急停車した。

「バカヤローッ、ジジィ、轢かれたら死ぬぞ！」

私は道の真ん中で途方に暮れていた。

豊田監督は、やっと、

「カット！　カット！」

と飛んできた。

つづいて十二月頃か、冷たい氷雨が降っているシーンで、どこから調達してきたのか三台の消防自動車があった。

私と秀子の二人は篠《しの》つく雨の中、びしょ濡《ぬ》れでうずくまっていた。

余りの寒さに、思わず、

「母さん！」

と、口に出た。

「オー、ケーッ！」

豊田さんはご機嫌である。

すると、今度はカメラの岡崎さんが、

「まだ！　まだ！」

もっと芝居をやれ、と言う。

そんなことが毎日続いたある日、有吉さんが撮影所を訪ねて来られた。

私が楽屋で待っていると、有吉さんが入ってきて、私はボケ老人のままで女史を迎えた。

「あー」とか「うー」とか言ったような気がする。

「あなた、ホントにボケてしまったのね」

女史の声は妙に憐《あわ》れみを含んでいた。私もその瞬間、演技なのか現実かに戸惑ったほどだ。

だから撮影が終わると、風呂へ入って一切を流し、私はスタッフを集めては酒を呷《あお》った。それで、
私は演技の世界から現実の自分を取り戻すのである。

私はだんだん、本物のボケになり大作の映画も終わった。


逸話はいくらでもあるが、有吉さんの戯曲は延々と続いた。

遂に、ある日、懐かしい有吉さんは昇天された。私は初めて泣いた。

私をさんざん泣かせた映画は胸の底に残っている。この映画は永遠に残るだろう。

不世出の役者、三木のり平

私も、もうじき骨になるだろう。

長男を失って間もなく、友、三木のり平がみまかった。


あまりに長い間柄である。

私がまだ早稲田のころ、女房と一緒になって大久保のアパートに、ママごとみたいな夫婦の巣を造っていたころ、隣の部屋に姉妹ばかりの三人が住んでいて、親しくしていた。その部屋にマンガの少年みたいなのが時々遊びに来ていた。それが、のり平である。

のり平は事実マンガが上手で、恐らく自分をモデルにして描いていたのだろうが、私は満洲（現・中国東北部）の放送局に行き終戦になり、その間七年の歳月がたっていた。

戦後、いろんなことをやり、三木鶏郎の冗談音楽が脚光を浴びたころ、そこで三木のり平に再会するのである。私はあのスットボケた芝居にすっかり魅せられて、のち山茶花究と三人で「森繁劇団」を興し、ここでまた長い月日が流れるのだが、いまだに思い出す名舞台がいくつもある。

彼と日大で同じくしたのが役者の中に多いが、佐野浅夫もその一人だ。そんなことから彼の学生時代の珍行ぶりはたくさん聞かされた。仲間二人と大森で遊び、ビタ一文もなくなり、情けない朝帰りとなったが、とりあえず新橋まで歩こうと決めたところ、のり平が「待てよ、大森から新橋までは、ないようであるぜ。俺にまかしとけ、キップが三枚あればいいんだろう」と大見得を切った。
彼はあきれた二人を残して大森駅の切符売り場に行き、当時は向こうの見えないすりガラスの下の穴、手の入るだけの半月型の穴に口をあて

「新橋三枚――」

とどなった。金の一銭もないのがどうするつもりだと二人は呆然としていたそうだ。

すると、財布の中から、クシャクシャにシワのよったエロ写真を出して、チュッとキスしてその穴へほうり込んだ。スーと手が出て写真は消えた。彼は皆の方を向いて得意そうにニヤリとした。しばらく間があって……。恐らくすりガラスの向こうは、子細にそれを眺めているのだろう。

やがて、キップが三枚、パッと穴から投げられて来た。もちろん彼らは意気揚々と国電に乗って帰って来たのだが――。

彼はいつも定期がなくて古い定期でとっ捕まり、駅の助役室あたりでサンザンしぼられたのだろう。奴になんとか復讐したい。その一念はついにある日、定期を買い、ついでに原稿用紙が入るほどの大きなセルロイドのケースを求めた。そしてなんとその中に、映画館のキップやあぶな絵やマッチのレッテルやトランプを裏表に所狭しと挾みこみ、その片隅にヒョコ曲げて定期を入れ、例の改札のいるころを見計らって出ていった。

そしてその大きなセルロイドを改札の顔の前で振って「定期!」といって通る。

「なんだ、それは!」

「定期だヨ、よく見な! ここに入ってるヨ」

駅員はまごまごする、友達は歓声をあげる。なんとも度し難いいたずらに国鉄も（当時、省線といったが）腹の立てようがなかった——という話をしてくれたが、彼はまれに見る喜劇の才能のある男だ。

のり平の女房のエイコちゃんも私たちの仲間だ。本名はたしか梨園子といったが、往年の名女優水町庸子の娘である。彼女も母親に似て小粋ないい女優であり女房であった。が最近、病にかかり何度も手術をし、旦那ののり平もすっかり元気をなくし、おまけに入院中のやもめ暮らしに妙に馴れて、いささかウツの気もあるのか、舞台の数もまるで少なくなった。

はや三十年になろうか、のり平、千葉信男、三木鮎郎、小野田勇、キノトール、フランキー堺、のちに八波むと志も加わって、私たちは、アブハチ座というなんともヘンチクリンな一座をこしらえた。半分は道楽で金を出しあって、ニッポン放送のホールで演《や》ったのだが、なんとも物すごい入りで、どうしようもなく困った思い出がある。もっとも稽古も、渋谷の料理屋というか待合の大広間でやるのだから費用も大変だ。芸者は花代なしでお茶の接待などやらし、稽古をしているのか遊んでいるのかワケの分からんようなものだった。

これはその昔、徳川夢声や生駒雷遊やロッパたちが一年一回やった、ナヤマシ会の亜流みたいなものだったが、そのころはまだのり平もセリフを覚える男だった。それが、だんだんセリフ覚えが悪くなり、ヒトのセリフばっかり先に覚えるようになったが、ひとたび板に乗ると、余人は足元にも及ばぬ名優ぶりを発揮して満座をさらった。でものちに明治座で一緒にするころは、気がないのか、付き人の小さな三浦という青年に台本をもたせ、薪をかつがせて台の上に立たせ、二宮尊徳にしてプロンプターをやらしたのには、私も山茶花究も開いた口がふさがらなかった。

昭和二十六年ころ、こっそりダニー・ケイが訪日したことがある。それでも大層な歓迎であった。その時、何を思ったか、のり平が出演していた日劇の楽屋にヒョッコリ現れ、いきなり地下二階ののり平の楽屋のドアを開けて「ハウ　アー　ユー」とどなった。キョトンとしているのり平を尻目にあちこち眺め、グッドバイと姿を消した。さあ大変だ。

「おい、俺に敬意を表しにダニー・ケイが来たぞ。アメリカ一番の喜劇役者は、日本の喜劇王に挨拶に来た。えらいもんだよナ」

と、のり平は有頂天であった。

私が東宝に入った昭和十一年、今から五十年前だが、その前々年まだ大川平三郎氏の持ちものだった日劇に「マーカス・ショー」という一座がよばれた。その一座の中に実はダニー・ケイがいたのである。これは知る人ぞ知るだが、彼はエンターティナーとして、物マネや寸劇などをやり、ついでにライトをかついだり、いうなれば彼の苦闘時代であろう。それから十何年か——。彼は押しも押されもせぬアメリカの大スターになったのだ。

あとで日劇の事務所の人間に聞いたら「俺が昔使っていた楽屋がどうなっているか、見に来たのだ」という。

懐かしい、懐かしいを連発しながら日劇を出て行ったダニー・ケイを、表敬訪問してくれたと勘違いしたのり平に、真相を知らせずそっとしておいてやりたかった。

そのり平が黙って動かない骸《むくろ》となり、息もしない大きな鼻を冷たくして横たわっている。不世出の役者、日本喜劇界の至宝である。もうこんな人は出てこないだろう。彼は迷優であり、そして素晴らしい名優であった。

一度ぐらいはデートしたかった杉村春子

「これは文学座の北村君の話だが……」

「それは誰かの作り話だ！」

と、彼は厳粛な顔で言い訳をするだろう。それにしても面白い話なので、作り話のつもりで書いておこう。


北村和夫は文学座の芝居がすむと、風呂《ふろ》に飛び込むのが何よりの楽しみだった。男女混浴だった（と、あとで聞いたんだが）。

彼は入団間もない頃で、恐る恐る、一人で静かに楽屋風呂につかっていた。恐る恐る、というのは、先輩がいつ風呂に入ってくるか分からないからだ。それまでに身体を洗って逃げださなければならない。

ガラガラと風呂の戸が開いた。

振り向くと女だ――。どうもその感じでは杉村さんらしい。彼は緊張した。

「おしり、洗ってちょうだい」

そんなことまでするのかといぶかったが、「ハイ」と言った。

彼はおもむろに手拭《てぬぐ》いに石鹼《せっけん》をつけて、大先生のしゃがんでおられる下へ手を回した。

驚かれたのは杉村さんの方で、

「アンタ！　何すんの？」

「は！　お尻《しり》を洗えと言われましたので……」

「誰もそんなこと言いませんよ」

「あッ、失礼しました！」

彼は慌てて手を引っ込めると、改めて風呂に飛び込んだ。

「ちょっと、どうしたの」

「僕は慣れませんので」

「私はオシロイ洗って、と言ったのよ。あなた、新しく入った人ね」

「ハイ、北村和夫と言います」

そんなことをきっかけに、二人がどんなに仲良くなったかは、つまびらかではない。

私が杉村さんを見たのは、小山祐士作「瀬戸内海の子供ら」という芝居からである。

あれは多分、田村町の飛行館だったと記憶しているが、杉村さんのハイカラ堂の女将《おかみ》にゾッコン惚れ込んで四回ほど見に行った。

それから戦争も終わり、何十年か経《た》ったが、女史は文学座の主宰者となり、私もどうやら世に出てメシが食えるようになった頃のことだ。民間放送劇が始まり、中国の老舎の作になる「駱駝の祥子《ロート・シャンツ》」を日本でも放送することになり、役者は東野英治郎氏と杉村春子さん、そして私の三人で登場人物をみんな声にした思い出がある。

文学座の芝居が終わり、十一時頃から始めて夜を明かして収録した。

何とそれも一年近く続いたのを覚えている。

そのあとは、ＴＢＳのテレビドラマを何本もご一緒した。

「ちょっと、シゲちゃん、あなたにお願いがあるの」

「私のこと、杉村先生なんて呼ばないで」

「何でしょうか？」

「……？」

「お春、と呼んでほしいワ」

「ああ、そうですか、お春でも先生、私の方はつらいですよ」

〝お春さん！〟

何度も口の中で言ってみたが、サマにもボーにもならなかった。でもあの時、〝お春さん〟と呼ぶことに、妙な優越感もあった。

他に〝お春さん〟と呼ぶ人が何人おられたか私は知らない。その中に師弟関係を越えて懇ろになられた人もあったかとも思うのだが……。

とにかく、〝お春さん〟は計り知れない色香を漂わせていた。

私が八十五歳、あの女史が亡くなったのが九十一歳というから、永《なが》いお付き合いである。

あの方は、行儀の悪い女優がお嫌いだった。私の知っている女優なぞ、何度やられたか、つまり、厳しいところのある女《ひと》だった。

はげしい紅に萌《も》えた百日紅《さるすべり》も、ボツボツ終わりか――。

石田波郷の句の中に、

〝百日紅　ごくごく　水をのむばかり〟

というのがあるが、残暑の厳しい秋だ。

そう言えば、百日紅の下で一度ぐらいデートしたかったお春さんである。

山田耕筰先生の大駄作

私が旧満州の新京放送に在職中、満州建国十周年の式典があった。

私たちアナウンサーは、建国当初のかの地の事情について、資料を積んで日夜勉強した。

混成民族集団というか、満州には正しくは三十以上の民族が寄り集まって住んでいた。政府機関に従属する協和会というのが、「五族協和」をうたいあげていたものだ。

満人、漢人、日本人、朝鮮人、蒙古人、ロシア人、トルコ人、アルメニア人、ゴルチ人、オロチョン人、ツングース――数えあげればきりがないが、これを総称して五族といったのだろう。式典では、山田耕筰大先生の作曲になる（作詞者は忘却したが）「満州建国十周年」の歌が演奏され、それは巷にも流れた。当然、私どもの放送局も連日歌唱指導して、「五族」の皆様がたにこの歌を強制的に教え込んだのだ。

ところが、この歌が申し訳ないがつまらん歌で、私は内心楽しくなかったのだ。紙上で歌ってみせるわけにはいかぬが、最後のところなんか特にひどい。

〽アーアケンコーク十周ーウネン

小学唱歌調というか、国民歌謡調というか、とにかく阿呆くさくて歌えたもんじゃない。

とはいえ、国賓として来満されたこの大作曲家のために、満州国はもちろん、わが満州田舎放送局も、上を下への大さわぎだ。

「おいモリシゲ、今夜の宴席の準備はいいのか！」

放送局のおエラ方をはじめ、各界首脳を呼んでの山田大先生を囲む感謝歓迎の夕は、席順の取り決めからして大変である。

末席にはべった私は、酒の心配やら、自動車の手配やらでオチオチ飲んでもいられなかったが、それでもおエラ方の目を盗んでカケツケ五杯やそこらはやったろう。いい大人が、分かりもしないくせに、

「結構な歌で……」

などとお世辞をいっている。

私はだんだんストップがきかなくなってきた。いつの間にか大先生の御前《ごぜん》にいて、お流れを頂戴していた。

あげくのはてに、止め金がはずれた。

「先生、こんどの歌、アレは駄作だと思います。『赤とんぼ』のような、『からたちの花』のような名曲を作られた先生らしくもないと思います」

大先生の顔色が変わった。

一座がシラけた。

私は幹部のごつい手で首ねっこをつかまれ、宴席から引きずり出された。

その時である。突然、うしろから声がかかった。

「君、待ちたまえ」

「…………」

「僕は帰る。あの男一人に送らせてくれ」

私は酔いもさめて、自動車の助手席に乗った。一声もうしろからかからない沈黙のうち、先生を大和ホテルの特別室へご案内申し上げた。

先生はおもむろに、

「ドアを閉めたまえ」

まさか殺されることもあるまい。私は勇を鼓して、先生の外套や洋服を脱がせ、要領よくガウンを着せてさしあげた。

「先生！　ウイスキーの用意を致しましょうか」

「そんなことはいいから、そこへ座りたまえ」

瀟洒なガウンがよく似合う。向かいあってよく見れば、満州などではメッタに見られない垢ぬけした押し出しだ。

「僕の歌はつまらんかね」

「………」

「教わりたいね。ここなら何でもいえるだろう」

「ハイ」

「どうしたさっきの元気は」

「それでは申します。先生はアメリカのジャズをどう思われますか」

「どうも思わない」

「ああ、そうですか」

「いってごらんなさい」

「ハイ、アメリカのジャズは、アメリカの土の中から生まれたものと思います」

「………」

「インディアンと闘い、狼と格闘したフロンティアの先駆者たちが、夜になって火酒《ラム》をあおり、バイオリンをもって渡米してきたジムに、何か弾け！　と怒鳴ります。ジムはヨーロッパで覚えた『ユーモレスク』を弾いたとします。彼らはおそらくジムを蹴とばしたでしょう。何だ！　そんなメソメソした曲を弾きやがって――と。

いつか彼らは、国づくりの情熱を黒人奴隷のリズムの中に見つけて、フォックス・トロットのリズムを作り出し、それがジャズに発展していったのではないでしょうか。いうなれば、ジャズはアメリカ建国のはげしい情念の中から――つまり土の中から誕生したと、僕は考えます」

「一杯やって、続けなさい」

「ハイ、満州にもたくさんの民族がいます。それが、この大地の上に、しっかりと生きているのです。中国の古い音楽から、蒙古のチャムという草原の音楽、コザックの歌やロシアのメロディー、朝鮮の音楽、ホラガホンというオロチョンの口琴、そして私たち日本人の心に、体にしみついてきた音楽。先生、私たちはこの満州に骨を埋める決心で生きています。一介の旅行者ではありません。そんな感傷で国づくりはできないのです。ですから、この多民族の心にひびくようなメロディーとリズムを……」

「もういい。いろいろ君に教えたいことがあるが――。それは後日の縁としよう」

「いろいろと失礼を申し上げました」

「友達になろう」

ウイスキーをびんごとポンと私にくれ、はじめて温顔を見せた。

戦争の終結。敗残の日日。月日は流れ、幸いにも私は、東京じゃささやかながらカオを知られるようになっていた。

そして、ある日、偶然にも、ある場所で先生と再会する機会を得た。果たしてあの時の青二才をご存じかとためらったが、先方は、

「おお、覚えてるよ。生きてたかい。ぜひ家へ遊びにおいで」

先生はその時すでに、半身不随だった。私はしげく赤坂のお宅に参上し、奥さんの辻さんにも可愛がられ、洒脱な世界のY談を拝聴に及んだが、ときには私の方がもっと上手《うま》かった。先生は声をあげて笑われた。調子にのって先生の歌をうたうと、

「俺の歌をウソばっかし歌う名人が一人増えたな」

「もう一人は？」

「藤原義江だ」

と苦笑されたものだ。それでも真顔で、お前にいつかオペラを書いてやるぞ——なんて、ウソかホントか分からぬことをいって、私を喜ばせもしてくれた。

「山田耕筰を偲ぶ夕べ」などに、なんで私ごときがまかりでて、先生を無闇とほめそやすのかは、実は以上のようなエピソードがあったからなのである。

「夫婦善哉」のプロデューサー　佐藤一郎

佐藤一郎と書いても、

「ああ、同名のあいつか……」

と間違える人もあろうかと思うが、私の言う佐藤一郎とは映画の大プロデューサーで数々の名作を創《つく》りだした人だ。

早稲田の先輩だが私とは同年輩だ。つまり私は中学を一年ダブっているからだ。

佐藤一郎さんのお陰で「夫婦善哉《めおとぜんざい》」や「猫と庄造と二人のをんな」などやった。いずれも名画と言われたものだ。

彼は早稲田時代から大変な遊び人で、もっとも日本橋の大問屋の倅《せがれ》だから小遣いなど私たちの十倍も持っていた。奥さんは東宝ニューフェースの美女で、椿《つばき》澄枝さんだ。

面白い逸話をひとつ――。

当時は金がないとなかなか行けなかった横浜本牧の遊郭、第三キヨのお女郎さんが妊娠した。馴染《なじ》み客のひとりだった佐藤一郎さんは、勇気を出して、

「あれは俺の、言うなれば俺の子だ！」

と豪語した。

遊女が妊娠するのも珍しいが、〝その子は俺の子だ！〟と、触れ回るのはもっと珍しいことだ。

ついにその女は臨月となり、彼もたびたび横浜へ通った。そしてやがて女は出産した。

なんと、生まれてきた子は真っ黒な肌の可愛い男の子だったという。

佐藤一郎は失望したのか、ホッとしたか、恐らく遊びの果ての笑い話として終わったことを、私は思い出した。

佐藤一郎と組んで、一番印象に残るもの、といえば「夫婦善哉」だろう。

「一《ピン》ちゃん、主役でなきゃやらんぜ」

「もちろん主役だ。『夫婦善哉』の主役だよ」

「うむ。だけど監督はオーケーしたのかい？」

「なかなかオーケーが出なくてねえ」

「よし、今度の打ち合わせに私も行こう。どこでやるの？」

「渋谷の料理屋だ」

私はノコノコと出かけていった。

監督は豊田四郎さんである。私は監督やプロデューサーの前で、

「今回、私が主役ということでご懸念の方もおありでしょう。そこで私が、この台本をみなさんの前で朗読させていただきます」
エ、へ、へ……と嘲笑《ちょうしょう》する奴もいたが、こちらは一生懸命だ。とうとう二時間ぐらいかけて台本を一冊、読み終えた。
声がない。みんな感動してしまったらしい。

やがて、

「大したもンや」

監督が口を開いた。途端に、

〝うまい！〟

〝ほんまもんや〟

　称賛の声が上がった。

　一番喜んだのは京都生まれの豊田監督だ。

「うまいもンやなァ、大阪弁が立ってる……」

「ハア、ぼくは中学が大阪の北野ですから」

「ああ、なるほど……」

「あすこはボンボンばかりでして、この主役の柳吉もボンボンですから、私でないと分からないこともあるのではないかと……」

「うまいこと売り込むなァ」

　佐藤一郎が唸《うな》った。

　相手役の淡島千景さんも売れっ子だったせいか、なかなか決まらなかったが、結局は彼女に落ち着いた。いろいろと不思議な配役も決まった。問屋のボンボンの私はいいとして、親父《おやじ》は小堀誠さん。新派の大御所だ。

「シッコやー」

　有名な小堀さんのセリフだ。

　私が慌ててシビンを持っていくシーンだが、それを見た小堀さんが、

「これでホンマにやっていいんですか？　エッ！　やるんですか？」

「はい」

出の悪いオシッコがポトポトと音を立てた。

思えば、いろんなシーンがあった。

柳吉の私が三晩ばかり留守にして、宿酔《ふつかよい》で帰ってくるシーンだ。

女房の淡島さんが怒って、私の頭をソーメンが冷やしてある表の桶《おけ》に突っ込む。汚い水を二、三杯飲んで、私はやっとの思いで頭を上げた。

あの方は映画と本番の区別をご存じないのか、私をひっぱたくシーンで、本気で殴るのだ。

浪花千栄子さんの演技も光っていた。

美術装置は伊藤熹朔《きさく》さんだ。

「いくら金がかかってもいいですから、法善寺を作ってください」

佐藤プロデューサーに応えて、伊藤さんは見事なセットを建てた。新しい第二スタジオいっぱいに当時の法善寺横町を凝りに凝って再現したのだ。水掛地蔵はいいとしても、線路を何本も敷いて本物の電車まで走らせた。

「猫と庄造と二人のをんな」も忘れられない作品だ。

ロケーションは阪神沿線の芦屋に宿をとり、豊田四郎監督は芦屋の大金持ちの邸宅に下宿させてもらった。

私の宿も浜風の撫《な》でる静かな場所であった。そこには女優さんの卵がいっぱい泊まっていた。

そこの離れに若くて可愛い女優が二人で泊まっているという。

昼間のロケ中に、

「今夜、おまえの部屋へ行くぞ」

と言ったら、

「お待ちしてますわ」

と、生意気なことを言う。

一杯飲んでご機嫌になった私は、夜の十一時頃、その離れをちょっぴり訪問しようと考えた。

〝もう寝ているだろう〟と足音を忍ばせて近づくと、妙に静かだ。

あまり大声で騒がれては私も困るので、この静けさが有り難かった。

まず蚊帳《かや》の裾《すそ》を払って、そっと蒲団《ふとん》の端に滑り込んだ。

〝足がある！　こっちを向いているのか、頭はあっちだナ〟

その足を撫でてみるが、それにしても足は相当に老けていた。

二人で寝ているはずだが、一人だ。

蒲団の中に身体を滑らせて、そっと若いその子を抱いた。

〝若いにしちゃ髪が臭《くさ》いなァ〟とは思ったが、乗りかかった船だ、このまま後へ引くわけにもいかない。

なんと、その人は大変な年輩らしい。

〝おかしいなァ！　話が違うぞ〟

と思ったが、その時、

「何がしたいの？」

バアさんの澱《よど》んだ声がした。

私は慌てて、

「失礼しました！」

と、蚊帳を蹴飛《けと》ばして外へ出た。

演技課の奴に、

「おい、どうしたんだ、人が変わってるよ。フケだぜ、おまえが教えた部屋へ行ったら……」

「ああ、あすこは今日入られた別の人に替えたんです」

「誰に替えたの？」

「三好栄子さんです」

「あのバアさんか！　早く言ってくれよ、こっちは大恥をかくところだった」

「どうしたんですか？」

「若い子が寝てると思って夜這《よば》いしたらバアさんだった、びっくりしたよ」

三好栄子さんは、その夜眠れなかったのか、台所で寝酒を一杯引っかけたと、後で聞いた。


さて、肝心の猫がどうしてもなつかない。

「おまえは主役なんだから頼むよ」

と言っても相手は猫だ。

その猫を馴らすためにお尻《しり》あたりを擦《さす》ってやると、欲情したのか後足を突っ張って尻を持ち上げてくる。尻尾《しっぽ》を摑《つか》んで持ち上げ、万年筆の反対側を猫の尻に入れてやった。猫は喜んで歓喜の嬌声《きょうせい》を上げた。

爾来《じらい》、猫は始終私の傍らを離れようとしなくなった。そして、数々の名演技を披露した。

試写の日、谷崎潤一郎先生が、

「猫がいちばんよかった」

と言われたのもそのせいだろう。

確かに猫もよかった。

畜生と餓鬼とド素人《しろうと》には気をつけろ、時に喰《く》われることがある、と昔の人は言った。

佐藤一郎も大店《おおだな》の倅だけあって、実に大まかな名プロデューサーであった。

底本一覧

＊タイトルは変更した場合がある

Ⅰ　舞台の上

「酒と役者」『こじき袋』中公文庫、一九八〇年（読売新聞社、一九五七年）
「アッパさんの直訴」「いろはがるた」「アッパの仕事場」「ああ、役者とは」「スター十戒」『アッパさん船長』中公文庫、一九七八年（中央公論社、一九六一年）
「徒歩で来た弟子志願」「〝映画はエッチ〟の現状打破」「森繁の〝家内〟と称する女」「カラッポの美男美女」「落ちたってナンだ！」「客席は雑音のウズ」「今も変らぬ西洋礼賛」「静かに飲ませてくれ」「突然、娘の売り込み」「〝有名〟とは窮屈」「広告に身を売るな」「働いて飲む明け暮れ」「バカンスで感じたしあわせ」「女優落第ッ子」「夜店のおもちゃ的タレント」「最低をいく応待」「日当、一日八十セン」「帝劇いまと昔」「遠くて近い思い出」「がんちく深い警句」「日劇あのころ」「自らにムチうとう」「昔は鼻タレでした」「古きを埋めて松飾り」「バカはやれぬ喜劇」「若さにたよるな」『ブックサ談義』未央書房、一九六七年
「悼――豊田四郎監督」（初出一九七六年十一月）「無漏の法」（初出一九七七年十一月）「白鳥は悲しからずや」（初出一九六五年二月）「役者と材質」（初出一九七八年六月）「光るものなべて冷たし」（初出一九七八年十月）「我慢」（初出一九七八年九月）「役者」『一片の雲』ちはら書房、一九七九年
「屋根の上の拳闘家」「枯れ木林に桃の花」「今は懐かし恐怖の首領」「さすらいの一匹狼」「「夫婦善哉」のこと」「共演したくない相手」「ヅカの頂上から来た娘」「役者の正月ばなし」「素人役者横行す」「よき時代の〝大物〟たち」「社長より座長」「八丈島の正月――田宮二郎の死のあとで」「芸能界いろはガルタ」「森繁劇団の思い出」「おかし哀し魔性のオカマ世界」「役者が甲羅をぬぐとき」「春の京都にて――おそるべし勝新太郎」『にん

げん望遠鏡』朝日新聞社、一九七九年
「芝居は客席がつくる」「笑った客」「人間の退化の中で」「人の力　人の心」「吉田茂のニヒリズム」『人師は逢い難し』新潮社、一九八四年
「芸人」『ふと目の前に』東京新聞出版局、一九八四年
「吉良に惚れて」「最後の屋根の上」「春」『あの日あの夜』東京新聞出版局、一九八六年
「あがる」　早稲田大学演劇博物館資料より

II　交友録

「「さよなら」も言わずに、芦田伸介」「名戯曲の舞台裏　北条秀司」「映画監督・溝口健二のわがまま」「ある諍いの思い出　加藤泰監督」『品格と色気と哀愁と』朝日新聞社、一九九九年
「谷崎潤一郎――その人」「詩人サトウ・ハチローさんを偲びて」『もう一度逢いたい』朝日新聞社、一九九七年
「加東大介君」「藤岡琢也君」『わたしの自由席』中公文庫、一九七九年（大学書房、一九七六年）
「想えば遠し、勝新太郎」『品格と色気と哀愁と』
「勝新太郎への別れの言葉」　早稲田大学演劇博物館資料より
「花こぼれ　なほ薫る――向田邦子さん」『文春ムック　向田邦子を読む』文藝春秋、二〇一八年
「アイザック・スターンとの出合い」「柿落しの「暖簾」」『隙間からスキマへ』日本放送出版協会、一九九二年
「原節子さん」『あの日あの夜』
「倍賞千恵子の心づかい」『人師は逢い難し』
「ロッパ大人の思い出」「小津安二郎監督」『隙間からスキマへ』
「釜足さん」『あの日あの夜』
「久松静児監督」「豊田四郎監督」『隙間からスキマへ』

「小林桂ちゃん」『あの日あの夜』
「コーちゃんと初舞台——越路吹雪」『もう一度逢いたい』
「伴淳の死」『ふと目の前に』
「ニイッと笑って通り過ぎるだけの男——渥美清」「友、ひばり逝く」「志ん生、圓生との旅」「井上正夫丈と
　私の大トチリ」『もう一度逢いたい』
「渡辺邦男監督のこと」「ああ東宝大争議」『にんげん望遠鏡』
「渡辺邦男監督と灯籠」「役者泣かせの森谷司郎監督」「恩師、菊田一夫氏怒る」『もう一度逢いたい』
「演出家サミー・ベイスの〝感動〟」「有吉佐和子と〝恍惚の人〟」「不世出の役者、三木のり平」「一度ぐらいはデー
　トしたかった杉村春子」『品格と色気と哀愁と』
「山田耕筰先生の大駄作」『にんげん望遠鏡』
「「夫婦善哉」のプロデューサー　佐藤一郎」『品格と色気と哀愁と』

解説　モリシゲ節に酔ってきた
モリシゲの芸に泣いてきた

松岡正剛

ぼくが何に弱いかといったら、一に岩絵具、二にホッチキス、三にキンカンだ。子供の頃から弱い。その後、四にハイヒール、五に不空羂索観音が加わった。誰に弱いのかといったら、一にマラルメ、二に稲垣足穂、三に土方巽、四にヴァスバンドゥ（世親）、五にジュール・ラフォルグだ。なかで俳優となると、西ならピーター・オトゥールだろうが、日本のほうはずうっと森繁久彌にめちゃくちゃ弱かった。

もともと役者は好きだった。「わざおぎ」という仕事は歴史文化の当初から登場している職能だけれど、日本では神や人を慰めることをした。これを「俳優」と綴れば、俳は俳諧の「俳」でちょっとすべってみせること、「優」は大きな頭《かしら》をゆさぶることだ。田楽もそうした俳と優が似合う「わざおぎ」たちで成立した。

だから、長らく「わざおぎ」は神事芸能の場で切磋琢磨されてきたのだが、近代になって劇場空間が確立し、そこで演劇や映画や舞踊を見せるようになると、俳優や役者の意味がずいぶん変わってきた。かれらはプロセニアムアーチやステージやスクリーンの中の主人公や脇役になった。興行が成立し、入場料やギャラが生じ、役者は現代神話のスターになったのである。しかし、神や人を慰めるというところは、昔も今も変わらない。

ここから役者冥利というものが出て、われわれファンもその冥利に酔うことになった。この冥利はたいへん有り難い冥利というもので、かつては聖書や昔話や歴史語りの人物が、その後は文学作品の登場人物が人生のモデルになってきたように、役者が演じる人物に出会えることは人生に欠かせない冥利なのである。聖書や小説では「顔付き」や「そぶり」まではわからないけれど、そこを映画が一変させた。

ハンフリー・ボガートとロバート・デ・ニーロがいなければ巷や港のハードボイルドはなかったし、ジャン・ギャバンとアラン・ドロン、あるいは森雅之と市川雷蔵がいなければ男のニヒルなんてわからなかったのだ。男の子はほとんどそうだと思うけれど、みんな映画のシーンで煙草の喫い方をおぼえたのだ。それだけではなかった。マレーネ・ディートリッヒと京マチ子が娼婦を感じさせ、鶴田浩二と高倉健が任侠を教えてくれたのである。

ピーター・オトゥールを知ったときは、あのフラジャイルな気品にぞくぞくさせられた。アニタ・エクバーグを見たときは勃起して、山崎努の目を覗いたときは犯罪者に出会えた。役者は魔法をおこす連中になったのだ。

観客はそうしたいろいろのスターを取っ換え引っ換え見ていればよく、誰か一人の俳優ですむというわけではない。ところがモリシゲは一人でなんでも見せてくれたのだ。哀愁もニヒルも滑稽も頽廃も、みんなモリシゲでよかったのだ。こういう役者に出会ったことがない。まあ、志ん生なら、みんな志ん生でいいという、あの感じだ。

ここで森繁久彌の演技についての議論をお目にかけたいとは思わない。ひたすら強調しておきたいのは、ぼくはモリシゲにはついつい泣いてしまうのだということ、そのことである。見れば泣かせられるし、泣かないときは、笑わせられる。

なぜ、そうなるのかの、説明がむつかしい。泣くも笑うも経緯委細がわからない。筋書きからすればまだまだ泣くほどの場面ではないはずなのに、モリシゲの目がちょっと虚ろになってあらぬかたに泳ぎはじめると、もういけない。うるうる、くすんくすん、なのである。それが映画『雨情』や『恍惚の人』や、舞台『屋根の上のヴァイオリン弾き』なら、あの場面の哀しさ、あの演技なのだから、きっとうるうるは観客みんなにもおこっているだろうものの、そうではなくて、喜劇映画の『社長太平記』やお笑い一辺倒の『駅前旅館』で、そうなってしまうのだ。

まことに困ったことだった。筋書きで泣くのではない。豊田四郎や森崎東らの演出で泣くのでもない。モリシゲのちょっとした仕草のマイクロスリップで泣かせられるのだ。これでは褒め言葉にも批評にもならないだろうけれど、そうなのである、ぼくはあきらかに重度のモリシゲ病なのである。

なぜモリシゲに弱いのか、さきほどいろいろ思い出してやっと原因らしきものをつきとめた。モリシゲの「歌」から入ったせいだった。

当時、モリシゲはたいてい紅白歌合戦に出ていて、あのモリシゲ節で「船頭小唄」やら、のちに加藤登紀子がおハコとした自作の「知床旅情」やらを披露していた。紅組は越路吹雪、白組はモリシゲ。二人が紅白のトリだった。

あのころの紅白歌合戦は、この二人のオトナが絶品となっていた佳き時代で、北島三郎などはまだ流しを脱して新人になったばかり、美空ひばりすら江利チエミ、雪村いづみと並んでいた程度だった。ぼくは京都中京の町屋の茶の間炬燵に入りながら、ひたすらモリシゲ節に酔っていた。けれども、それはまだ軽いモリシゲ病だった。

九段高校に山田勝利がいて、出版委員会こと新聞部の一年先輩だった。生徒会長も水泳部のキャプテンもしていたが、ぼくはこの山田先輩に可愛がられ、よく亀戸の駅前近くの自宅に遊びに行った。先輩はのちに東京弁護士会の会長になった。

映画館やパチンコ屋を経営している家で、そこに泊まりにいくのだ。子供のころにイチジクを食べすぎてそのまま親戚のおばあさんの家に泊まったのをのぞいて、他人の家に泊まったのはこれが最初ではなかったかと憶う。よその家で夕ごはんをいただくのはなんとも楽しく、食器もメニューもすべてがなんだか新鮮だった。

食事も楽しいが、山田先輩がくりだす秘密はもっと胸ときめいた。野球名人の話、軍人の話、江戸の侠客の話、いろいろだ。そのひとつにレコードがあった。「なあ、松岡、これ知ってるか」と言ってはいろいろ聴かせてくれた。そのなかにマーラーやドボルザークや藤沢嵐子のタンゴとともに、LP「森繁久彌アルバム」があったのである。

これにクラクラした。とくに「琵琶湖周航の歌」「銀座の雀」「ゴンドラの唄」など、どれほど先輩と物干し台に出て高歌放吟したことか。

松わぁ、緑ィに、砂ぁ白くぅ。たとえどんなニンゲンだって、心のぉ故郷があるのさ、俺にはそれがぁ、この街ィなのさ。銀座の夜、銀座の朝、真夜中ぁだって知っている、隅から隅までぇ、知っている。いーのちぃ短かしぃ・恋せよオトメぇ・アアカキィ・くちびるう・あせぬまに・熱きぃイ血潮の・冷えぬまにィ・ああすうのつきひいは・ないものをおおお。

モリシゲ節がぼくの涙腺をおかしくさせてしまったのである。これが重度のモリシゲ病に罹った根本原因だ。それからはタイヘンである。あの「モリシゲの間」がやってくると、それだけで涙腺が緩む。森繁劇団の旗揚げ公演となった『佐渡島他吉の生涯』など、何度にわたって泣いたことか。ついでながら三木のり平にも泣かされた。

森繁久彌は多情多舌多彩なのである。俳優というより多優なのである。その演技の絶妙やアドリブ癖も、その妙味はすべてあの「唄い方」から派生したにちがいない。

森繁久彌は菊人形が懐かしい枚方《ひらかた》パークの北河内で、けっこうな両親のもとに生まれた。大正二年（一九一三）の生まれだから、日本が近代と世界とアジアの波間に揺れていた時期だ。

父君は日銀の大阪支店長や大阪市の助役を務め、母君は海産物問屋の娘だった。そこそこの「ええとこの出」で、大阪弁が体まるごとに染みている。滲んでいる。久彌の名は、三菱の岩崎久彌から採った。

早稲田に入って演劇を始め、中退すると今度は日劇（日本劇場）の演出助手につき、さらに東宝劇団に入ってセリフを学んだ。ついで古川緑波《ロッパ》一座で鍛えられた。そのあとは、昭和十四年（一九三九）にＮＨＫのアナウンサー試験を受け、満洲に渡った。満洲電電の新京中央放送局に赴任して、アナウンサー業務とともに満映（満洲映画）が製作した映画のナレーションもした。だから大杉栄を虐殺した張本人ともくされる甘粕正彦とも顔見知りだったようだ。

満洲体験はモリシゲの多情多舌多彩の滋養になっている。川向こうのソ連軍に対する謀略放送もしたし、蘭花特別攻撃隊のための「空に咲く」の作詞もした。満洲に慰安演芸に来た志ん生や円生とも出会い、新京の劇団にいた芦田伸介とも昵懇になった。アナウンサー時代の後輩には、のちにラジオ・パーソナリティで鳴らした糸居五郎がいた。

敗戦は新京で迎えた。さっそくソ連軍に連行されたりしたようだが、これらの体験をふくめ、モリシゲは大陸の風情や馬賊の気概を身につけたのであったろう。

日本に戻ってきたのは昭和二十一年の十一月である。すぐさま帝都座のショーや空気座の舞台を転々としながら食いつなぐと、翌年には鬼才・衣笠貞之助の『女優』のチョイ役になり、菊田一夫の紹介で劇作座の『鐘の鳴る丘』に井上正夫らと出演した。

その後は喜劇軽演劇悲劇百般のすべてをこなして、どんな役の人間にもなってみせた。それをほとんど口調によって演じ分けたのだ。

アドリブも早くに乱発したようだ。昭和二十四年に入団した浅草のムーラン・ルージュや翌年のＮ

HKラジオの「愉快な仲間」では藤山一郎の相手役などでその片鱗を見せた。この軽妙活発な才能を見抜いたのは、緑波と菊田一夫だったようだ。昭和二十四年の『虹』では川田順をモデルにした主役を、オペレッタ『太陽を射る者』では俳優兼歌手をやっている。

劇団ムーラン・ルージュを退いてからは、ほぼ喜劇映画と新劇舞台である。すぐに抜擢された。並木鏡太郎の『腰抜け二刀流』ではボブ・ホープの向こうを張った初主演をこなし、菊田に起用されて帝劇の『モルガンお雪』では越路吹雪の向こうを張った。

映画が当たったのは源氏鶏太の『三等重役』の人事課長役だ。要領がよく、よけいな機転がきく役どころをつくった。のちの三木のり平につながる。大当たりは昭和二十八年から八作に及んだマキノ雅弘の『次郎長三国志』の森の石松で、のちの石松とはまったく異なるモリシゲ石松をつくりあげた。これはエノケン（榎本健一）や堺瞬二では敵わない。

そのモリシゲが久松静児の『警察日記』で田舎の人情警官をやってみせたのである。ホロっとさせた。こうして豊田四郎時代がやってくる。『夫婦善哉』の柳吉では淡島千景と組んで、このあと誰もこの役をやれないほどの「へなへな」を演じてみせた。次の豊田四郎の『猫と庄造と二人のをんな』はさらに徹底した「ダメ男」を演じた。酸いも甘いもとは、このことだった。

昭和三十年代はモリシゲ爆発である。この時代は日本のあちこち、日本のあれこれが「なんでも日本」になって、保守合同も社会党合同も水俣病も、『太陽の季節』も『楢山節考』も『点と線』も、ゴジラも『週刊新潮』も売春禁止法も、月光仮面も東京タワーも即席ラーメンも、つまりはグローバリズムもコンプライアンスもスモッグも、勝手気儘にごった煮にして平気な時代だった。モリシゲはそこを社長シリーズと一括されている『社長三代記』や『社長太平記』で乗りきった。

ぼくはいまでも、社長シリーズがテレビで放映されるとじっと見る。会社思いだが浮気なモリシゲ社長に、謹厳実直の小林桂樹の秘書と慎重無能の加東大介総務部長が絡み、これをたいていは宴会好きの三木のり平営業部長がまぜっかえす。マダムや芸者が大好きなのに、どうしても浮気がうまくいかないモリシゲ社長の泣き笑いがたまらない。

監督は職人気質の松林宗恵がしばらく担当するのだが、後半は青柳信雄がバトンタッチした。松林は日本のサラリーマンに滲む仏教感覚を出したかったようだが、青柳がこれをサラリーマンの義理人情におきかえた。だから仏教から儒教に転向したようなものなのだが、ともかく「日本」の変なところを笑わせた。脚本をすべて笠原良三が書き、当時の東宝オヤブンの藤本真澄が肝入りしつづけたのが、モリシゲ社長を日本人のアレゴリー代表に仕立てたのだったろう。

同時期に駅前シリーズも進行した。こちらも二四本にのぼるもので、伴淳三郎《ばんじゅんざぶろう》とフランキー堺がお相手だ。井伏鱒二の原作が出発点だったけれど、駅前旅館から駅前飯店、駅前天神、駅前競馬、駅前弁天、駅前金融、駅前漫画というふうに変転して、そのつど上野・百合ケ丘・赤羽・登戸・恵比寿・両国の駅前と、勝沼・岡谷・高松・鹿児島などの地方駅が舞台になった。社長シリーズにくらべると、いささかやらずぶったぎりめいていて、モリシゲとバンジュンの味ばかりが取り柄のものになった。

ちなみに、ぼくは『七人の孫』や『ダイコンの花』といったテレビドラマ・シリーズはほとんど見なかった。ぼくがテレビを見ない季節に突入していたからだ。

俳優モリシゲはとにもかくにも、あの口舌《くぜつ》である。役柄になりきる前に、モリシゲその人が変化するシャベリを聞いているのが気持ちがいい。声も好きだった。

なんと五十年も続いていた加藤道子とのラジオ「日曜名作座」の朗読パフォーマンスは日本の話芸の至宝といってよい。市原悦子と常田富士男の『日本昔ばなし』しか知らない世代は、これをぜひとも聞かなくてはいけない。市原・常田のご両人には申し訳ないけれど、格段の差なのである。相手になりません。

そして、歌はモリシゲ節である。ゼッタイに楽譜どおりに唄わない。こぶしを回しながら長短緩急、音はずしを入れる。説経節や謡曲や浄瑠璃ふうに、自在な「生み字」を入れるのである。極端にのばすのだ。さらにいちいちの発音に感情を入れる。「知床の岬に」は「しィれェとこォの、みィさァきィにィ」なのである。モリシゲの哀愁演技はこの「引きのばし」と「夾雑性」にすべてあらわれている。

役者モリシゲもさることながら、付き合ったわけではないので日々のモリシゲの実際のことはわからないが、人間モリシゲもきっと逸品だったろう。才気煥発というだけではない。万事にも万端にも、森繁久彌はつねにモリシゲ総出演なのである。

仕事と趣味をまぜこぜにし、日常会話にモリシゲを演じる。仕事の現場にもモリシゲを入れる。映画ではあまりにアドリブを入れるので、女優たちは吹き出すのをこらえるので精いっぱいだったらしい。

それからヨット、射撃、クルージング、「あゆみの箱」などの慈善事業、さらにはエッセイの達人でもあった。『森繁自伝』（中央公論社）、『こじき袋』（読売新聞社）、『帰れよや我が家へ』（ネスコ）ほか、著書もすこぶる多い。女優たちのお尻をさっと撫でまわす天才でもあった。「桃尻三年、乳八年」とは言うけれど、モリシゲは早々に成就した。誰もセクハラなどとは思わなかった。

文章はうまい。奇を衒わず、案外すなおで、読ませる。屈託がなく、とくにさしかかった場面を綴るのが絶妙だ。ちらちら教養も迸る。杉村春子についてのエッセイでは、たくみに大女優の佇まいと啖呵《たんか》を綴って、「お春さんに百日紅のもとで一度はデートしたかった、それくらい老いても色気があった」と告白し、石田波郷の「百日紅ごくごく水をのむばかり」で締めていた。

映画づくりやテレビ業界についての辛口も冴える。だいたいモリシゲは中途半端な連中が大嫌いなのである。出番の待ち方、演技のための準備、ＣＭに出すぎること、テレビ局の対応の仕方、凡庸な監督、礼を失する若い子たち、色気をはきちがえている女優、どんどん文句をつける。

きっと世の中を憂いていたのだと思う。「見えなきゃ何してもいいみたいなことが氾濫している世の中だ。テレビなんか、その最たるものだろう」。こう書いて、憚らない。

これを落としてはモリシゲの画龍点睛を欠くというのが、みごとな挨拶名人であって、弔辞仙人だということだ。スピーチが軽妙洒脱であるのはむろんのこと、まさにその数分ほどのスピーチには「品格」と「色気」と「哀愁」が絶妙に醸し出されて、もうおしっこを漏らすほど格別なのである。

その名も『品格と色気と哀愁と』（朝日新聞社）と銘打たれた一冊は、この「弔辞仙人のモリシゲ節」がふんだんに奏でられている一冊だった。すでにこの一冊を綴ったとき、森繁久彌八十五歳。自身が余命を漠然と延ばしていることに忸怩たるものを感じつつ、先に逝った者たちを淡々切々と偲ぶ随筆になっている。実際の弔辞はごく僅かしか入っていないが、その情感を予想させてあまりあった。

伴淳三郎や三木のり平について送る言葉も読ませたが、とくに一点だけあげれば、亡くなった莫逆の友・勝新太郎をめぐる文章だ。

あるとき勝が言った。「シゲちゃん、何か欲しいものないか」「うん、そうだな、台杉が欲しいな」。台杉とは京都の名木の北山杉のことである。そんな会話をしたことをすっかり忘れたころに、勝が植木職人十人ほどとトラックに台杉二本を乗せて東海道をひた走って、森繁の家にドンと置いていった。それから会うたびに「俺の杉は元気か」と勝は不敵に笑う。

ある日、勝が茫然としている。「何か、あったんか?」「おふくろが逝っちゃったんだよ」。森繁もしばらく言葉を失っていると、「俺、兄貴（若山富三郎）と二人でおふくろのアスコを見たよ、通夜でさ」と、とんでもないことを言う。こういうところが勝らしい。「俺たちが出てきたアスコを拝んでいたら、涙が無性に出てきてな」。変な奴だと思ったとたん、森繁も泣いていた。

このカッシンとモリシゲの関係は、日本の男と男が最高の「バサラ数寄」をしでかせる無類の組み合わせだろう。二人にはずっと以心伝心しかないのである。たとえば勝が監督になって撮る映画に誘われた森繁は、何をやらされているのか、いつもまったくわからないらしい。蕎麦の屋台をもってきて、そこで好きなことを喋り続けてくれ、あの土手からゆっくり上がってきてくれ、そこでシゲちゃん唄えよ。さっぱり筋の説明をしないらしい。

その勝が人生で一番好きな歌が次の歌だったという。

夕空　晴れて　秋風吹き
月影落ちて　鈴虫鳴く
思えば　遠し　故郷の空
ああ　わが父母　いかにおわす

森繁は勝に、死ぬ前にこの歌を唄ってやりたかったようだ。あるいは三味線がうまかった勝に、しみじみこの歌を唄ってほしかったのか。しかしいまぼくもまた、かのモリシゲ爺さんに「ああ、わが父母、いかにおわす」と唄ってほしいのだ。けだし日本の昭和史とは森繁久彌の歴史だったのである。

先だって千歳船橋に初めて行ってきた。いまのぼくの仕事場から遠くない。とくに用事があったわけではないが、小田急線千歳船橋の駅の北口から出た商店街の途中に「森繁通り」があるそうなので、一度くらいはお参りしようと思ったからだ。この通りの先に森繁の家があった頃の名残で、ずっと前から通称「森繁通り」と言われていたのが、一周忌を期して世田谷区が正式に命名したらしい。

ふうん、そういうものかと思って少し歩いてみると、ちゃんと標識にもなっていた。近所のモリシゲ行きつけの寿司屋にも行ってみたけれど、こちらは実感は湧かなかった。俳優の足跡を訪ねただなんて、これが生まれて初めてだった。ただ、妙に寂しかった。こんなことをしてしまったとは、ぼくはやっぱり重度のモリシゲ病なのである。

○まつおか・せいごう　一九四四年京都生。編集工学研究所所長・イシス編集学校校長。一九七一年に工作舎を設立、オブジェマガジン『遊』を創刊し、分野を超えた編集を実践。多方面の研究成果を情報文化技術に応用する「編集工学」を確立する。また日本文化研究の第一人者として、日本の「方法」の魂を直伝する私塾やイベントを展開している。著書に『知の編集工学』『遊学』『フラジャイル』『日本という方法』『松岡正剛千夜千冊』(全七巻)『18歳から考える国家と「私」の行方』ほか多数。

著者紹介

森繁久彌（もりしげ・ひさや）

大正 2（1913）年、大阪府枚方市に生れる。2 歳の時に父・菅沼達吉が死去。大正 9 年、母方祖父の姓を継ぎ森繁久彌に。昭和 10 年、早稲田大学商学部入学。昭和 11 年、東宝新劇団に入団、解散し東宝劇団歌舞伎、次いでロッパ一座に。昭和 14 年、NHK アナウンサー試験を経て、満洲の新京中央放送局に勤務。昭和 21 年、新京で劇団コッコ座を結成、11 月帰国。昭和 22 年、「女優」で映画初出演。昭和 24 年、新宿ムーラン・ルージュに参加。昭和 25 年、「腰抜け二刀流」で映画初主演。昭和 28 年、「半七捕物帳　十五夜御用心」でテレビ初出演。昭和 30 年、映画「警察日記」「夫婦善哉」大ヒット。昭和 31 年、ブルーリボン賞、「へそくり社長」で「社長シリーズ」始まる。昭和 33 年、「駅前旅館」で「駅前シリーズ」始まる。昭和 35 年、初プロデュースの主演映画「地の涯に生きるもの」。この撮影で「知床旅情」作詞・作曲。昭和 37 年、森繁劇団の旗揚げで「南の島に雪が降る」上演。昭和 42 年、ミュージカル「屋根の上のヴァイオリン弾き」初演（主演テヴィエ役、昭和 61 年に 900 回を迎える）。昭和 48 年、映画「恍惚の人」大ヒット。昭和 59 年、文化功労者。平成 3 年、俳優として初の文化勲章を受章。平成 16 年、映画「死に花」で最後の映画出演。テレビドラマ「向田邦子の恋文」で最後の演技。平成 21（2009）年 11 月 10 日死去。12 月、国民栄誉賞が追贈。

人《ひと》——芸《げい》談《だん》
全著作《ぜんちょさく》〈森繁久彌《もりしげひさや》コレクション〉2（全5巻）　〈第2回配本〉

2020年1月10日　初版第1刷発行©

著　者　森　繁　久　彌
発行者　藤　原　良　雄
発行所　株式会社　藤　原　書　店
〒162-0041　東京都新宿区早稲田鶴巻町523
電　話　03（5272）0301
FAX　03（5272）0450
振　替　00160 - 4 - 17013
info@fujiwara-shoten.co.jp
印刷・製本　中央精版印刷

Printed in Japan
ISBN978-4-86578-252-3

▶本コレクションを推す◀

◆ヨットの思い出……………………………… 作家　石原慎太郎

天下の名優、天下の才人、森繁久彌を海に誘い百フィートの大型ヨットまでを作り、果ては三浦半島の佐島にヨットハーバーまで作らせたのはかく言う私で、後々にも彼の絶妙な色談義を交えたヨット談義を堪能させられた。森繁さんの海に関する物語は絶品の本にもなるだろうに。

◆森繁久彌さんのこと……………… 女優·ユニセフ親善大使　黒柳徹子

森繁久彌さんは、面白い人だった。この本を読むかぎり、相当のインテリだけど､私に会うたびに「ねえ！　一回どう？」と最後までささやいて下さった。何歳になっても、ウィットのある方だった。セリフのうまさは抜群で、私は長ゼリフなど森繁さんから習ったと思ってる。カンニングしながらでも、その人物になりきっている森繁さんに、ちっとも嘘はなくセリフは真実だった。そして何より、森繁さんは詩人だった。もっと長く生きてほしかった。

◆天　才 ……………………………………………映画監督　山田洋次

演じても歌っても描いても語っても、何をしても一流だった。こういう人を天才というのだろうが、そんな言い方をされるのを死ぬほど嫌がる人でもあった。

◆森繁さんと再会できる ………………………… 歌手　加藤登紀子

私にとって運命の人、森繁さん。満州から佐世保に引き揚げた日がわが家と森繁家は数日しか違わない！　そう解ったのは「森繁自伝」でした。森繁さんの声が聞こえて来そうな名調子に魅せられて、何度も読みました。「知床旅情」が生まれた映画「地の涯に生きるもの」と「屋根の上のヴァイオリン弾き」という貴重な足跡からも、他の誰にもない熱情を受け止めてきました。没後十年で「森繁久彌の全仕事」が実現。もう一度じっくりと、森繁さんと再会できる！　本当に嬉しいです。

◆“森繁節”が聞こえる…………………歌舞伎俳優　松本白鸚

「この人は、いまに天下とるよ」。ラジオから流れる森繁さんの朗読を聞きながら､播磨屋の祖父（初代中村吉右衛門）がポツンと言いました。子どもだった私が、森繁さんを知った瞬間です。祖父の予言どおり、森繁さんはその後、大活躍をされ、日本を代表する俳優の一人となられました。『勧進帳』をこよなく愛し、七代目幸四郎の祖父、父、私と、三代の弁慶をご覧になり、私の楽屋で、勧進帳の読み上げを朗々と披露してくださいました。それはまさに祖父の弁慶の科白廻しそのままでした。本書には、多才で教養に充ち、魅力溢れる森繁さんの「人となり」が詰まっていて、読んでいると、在りし日の「森繁節」が聞こえてくるような気さえします。

全著作〈森繁久彌コレクション〉

全５巻

内容見本呈

推薦　石原慎太郎／稲盛和夫／老川祥一／岡田裕介／加藤登紀子／黒柳徹子／堺 正章／玉井義臣／野村正朗／橋田壽賀子／橋本五郎／松本白鸚／萬代 晃／山田洋次／由井常彦／吉永小百合

2019年10月発刊　各巻本体2800円
四六変上製カバー装　各600頁程度
各巻に**解説・口絵・月報**を収録

I　道――自伝　　**解説＝鹿島 茂**

文人の家系に生まれその流れを十二分に受け継ぎ、演劇の世界へ。新天地・満洲での活躍と苦難の戦後、帰国。そして新しい日本で、俳優として活躍された森繁さん。人生五十年の“一応の区切り”として書いた『森繁自伝』、『私の履歴書』他。〈付〉年譜／人名索引

月報＝草笛光子／山藤章二／加藤登紀子／西郷輝彦

640頁　ISBN978-4-86578-244-8　［第1回配本／2019年10月］2800円

II　人――芸談　　**解説＝松岡正剛**

「芸」とは何か、「演じる」とは何か。俳優としての森繁さんは、自らの“仕事”をどう見ていたのか。また俳優仲間、舞台をともにした仲間との思い出を綴る珠玉の随筆を集めた『品格と色気と哀愁と』『もう一度逢いたい』他。

月報＝大宅映子／小野武彦／伊東四朗／ジュディ・オング

512頁　ISBN978-4-86578-252-3　［第2回配本／2019年12月］2800円

III　情――世相　　**解説＝小川榮太郎**

めまぐるしい戦後の社会の変化の中で、古き良き日本を知る者として、あたたかく、時にはちくりと現代の世相を見抜く名言を残された森繁さん。『ふと目の前に』『左見右見』他。　［次回配本］

IV　愛――人生訓　　**解説＝佐々木 愛**

俳優として芸能界の後輩に語るだけでなく、人生のさまざまな場面で、だれの心にもしみる一言を残してくれた森繁さん。『わたしの自由席』『ブツクサ談義』他。　**［附］森繁久彌の書画、碑**

V　海――ロマン　　**解説＝片山杜秀**

人と文化をつなぐ“海”を愛し、「ふじやま丸」「メイキッス号」などの船を所有し、78歳で日本一周をなしとげた森繁さん。『海よ友よ』を中心としたエッセイなどを収録。　**［附］著作一覧**